Handwörterbuch der Kriminologie

und der anderen strafrechtlichen Hilfswissenschaften

unter Mitberatung von

Justizrat Dr. Drucker, Leipzig / Professor Dr. Graf Gleispach, Wien / Generalstaatsanwalt Dr. Hafner, Karlsruhe / Oberverwaltungsgerichtsrat Dr. Hagemann, Berlin / Reichsgerichtsrat Dr. Hartung, Leipzig / Professor Dr. Kohlrausch, Berlin / Professor Dr. Müller-Heß, Berlin

herausgegeben von

Alexander Elster und **Heinrich Lingemann**
Dr. jur. in Berlin — Landgerichtsdirektor in Köln

14. Lieferung

Schutzpolizei — Sonderpolizeien

Berlin und Leipzig 1934
Verlag von Walter de Gruyter & Co.

dem Mikroskop ausgeführt werden. Zu beachten ist dabei, daß dickere Geschosse breitere Feldereindrücke aufweisen können als dünnere, obwohl sie aus der nämlichen Waffe verfeuert worden sind. Weiter kann eine leichte Stauchung oder einseitige Abplattung eines Geschosses die Meßresultate beeinflussen. Schließlich muß darauf geachtet werden, daß die Mikroskopachse senkrecht auf der Mitte des Feldereindrucks steht, da sonst Ablesungsfehler eintreten können.

Bis hierher sind gewissermaßen nur die Systemmerkmale einer Waffe, die sie einem aus ihr verfeuerten Geschoß mitgibt, besprochen worden. Es ist mithin ersichtlich, daß aus den an einem Geschoß erhaltenen Untersuchungsbefunden auf die verfeuernde Waffe geschlossen werden kann, vorausgesetzt, daß deren Eigenschaften genügend charakteristisch und in dieser Hinsicht bekannt sind. Die Identifizierung einer Waffe durch ihr Geschoß auf Grund der individuellen Merkmale des letzteren ist im allgemeinen eine schwierige Aufgabe.

Die individuellen Merkmale, die ein Geschoß beim Durchgang durch den Lauf einer Waffe von diesem empfängt, sind bedingt durch Bearbeitungs- und Abnutzungsspuren des Laufs sowie durch zufällige Veränderungen an dessen Oberfläche, soweit sie mit dem Geschoß in Berührung kommt. Zur vergleichenden Untersuchung benötigt man Geschosse der betreffenden Waffe, die man in Watte, Wachs oder Wasser verfeuert. Dann erfolgt die erste Prüfung unter einem binokularen Mikroskop, bei der man häufig bereits Unterschiede oder Übereinstimmungen bemerkt. Für den weiteren Beweis einer Identität gibt es dann zwei Wege. Der eine führt über die Aufnahme mittels der Geschoßkamera, bei der die Manteloberflächen als Bandstreifen 5fach vergrößert dargestellt werden. Die Photogramme werden dann auf eine etwa 30fache Vergrößerung gebracht und in der Mitte durchschnitten. Die Hälften von Tat- und Vergleichsgeschoß werden vertauscht und müssen sich ergänzen. Der zweite Weg wird im Vergleichsmikroskop oder durch 2 mit Brückenokular verbundene Mikroskope beschritten. Er liefert stark vergrößerte Teilbilder der übereinstimmenden Zeichnungen der beiden Geschosse neben einander, die dadurch besonders überzeugend wirken.

Sind die Geschosse stark beschädigt, so wird Zug für Zug mikroskopisch untersucht und vergrößert photographiert. Beschädigte Mantelgeschosse werden geöffnet, das Blei wird durch Erwärmen entfernt und der Mantelrest durch Plattdrücken zwischen Kupfer oder Hartholz zur Aufnahme vorbereitet.

Auf die Möglichkeit, Geschosse durch die chemische Analyse ihrer Bestandteile zu identifizieren, sei hier nur hingewiesen. Sie spielt eine Rolle bei der Untersuchung zertrümmerter Bleigeschosse und bei der Untersuchung von Jagdmunition, z. B. von Schrot. Bei letzterer kann auch die Untersuchung der Filzpfropfen und der Deckplättchen von Schrotpatronen u. U. von Bedeutung sein.

C. Der beschossene Gegenstand und seine Beziehungen zum Schuß. Wo ein Geschoß in einen Körper eintritt, entsteht eine Zusammenhangstrennung, der „Einschuß", wo es den Körper verläßt, eine zweite, der „Ausschuß". Die Verbindung zwischen beiden heißt Schußkanal. Bleibt das Geschoß im beschossenen Gegenstand stecken, so liegt ein „Steckschuß" vor. Beim Streif- und Prellschuß berührt das Geschoß den Körper nur mehr oder weniger oberflächlich. Das sind die bekanntesten „Schußarten".

Der Einschuß ist meist kleiner als der Ausschuß, jedoch kann der Unterschied verwischt und das Gegenteil sogar der Fall sein. Die Größe des Einschusses hängt vom Kaliber des Geschosses und von der physikalischen Beschaffenheit des beschossenen Gegenstandes ab. Er ist aber im allgemeinen nicht größer als das Kaliber des Geschosses, kann aber kleiner sein, wenn der beschossene Gegenstand elastisch ist. Das trifft z. B. bei tierischer Haut, Leder und feinen Stoffen wie Seide zu. Treffen Langgeschosse nicht mit der Spitze auf, so wird der Einschuß abnorm groß, u. U. elliptisch.

Ein derartiger „Querschläger" kann die Folge davon sein, daß das Geschoß in seiner Bahn abgelenkt oder aber daß es aus einem Lauf mit schlechter Führung verfeuert worden ist. Hie und da trennen sich Mantelgeschosse in Kern und Mantel, so daß ein Schuß 2 Einschüsse hervorruft. Das Geschoß erleidet bei seinem Eindringen in einen Körper Veränderungen, die bei einem Bleigeschoß und Teilmantelgeschoß meist erheblich, bei einem Vollmantelgeschoß aber weniger bedeutend, häufig sogar sehr gering sind. An einem gefundenen Geschoß kann man häufig mikroskopisch und chemisch feststellen, womit es in Berührung gekommen ist und was es durchschlagen hat (Blutnachweis).

Der Einschuß ist meistens, zumal bei Bleigeschossen, von einem dunkelfarbigen, schmalen Saum umgeben, in dem man in günstig gelegenen Fällen das abgestreifte Metall des

Geschosses mikrochemisch oder spektroskopisch nachweisen kann.

Diese Erscheinung gilt nur für einen Schuß mit großem Mündungsabstand, wenn also die dem Geschoß zunächst vorauseilenden, in der Hauptsache aber nachfolgenden Pulvergase den beschossenen Gegenstand nicht mehr erreicht haben. Letzteres ist bei den meisten kriminalistisch erforderlich werdenden Schußuntersuchungen der Fall. Die Beschaffenheit des Laufes ist bei der Saumbildung von Einfluß.

Die Frage nach dem Mündungsabstand einer Waffe bei einem Schuß hat häufig eine sehr erhebliche kriminalistische Bedeutung, so z. B. für die Entscheidung, ob in dem betreffenden Fall Notwehr vorlag oder nicht, und wenn sonst die einfache Unterscheidung in Nah- und Fernschuß nicht ausreicht. Ein „Fernschuß" liegt vor, wenn nur die Wirkung des Geschosses erkennbar ist. Kommt die Waffe näher, so setzen zunächst der relative Nahschuß, dann der unmittelbare Nahschuß und schließlich der aufgesetzte Schuß mit ihren charakteristischen Merkmalen ein, die für jede Waffe und jede Munition verschieden sein können.

Beim „Nahschuß" wird der beschossene Gegenstand noch von unverbrannten Teilen des Treibmittels und u. U. von abgerissenen Teilen der Patronenhülse getroffen, die chemisch nachgewiesen werden können. Die „Nahschußmerkmale" hängen weitgehend mit dem Kaliber und der Lauflänge der Waffe, dann aber auch mit der Menge und den besonderen Eigenschaften des Treibmittels zusammen. Ein Schmauchhof, d. h. eine Dunkelfärbung um den Einschuß findet sich bei diesem allgemeinen (relativen) Nahschuß nicht. Ebenso ist eine Flammenwirkung (Sengspuren) bei ihm nicht nachzuweisen. Zur Erzeugung des relativen Nahschusses muß der Mündungsabstand bei Schwarzpulvermunition größer sein als bei rauchschwacher Munition, da erstere zu einem erheblichen Teil außerhalb des Laufes, letztere aber im Lauf verbrennt. Schwarzpulver neigt daher weit mehr zur „Flammenwirkung" als rauchschwaches Pulver.

Einzelne Pulverteilchen können sich finden bei Jagdbüchsen Kal. 6,5—9,3 mm bis zu 2 m, Revolver (Schwarzpulver) Kal. 9 mm bis zu 1 m, Revolver (Schwarzpulver) Kal. 7 mm bis zu 0,75 m, Pistolen Kal. 9 mm bis zu 0,75 m, Pistolen Kal. 7,65 mm bis zu 0,50 m, Pistolen Kal. 6,35 mm bis zu 30 bis 40 cm, Teschingwaffen mit Randfeuermunition (Sinoxyd- oder Quecksilber) bis zu 0,75 m.

Die Bestimmung des Mündungsabstandes in einem gegebenen Fall ist zuverlässig nur dann möglich, wenn die betreffende Munition in ausreichendem Maße zur Verfügung steht, denn alle Nahschußerscheinungen hängen ab von der Munition und der Beschaffenheit des Laufs der verfeuernden Waffe. Sie sind z. B. bei gefettetem und unsauberem Lauf stärker als sonst.

Kommt die feuernde Waffe dem beschossenen Gegenstand näher, so machen sich die Merkmale des Nahschusses in vermehrtem Maße bemerkbar. Außer versprengten einzelnen Pulverteilchen, die der Zahl nach zunehmen, finden wir um den Einschuß den Pulverschmauch in Gestalt des „Schmauchhofes". Man versteht hierunter den Niederschlag der Pulvergase, der sich in Verbindung mit feinst zerteiltem, abgeriebenem Material des Geschosses und der Laufwandung in der Nähe des Einschusses auf dem beschossenen Gegenstand abgelagert hat. Die Form des Schmauchhofes ist kennzeichnend für die Richtung der Waffe, also die Schußrichtung. Da die Schußgase in Glockenform aus dem Lauf hervortreten, so kann sich nur bei senkrechter Haltung des Laufs zum beschossenen Gegenstand ein Schmauchkreis bilden, sonst aber tritt immer eine in der Schußrichtung ausgezogene Ellipse auf. Dabei ist wohl zu beachten, daß Faltenbildung auf Kleidern, also der Schuß auf eine unebene Fläche, ein vom Normalen abweichendes Bild geben kann.

Bei Nahschüssen, bei denen die Waffe den Gegenstand noch nicht berührt hat und die Pulvergase noch nicht seitwärts getrieben sind, findet man also häufig 3 konzentrische Zonen von Veränderungen:

1. unmittelbar um den Einschuß den sogenannten Kontusionsring, dann
2. den Kreis der Pulvereinsprengung und
3. den diffusen, nach außen verlaufenden Schmauchhof.

Bei aus noch größerer Nähe abgegebenen Schüssen kommt, zumal dann, wenn der beschossene Gegenstand kein fester Körper ist, die Wirkung der Pulvergase stärker zur Geltung. Sie ist in weitgehendstem Maße von der Menge des Treibmittels und vom Atmosphärendruck der Pulvergase abhängig, also bei Schrot- und Büchsenschüssen viel stärker als bei Schüssen mit kurzläufigen Waffen. In stärkstem Maße macht dies sich beim Schrotschuß bemerkbar. Der Unterschied in der Wirkung zwischen einer Pistole 08 und einer automatischen Pistole kleineren Kalibers tritt zumal bei Kopfschüssen deutlich in die Erscheinung. Die Einsprengung von Pulverteilchen (Tätowierung) tritt immer mehr zurück, denn die Gase äußern ein Bestreben, zur Seite hin auszuweichen. Das kann dazu führen, daß die Felder des Laufs im immer kleiner werdenden Schmauchhof hellere Streifen auf dunklem Untergrund bewirken, weil die schmauchbildenden Pulvergase vorzugsweise nur zwischen Geschoß und Zugrücken austreten können, das Feld selber daher frei bleibt. Am menschlichen Körper erzeugen derartige Schüsse, besonders wenn mit verhältnismäßig wenig Gewebe bedeckte Knochen (Schädel) getroffen werden, strahlige Platzverletzungen mit Hauttaschenbildungen, die schon oft infolge ihrer Größe als Ausschüsse angesprochen worden sind. Die mikrochemische Feststellung von Pulverteilchen im Schußkanal verhütet ein derartiges Fehlurteil.

Eine eigentliche Flammenwirkung, also Sengspuren, beobachtet man am beschossenen Gegenstand bei Schüssen dieser Art nur sehr selten, am ehesten noch bei Schwarzpulverschüssen. Dagegen findet man durchweg Haare und Stoffe, also zarte Teile, die von den heißen Pulvergasen umspült werden, mit äußerst feinen, braunen bis schwarzen Inkrustationspartikelchen bedeckt, die ihnen außerordentlich fest anhaften. In diesen Teilchen kann bei Schüssen mit Bleigeschossen häufig mikrochemisch Blei nachgewiesen werden. Eine eingehende Schilderung der Verwertbarkeit aller Nahschußspuren im Rahmen dieser Zusammenstellung würde zu weit führen.

Kommt die Mündung der feuernden Waffe dem beschossenen Gegenstand so nahe, daß sie ihn berührt, so entsteht der aufgesetzte Schuß, der u. U. sehr arm an äußerlich leicht erkennbaren Nahschußmerkmalen sein kann. Vollkommen fehlt z. B. der Schmauchhof, wenn der beschossene Gegenstand die Pulvergase ohne wesentliche Platzwirkung aufzunehmen vermag. Das ist z. B. beim menschlichen Körper der Fall, zumal dann, wenn er mit fest anliegenden Kleidern bedeckt ist. Letztere können allerdings einige Nahschußanzeichen aufbewahren, besonders bei Schüssen mit größeren Mengen Treibmittel.

Der aufgesetzte Schuß ist meist etwas über Kaliber groß und hat, wenn er sich auf Kleidern befindet, einen ganz leicht dunkel gefärbten faserigen Rand. Die Stofffasern weisen oft deutlich nach außen, also gegen die Schußrichtung, eine Folge des „Sogs" nach dem Schuß. Pulverteilchen findet man im Einschuß selten, dagegen häufig bei durchschossenen Kleidern inkrustierte Fasern der Außenkleidung auf der Innenkleidung, sogar seitlich neben dem eigentlichen Schußkanal. Hier findet sich meist auch unverbranntes Pulver. Sind feinere Gewebe durchschossen, so ist häufig eine Lockerung der Fäden festzustellen. Gelegentlich findet sich Pulverschmauch auf der Rückseite der durchschossenen Kleidungsstücke.

Läßt sich der Schußkanal im Körper weiter verfolgen, so kann man darin natürlich unverbrannte Pulverteilchen, Stoffreste, u. U. auch Kohlenoxyd, das Zersetzungsprodukt des rauchschwachen Pulvers, und bei Schwarzpulverschuß Kohle, Salpeter und Schwefel nachweisen. Diese Befunde charakterisieren dann die Verletzung als aufgesetzten Schuß.

Beim aufgesetzten Schuß auf den unbekleideten menschlichen Körper kommt es manchmal zu „Stanzverletzungen", die eine mehr oder minder deutliche Abbildung des Vorderteils der Waffe auf der Haut sind. Auch Klemmspuren werden an der Haut und an Kleidern gelegentlich beim aufgesetzten Schuß beobachtet. Alle diese Spuren werden von dem nach dem Schuß vorschnellenden Schlittenstück der automatischen Pistole hervorgerufen und sind ein Merkmal von Selbstladewaffen.

Häufig ist der aufgesetzte Schuß von einer starken Sprengwirkung begleitet, die aber nur auf die Pulvergase und nicht auf die sogenannte hydrodynamische Wirkung des Geschosses zurückzuführen ist. Letztere beginnt erst bei einer Geschoßgeschwindigkeit von über 500 m/sec, kommt daher für alle Pistolengeschosse und die Geschosse zahlreicher anderer Waffen nicht in Betracht.

Waffen, mit denen ein aufgesetzter Schuß abgegeben worden ist, enthalten fast immer im Innern des Laufs oder der Kammer Teile des beschossenen Gegenstandes, der im Einschuß vom Geschoß und den Pulvergasen zertrümmert worden ist und die vom „Sog" nach dem Schuß in die Waffe gerissen werden. So findet man im Lauf von Selbstmörderwaffen fast durchweg Blut, Knochensplitter und Gewebeteile. Ist mit der Waffe ein aufgesetzter Schuß auf die Kleidung abgegeben, so trifft man Stoffasern im Lauf. Bei aufgesetzten Schüssen auf Holz dringen Holzteilchen in den Lauf, so daß die Holzart mikroskopisch bestimmt werden kann. Diese Erscheinungen können bei der Entscheidung der Frage nach Selbstmord, Tötung auf Verlangen oder Mord und anderen kriminalistischen Dingen eine wichtige Rolle spielen. Die Nahschußmerkmale an der Waffe nehmen mit dem Kaliber zu; sie finden sich daher an 9-mm-Pistolen stärker ausgeprägt als bei Pistolen des Kalibers 7,65 und 6,35 mm.

Kommt eine bestimmte Person in den Verdacht des Waffenmißbrauchs, und handelt es sich dabei um Faustfeuerwaffen, so empfiehlt es sich, die Hände des Betreffenden einer genauen Prüfung zu unterziehen. Denn beim Schießen mit einem Revolver erhält fast durchweg die zum Schießen benutzte Hand eine Pulverschmauchanlagerung, weil zwischen Trommel und Lauf Pulvergase austreten. Sie finden sich hauptsächlich am Zeigefinger bis auf der Hautfalte zwischen diesem und dem Daumen. Die stärkste Pulverschmauchanlagerung erhält der Zeigefinger beim sogenannten amerikanischen Schießen, bei dem mit dem Mittelfinger abgezogen und der Zeigefinger auf das Ziel deutend neben Trommel und Lauf gelegt wird. Aus der Art des Pulverschmauchs kann sogar auf die verfeuerte Munition geschlossen werden, weil Schwarzpulver einen dunkelfarbigen, rauchschwaches Pulver dagegen einen mehr gelblich-grauen Schmauch hervorruft. Weiter ist es in derartigen Fällen erforderlich, der Hautfalte zwischen Daumen und Zeigefinger auch deshalb besondere Beachtung zu schenken, weil zahlreiche kleine automatische Pistolen dazu neigen, beim Schuß diese Hautfalte mit dem Schlitten einzuklemmen. Die Folge hiervon sind dann zwei sehr scharfe Einschnitte in der Haut, aus deren Abstand sogar die hintere Breite des Schlittenstücks der betreffenden Pistole bestimmt werden kann. Zu einem derartigen Einklemmen der Haut neigt z. B. die Mannpistole.

Die Bedeutung der Schußwaffen und der Munition als Beweisstücke bei der Aufklärung von Straftaten und die daraus sich ergebenden und möglichen Untersuchungen lassen sich einigermaßen voraussehen und in abgegrenzte Formen bringen, wie es in der vorliegenden Abhandlung geschehen ist. Meist sind es immer dieselben Fragen, auf die es dabei ankommt. Beim beschossenen Gegenstand aber ist das nicht der Fall, denn er kann infolge seiner Vielgestalt unbegrenzt wechseln. Daher sind auch hier nur einige allgemein wichtige Fälle herausgegriffen worden, in deren umfassenden Rahmen in der Praxis sich ergebende Fragen sich mehr oder minder gut einordnen lassen.

Zudem ist bei der Betrachtung der Waffen- und Schußuntersuchung nicht zu vergessen, daß die Schußwaffen sich in einer ständigen Weiterentwicklung befinden und daß daher immer mit dem Auftreten neuer Waffen zu rechnen ist, deren Wirkung uns zunächst unbekannt ist. Daher ist in der Beurteilung aller Fragen, die das Gebiet der Schußwaffenuntersuchung allgemein betreffen, doppelte Vorsicht geboten.

Schrifttum:

Bock, Moderne Faustfeuerwaffen und ihr Gebrauch, Neudamm 1922. — Derselbe, Pistolenschießen in Notwehr, Berlin 1932. — R. Wille, Waffenlehre, Berlin 1900. — Zimmerle, Waffenlehre, Berlin 1927. — Pietrusky, Die naturwissenschaftlich-kriminalistischen Untersuchungen bei Schußverletzungen, Abt. IV, Teil 12. — Abderhalden, Handbuch der biolog. Arbeitsmethoden, 2. Hälfte, Heft 2, Berlin. — Mahrholdt, Handbuch für Waffenfreunde, Innsbruck 1931. — Söderman, L'expertise des armes à feu courtes, Lyon 1928 (zahlr. Literaturangaben). — Derome, Expertise des armes à feu, Montreal 1929. — Locard, Manuel de technique policière, Paris 1923. — Einzelabhandlungen im Archiv für Kriminologie, Kriminalistische Monatshefte, Zeitschrift für die gesamte gerichtliche Medizin und in Revue internationale de Criminalistique.

August Brüning.

Schutzaufsicht bei bedingter Begnadigung s. Entlassenenbehandlung.

Schutzhaft s. Verwahrung, polizeiliche, Sicherheits- und Schutzhaft.

Schutzpolizei.

(Verhältnis zur Kriminalpolizei.)

Der § 163 StPO. begründet auch für die Schutzpolizei die Pflicht, strafbare Handlungen zu untersuchen und alle keinen Aufschub duldenden Maßnahmen zu treffen; er berechtigt durch Sonderbestimmungen über Freiheitsentziehung, Durchsuchung, Beschlagnahme die Polizei ohne Unterschied der Fachsparten zur Vornahme bestimmter Amtshandlungen. Die Trennung der Aufgabenkreise von Kriminal- und Schutzpolizei — soweit sie, wie überwiegend, am gleichen Ort vertreten sind — ist lediglich eine solche auf Grund innerdienstlicher Verwaltungsanordnung. Zweifellos entspricht diese Trennung den modernen Bedürfnissen und hängt mit der sich überall durchsetzenden Spezialisierung zusammen. Macht doch diese Spezialisierung auch in der innerdienstlichen Verwendung der großen Kriminalpolizeien immer weitere der technischen Entwicklung sich anpassende Fortschritte. Die angeführte innerdienstliche Anweisung an die Polizeisparten entbindet jedoch den einzelnen Schutzpolizeibeamten nicht von der ihm auf Grund des

§ 163 StPO. auferlegten Verpflichtung. Eine Unterlassung notwendiger Schritte wäre gesetzwidrig. Richtig gesehen widersprechen sich Gesetz und Verwaltungsanordnung nicht. Es ist dies auch nicht organisatorisch beabsichtigt. Es ist anerkannte Praxis, daß jeder Polizeibeamte, also auch der Schutzpolizeibeamte, überall, wo er aus eigenem Recht und ohne besonderen Auftrag tätig wird, schlechthin Vertreter der Polizei ist und als solcher zu handeln hat. Für die Schutzpolizei wird die Frage praktisch, wie weit sie in der Ausübung dieser Pflicht am kriminellen Tatort gehemmt ist und wie weit sie in wohlverstandener Auslegung der Dienstanweisung tätig zu werden hat. Ohne Zweifel sind die Grenzen zwischen Kriminalpolizei und Schutzpolizei so flüssig wie zwischen vielen anderen Polizeiarten. Ist am Tatort die Schutzpolizei allein anwesend — es wird dies infolge der größeren Anzahl von Schutzpolizeibeamten und ihrem Tätigkeitsfeld, der Straße, sehr oft der Fall sein —, so ruht in ihrer Hand bis zum Eintreffen der Kriminalpolizei die volle Verantwortung. Wie wirkt sich diese aus?

Es muß unterschieden werden zwischen 1. denjenigen Handlungen, die die Schutzpolizei vornimmt, um der spezialpolizeilichen Tätigkeit der Kriminalpolizei die Wege offen zu halten, und 2. denjenigen Handlungen, welche die Schutzpolizei ohne Rücksicht auf das frühere oder spätere Erscheinen der Kriminalpolizei ex officio vornehmen muß.

Zu 1. Die Praxis ist feststehend. Die Schutzpolizei hat lediglich der Arbeit der Kriminalpolizei die Wege zu ebnen. Sie hat den Tatort abzusperren, d. h. für seine Unberührtheit zu sorgen, sie hat vorhandene Spuren vor Veränderung zu schützen, sie hat Zeugen zu notieren und schließlich — aber nicht zum geringsten — den mutmaßlichen Täter festzunehmen. Mit anderen Worten: sie hat alles zu tun, was unaufschiebbar ist und der später eintreffenden Kriminalpolizei die Tätigkeit erleichtert, und sie hat alles zu unterlassen, was aus diesem Grunde nicht erforderlich ist. Eine Prüfung dieser Abgrenzung der Aufgaben des Schutzpolizeibeamten am Tatort ergibt schon, daß sich dieser scheinbar klare Pflichtenkreis verschieben kann, wenn das Eintreffen der Kriminalpolizei — wie das in Städten häufig, auf dem Lande fast immer der Fall ist — länger auf sich warten läßt.

Zu 2. Nach dem Gesetz ist auch der Schutzpolizeibeamte verpflichtet, alle keinen Aufschub duldenden Anordnungen zu treffen, um die Verdunkelung der Sache zu verhüten. Ist dieser Pflicht mit den zu 1. gekennzeichneten Maßnahmen genügt?

Das wird häufig nicht der Fall sein. Es können darüber hinaus Schritte notwendig sein, die unbedingt von dem zuerst an Ort und Stelle befindlichen Beamten getan werden müssen, weil sie später nicht mehr getan werden können. Hier aber liegt ein Mangel in der herrschenden Praxis vor, der häufig genug hervorgetreten ist. Wenn jeder Schutzpolizeibeamte sich darüber klar ist, was er *nicht* tun darf, um der Kriminalpolizei in der Spezialarbeit später keinen Abbruch zu tun, so ist für ihn freie Bahn geschaffen, um das zu bedenken, was er nun noch tun könnte, um die Sache aufzuklären und den Täter zu ermitteln. Das Nächstliegende ist die Verfolgung des Täters selbst, falls dieser sich nach deutlichen Merkmalen oder Zeugenaussagen noch in der Nähe befindet oder sich nach Lage der Dinge noch nicht weit befinden kann. Hier treten die ersten Bedenken des Schutzpolizeibeamten auf. Was ist wichtiger, den Tatort in seinem Spurenbestande zu schützen und zu erhalten, oder den Täter zu verfolgen und zu ergreifen? Es ist durchaus der Fall denkbar, daß der mutmaßliche Täter ergriffen wird und sich später nicht überführen läßt, weil inzwischen die Spuren des Tatortes verwischt waren. Der andere Fall ist jedoch noch übler, daß die Spuren des Tatorts erhalten bleiben und der Täter für alle Zeit entschwindet. Diese Sachlage stellt an das kriminalistische Verständnis eines Exekutivbeamten ganz zweifellos große Anforderungen und es geht daraus hervor, daß der Pflege auch einer kriminalistischen Ausbildung der Schutzpolizei eine hohe Aufmerksamkeit zu schenken ist. Eine weitere beim „ersten Angriff" entscheidend zu regelnde Frage ist die Sicherung der Personalien derjenigen Zeugen, die für die Aufklärung der Sache von Belang sind. Wenn auch manche Zeugen sich vielfach später freiwillig bei der Polizeibehörde einfinden, so besteht doch die Möglichkeit, daß wichtige Zeugen aus angeborener Behörden- und Gerichtsscheu für immer verloren gehen.

Ihrer Organisation entsprechend wird die Schutzpolizei häufig schneller mit ihren Beamten am Tatort zur Stelle sein, als es die Kriminalpolizei kann. Die Überfallkommandos in den Großstädten werden in erster Linie die Aufgabe haben, den angedeuteten Pflichten gerecht zu werden. Darüber hinaus wird der Vorsteher des in Frage kommenden Polizeireviers bald eintreffen und mit dem Schutzpolizeibeamten, den nun ebenfalls herbeigeeilten diensttuenden Kriminalbeamten mit Sachkenntnis zur Seite stehen müssen. Im Laufe der Stunden wird sich am Tatort das Bild derartig verschieben, daß immer mehr Kriminalpolizei eintrifft. Die Pflicht, alle keinen Aufschub gestattenden Anordnungen zu treffen, geht selbstverständlich nunmehr auf diese über. Der Schutzpolizeibeamte kommt nicht in die Lage, die reizvolle Aufgabe zu lösen und die Kette der Beweisglieder an einander zu reihen, den entwichenen Täter zu ermitteln und zu ergreifen. Er muß diese Aufgabe der Schwesterbehörde überlassen, die nun einmal dafür da ist. Er darf aber nicht so lange auf das Eintreffen der Kriminalpolizei warten, bis wichtige Spuren verwischt, wichtige Zeugen verschwunden sind oder gar der Täter entwichen ist.

Neben der selbständigen Tätigkeit der Schutzpolizei in kriminellen Fällen hat sie — wie schon angedeutet — die Kriminalpolizei bei deren Tätigkeit zu unterstützen. Die Ausführung von Festnahmen wird der leitende Kriminalbeamte häufig durch Beamte der Schutzpolizei vorziehen, nämlich immer dann, wenn sie aus einem größeren Personenkreis heraus vor sich geht und Aufsehen nicht vermieden zu werden braucht. Auch die Verfolgung von Tätern wird durch die Schutzpolizei dann erfolgreicher vorgenommen werden können, wenn mit der Hilfe des Publikums gerechnet werden kann. Hier unterscheiden sich Verfolgter und Verfolgender besser von einander. Die Mitwirkung der Schutzpolizei bei Razzien und Durchsuchungen großen Stils ist die Regel geworden. Hier beschränkt sich die Kriminalpolizei meist auf die Vornahme der eigentlichen Durchsuchungen, während alle Absperrungsmaßnahmen durch die Schutzpolizei vorgenommen werden. Auch der Schutz der Kriminalpolizei gegen größere Menschenmengen wird öfter der Schutzpolizei übertragen werden müssen.

Die Zusammenarbeit von Schutzpolizei und Kriminalpolizei ist in den einzelnen Ländern verschieden geregelt. Allzu scharfe Trennung der Kompetenzen führt zu Spartenneid und ist organisatorisch nicht zu empfehlen.

Gustav Langenscheidt.

Sektion und Obduktion.

1. Unter Sektion (Autopsie, Obduktion) versteht man eine kunstgerechte vom Arzt ausgeführte Leichenöffnung. Die Obduktion dient zur Feststellung der Todesursache und sonstigen Veränderungen, die für die medizinische Wissenschaft von Interesse sind. Die Fragestellung bei der Leichenöffnung ist durchaus von Fall zu Fall verschieden; vom Standpunkt der Kriminalistik ist die Sektion unter dem Gesichtswinkel eines gerichtlichen Ermittlungsverfahrens zu betrachten. Durch eine Leichenöffnung als gerichtliche Handlung werden wesentliche Tatsachen und Befunde ermittelt und festgelegt, die über die Begehungsart fraglicher gewaltsamer Todesursachen, über das dazu verwandte Werkzeug, über die Schuldfrage und anderes mehr Aufklärung geben können. Dabei hat die gerichtliche Sektion an sich die Aufgabe, den bestimmten vorliegenden Fall von der medizinisch-kriminalistischen Seite her aufzuklären; sie dient daneben in ihren Ergebnissen der gerichtlichen Medizin als Unterlage für Lehre und Forschung.

2. Die Strafprozeßordnung beschäftigt sich in §§ 87ff. mit den bei einer gerichtlichen Leichenöffnung einzuhaltenden Vorschriften. Während die richterliche Leichenschau unter Hinzuziehung e i n e s Arztes vor sich geht (im übrigen wird hiervon sehr wenig Gebrauch gemacht und in den meisten Fällen die Obduktion vorgenommen), muß die Leichenöffnung im Beisein des Richters von zwei Ärzten, unter welchen sich ein Gerichtsarzt befinden muß, stattfinden. Der behandelnde Arzt kann der Leichenöffnung beiwohnen, darf sie jedoch selbst nicht ausführen (§ 87). Die Leichenöffnung muß sich, soweit der Zustand der Leiche dies gestattet, stets auf die Öffnung der Kopf-, Brust- und Bauchhöhle erstrecken (§ 89).

Bei der Obduktion eines Neugeborenen ist besonders auf das Gelebthaben zu achten und stets Reife und Lebensfähigkeit festzustellen (§ 90).

Besteht der Verdacht einer Vergiftung, so hat eine Untersuchung der in der Leiche oder sonst gefundenen verdächtigen Stoffe durch einen Chemiker, unter Umständen unter Mitwirkung oder Leitung eines Arztes, stattzufinden (§ 91).

Die gerichtliche Leichenöffnung wird nur dann vorgenommen, wenn ein Anlaß zu strafrechtlichen Ermittelungen vorliegt. Versicherungsrechtliche Fragen, zivilrechtliche Haftansprüche und dergleichen zu klären, ist an sich nicht Aufgabe einer gerichtlichen Sektion.

Die Ausführung der gerichtlichen Sektion erfordert einen besonders geschulten, fachmännisch vorgebildeten Arzt. Dieser muß nicht nur die Technik der Leichenöffnung beherrschen und über pathologisch-anatomische Kenntnisse verfügen, sondern auch große Erfahrung in gerichtsärztlichen Fragen haben. Aus den gesetzlichen Bestimmungen geht hervor, daß zwei Ärzte die Sektion gemeinsam vorzunehmen haben. Der eine davon muß, der andere soll ein Gerichtsarzt sein. Die näheren Bestimmungen sind in den deutschen Ländern etwas verschieden. In Preußen werden in den größeren Städten die Gerichtsärzte bzw. die gerichtsärztlichen Universitätsinstitute zu den Sektionen herangezogen. Auf dem Lande führt der Kreisarzt als der zuständige Gerichtsarzt die Leichenöffnung aus und nimmt sich häufig dazu einen in gerichtsärztlichen Dingen erfahrenen Arzt, evtl. einen Assistenten eines gerichtsärztlichen Instituts zu Hilfe. Bei der Sektion diktiert gewöhnlich der erste Sachverständige das nach besonderen Vorschriften anzufertigende Protokoll, das in einzelnen Punkten abzufassen ist, während der zweite Sachverständige die Obduktion ausführt und dem anderen die erhobenen Befunde demonstriert. Das am Ende der Sektion von beiden Ärzten abzugebende vorläufige Gutachten wird gemeinsam abgefaßt.

Die Bestimmung, daß zwei Ärzte die Sektion auszuführen haben, daß einer davon einen amtsärztlichen Charakter haben muß, ist besonders beachtlich. Es soll dadurch vermieden werden, daß durch falsche Beschreibungen oder Beurteilungen ein wichtiger Sachverhalt verschleiert werden kann. Das Gesetz sieht ferner die Anwesenheit des Richters bei der Obduktion vor und fordert, daß das Protokoll gleich bei der Leichenöffnung einem gerichtlichen Protokollführer diktiert wird.

Die Ausführungsbestimmungen, niedergelegt in den „Vorschriften über das Verfahren der Ärzte bei den gerichtlichen Untersuchungen menschlicher Leichen“ sind in Bayern zuletzt am 30. VII. 1930 geändert worden. Für Preußen sind die Bestimmungen vom 31. V. 1922 gültig. Für Sachsen ist am 22. VI. 1923 eine Bekanntmachung des Ministeriums des Innern erfolgt. Diese Vorschriften enthalten alle Einzelheiten über die Technik und über die Abfassung des Protokolls. Es ist hier nicht der Platz, näher auf diese Ausführungen einzugehen. Wichtig ist der Hinweis (sächsische und preußische Vorschriften), daß die Ärzte darauf einzuwirken haben, daß eine Leichenöffnung möglichst frühzeitig vorgenommen wird, daß aber in Fällen vor Ablauf von 12 Stunden nach dem Tode die Gründe für diese frühzeitige Leichenöffnung im Protokoll niedergelegt werden müssen. Auch muß in diesem Falle, und nur dann, vermerkt werden, in welcher Weise der Tod festgestellt worden ist. Wegen Fäulnis darf eine Sektion niemals abgelehnt werden, da in vielen Fällen doch noch die Möglichkeit besteht, trotz der weitgehenden Fäulnis wichtige Befunde (Fremdkörper, Schwangerschaft, Vergiftungen, Knochenveränderungen) festzustellen. Die entscheidenden und erheblichen Befunde sollen dem anwesenden Richter vorgezeigt werden, bevor sie protokolliert werden.

Die Sektion hat sich, worauf schon in den gesetzlichen Bestimmungen hingewiesen ist, in keinem Falle mit der Öffnung einer der drei Höhlen zu begnügen, sondern muß sich stets auf Kopf-, Brust- und Bauchhöhle erstrecken. Am genauesten ist in den neuen preußischen Vorschriften die Technik der Zergliederung der einzelnen Höhlen und Organe beschrieben.

Die Untersuchung an Leichen Neugeborener weicht etwas von der gewöhnlichen Sektion Erwachsener ab. Hier wird zur Zeit meist die sogenannte Henkelkorbmethode bei der Öffnung der Kopfhöhle geübt. Sie gestattet am besten den Überblick über die leicht zerreißliche und bei der Geburt häufig beschädigte Hirnsichel und das Hirnzelt. Bei der Neugeborenensektion ist, wenn das Kind nach der 26. Woche geboren worden ist, darauf zu achten, ob es in oder nach der Geburt geatmet hat. Es ist ferner jedesmal festzustellen, ob das Kind reif und lebensfähig war. Bei den Lebensproben hat in den letzten Jahren insbesondere durch die neueren Vorschriften der Länder die Magen-Darmschwimmprobe neben der Lungenschwimmprobe erhöhte Bedeutung gewonnen. Bei negativem oder zweifelhaftem Ergebnis der Lungenschwimmprobe muß die Magen-Darmschwimmprobe ergänzend herangezogen werden. Diese wird in der Weise vorgenommen, daß der am Magenmund unterbundene Magen mit dem ganzen Dünndarm herausgenommen und auf Wasser gelegt wird, um festzustellen, ob und welche Teile lufthaltig sind. Ist Luft im Magen und Darm vorhanden, so beweist dies, falls sich Fäulnisgasbildung ausschließen läßt, daß das Neugeborene gelebt hat. Luft in tieferen Abschnitten spricht für längeres Gelebthaben.

Das zu erstattende vorläufige Gutachten, das in direktem Anschluß an die Sektion gemeinsam von den Obduzenten abgegeben wird, soll zunächst die Todesursache, dann aber auch die Frage nach dem Vorliegen eines Verbrechens beantworten. Wenn der Fall sich durch die Obduktion nicht vollständig aufklären läßt, muß im vorläufigen Gutachten eine weitere Untersuchung beantragt werden. Insbesondere ist hier auf die Notwendigkeit vorzunehmender mikroskopischer Untersuchungen hinzuweisen. Beim Verdacht einer Vergiftung müssen nach bestimmten Vorschriften Leichenteile in gesonderten Behältnissen aufgehoben und durch das Gericht einem Chemiker zugeführt werden. Bei einer Kohlenoxydvergiftung muß die Untersuchung auf Kohlenoxyd von den Gerichtsärzten bei der Sektion vorgenommen werden.

Eine Abschrift des gerichtsärztlichen Sektionsprotokolls geht in Preußen den Medizinalabteilungen der Provinz zu und wird hier einer sorgfältigen Durchsicht auf etwaige Fehlerquellen und Ungenauigkeiten unterzogen. Die gesammelten Protokolle werden dann noch einmal dem Landesgesundheitsrat vorgelegt.

3. Durch die bis ins Einzelne gehenden Vorschriften wird eine Gewähr für richtige Durchführung der Leichenöffnung so weit wie möglich gegeben. Es sollte deshalb in keinem Falle, bei dem der Tod eines Menschen auf eine strafbare Handlung zurückzuführen ist, verabsäumt werden, die Sektion vornehmen zu lassen. Nicht nur in den großen Mordfällen, sondern auch bei vielen plötzlichen Todesarten, bei Verkehrsunfällen (fahrlässige Tötung) und bei allen tot aufgefundenen Personen ist aus kriminalistischen Gründen die Leichenöffnung erforderlich. Was hier einmal versäumt worden ist, läßt sich nie wieder gut machen, da die Fäulnis und Verwesung die Hauptspuren zerstören kann. Auch der Richter und der Kriminalist sollte deshalb auf eine frühzeitige Leichenöffnung dringen und dafür Sorge tragen, daß sie nach Möglichkeit von der Hand eines erfahrenen Arztes ausgeführt wird.

Die Bedenken und Gründe, die oftmals in Laienkreisen gegen die Leichenöffnung angeführt werden, sind immer dann, wenn es sich um gerichtliche Obduktionen handelt, von vorn herein hinfällig. Hier liegt ja stets der Verdacht einer strafbaren Handlung vor, und die Angehörigen müssen auch gegen ihren Willen nach der Rechtslage die Sektion dulden. Die Frage, ob den nächsten Anverwandten das Recht der Sektionsverweigerung in anderen Fällen zusteht, ist noch umstritten. Es wird jedoch allgemein angenommen, daß ein vorhandenes wissenschaftliches Interesse auch hier etwaigen Bedenken vorgeht, die aus Pietätsgründen oder aus menschlich verständlichem Verlangen, die Ruhe des Toten nicht zu stören, vorgetragen werden könnten.

Es verdient im übrigen hervorgehoben zu werden, daß mit der Sektion in der Regel keinerlei Entstellung der Leiche verbunden ist. Im Regelfalle werden nur wenige Hautschnitte angelegt, die nachher durch Nähte geschlossen werden. Auch bei der Kopfsektion geschieht die Durchtrennung der Kopfschwarte so, daß bei der Lage der Leiche auf dem Rücken die Nahtstelle nicht zu sehen ist. Die kunstgerecht ausgeführte Sektion läßt deshalb gewöhnlich die Form unversehrt, und es ist an dem aufgebahrten Leichnam für den Betrachter nicht möglich, die Spuren der Sektion ohne weiteres wahrzunehmen.

4. Bereits aus den obigen Ausführungen geht hervor, daß das Ziel der gerichtlichen Leichenöffnung sich keineswegs auf die Feststellung der Todesursache beschränkt. Während die in pathologisch-anatomischen Instituten stattfindenden Obduktionen hauptsächlich dazu dienen, den Ablauf des zum tödlichen Ende führenden krankhaften Geschehens zu ermitteln, herrschen bei der gerichtlichen Sektion die kriminalistischen Gesichtspunkte vor. Die Klärung der Todesursache ist besonders bei den gewaltsamen Todesarten oft leicht, die Erörterung der Schuldfrage und das In-Beziehung-Setzen der vorgefundenen Veränderungen mit einer strafbaren Handlung erfordert hingegen nicht nur eine Kenntnis der Leichenerscheinungen und der krankhaften Organveränderungen, sondern auch ein großes Wissen von kriminalistischen Einzelheiten. In manchen Fällen ist im Gegensatz zur klinischen Sektion im Krankenhaus die Persönlichkeit der Toten unbekannt. Dann gilt es, die vorgefundenen Einzelheiten klar und prägnant zu beschreiben (eventuell durch eine photographische Aufnahme festzulegen), damit später an Hand des bei jeder Leichenöffnung aufzunehmenden Protokolls eine Rekognoszierung der Toten möglich ist. Das Anlegen der Kleiderkarte, die Verwertung der in und an den Kleidern gefundenen Gegenstände und auch die Herstellung von Fingerabdrücken, eventuell die vergleichende Untersuchung von Fußeindrücken am Tatort mit Fußabdruck von der Leiche sind Aufgaben, die gewöhnlich von einem geschulten Kriminal- oder Polizeibeamten gut ausgeführt werden können. In schwierigen Fällen, z. B. bei mumifizierten Leichen (s. d. Art. Mumifikation) oder auch bei starker Waschhautbildung durch längere Lagerung der Leiche in Wasser, wird der Gerichtsarzt durch Anwendung von Spezialverfahren auch bei der Herstellung der Fingerabdrücke dem Kriminalisten überlegen sein. Die die Sektion ausführenden Ärzte müssen bei unbekannten Leichen stets die vorhandenen Eigenarten der Gesichtsbildung, narbige Veränderungen, Haarfarbe und Art der Behaarung, Farbe der Augen, Gebißstellung und Veränderungen an den Zähnen, Tätowierungen, Muttermale u. s. f. genauestens beschreiben. Stets ist Geschlecht, Körpergröße und nach Möglichkeit das Gewicht festzustellen sowie eine Schätzung des Alters vorzunehmen. Auch sollte bei unbekannten Leichen immer eine Blutgruppenbestimmung vorgenommen werden. Bei stark gefaulten oder verwesten Leichen bereitet die Festlegung dieser Befunde oft große Schwierigkeiten. Häufig führen auch Tierfraß oder ausgedehnte Verletzungen zu einer

starken Entstellung gerade der für die Rekognoszierung so wichtigen Gesichtszüge. Ist die Gesichtshaut, wenn auch gedunsen und verfärbt, erhalten, so läßt sich manchmal durch Einspritzen von Konservierungsflüssigkeit unter die Gesichtsweichteile noch ein leidliches Ergebnis erzielen. Sind die Augäpfel mehr oder weniger völlig zerstört, so empfiehlt es sich, bevor man die photographischen Aufnahmen anfertigt, Glasaugen einzusetzen, da hierdurch das Bild wesentlich lebendiger wirkt.

5. Die Feststellung des eingetretenen Todes wird gewöhnlich der zum Tatort hinzugezogene Arzt zu treffen haben. Die „primären Todeszeichen", dauerndes Erlöschen der Atmung und des Blutumlaufs sind bei den gewaltsamen Todesarten in der Regel leicht und eindeutig festzustellen. Für die kriminalistischen Ermittlungen spielt die Zeit, zu welcher der Tod eingetreten ist, häufig eine wichtige Rolle. Die Erschlaffung der Gesichtszüge und der Muskulatur, der Eintritt, die Art und die Ausbildung der Totenflecke, die unter Umständen auch Anhaltspunkte für die Lagerung der Leiche geben können (Wandern der Totenflecke!), die Entwicklung der Leichenstarre, die von Ausnahmen abgesehen (kataleptische Totenstarre!) gesetzmäßig erfolgt, und mit gewisser Vorsicht das Erkalten der Leiche, der Grad der Eintrocknung an den Augäpfeln u. a. m. geben Anhaltspunkte (sekundäre Todeszeichen) für die seit dem Tode verflossene Zeit. Es soll schon hier erwähnt werden, daß häufig auch der Füllungszustand des Magens, der Grad der Verdauung genossener Speisen einen Hinweis auf die Todeszeit erlauben. Die Kenntnis der von zahlreichen äußeren und inneren Umständen abhängigen Fäulnisveränderungen an der Leiche ist eine wesentliche Voraussetzung für die Beurteilung der hier erwähnten Befunde. Ist eine längere Zeit nach dem Tode vergangen, so geben der Grad der vorgefundenen Fäulnis und Verwesung, eventuell auch die durch Maden und Fliegen gesetzten Zerstörungen der Leiche oft wichtige Hinweise.

6. Die gerichtliche Sektion hat wie jede Leichenöffnung stets mit der äußeren Besichtigung zu beginnen. Im Gegensatz zu der klinischen Sektion ist hierbei den Veränderungen der äußeren Haut eine peinlich genaue Beachtung zu schenken. Die geringsten Hautabschürfungen, die an der Leiche als Vertrocknungen hervortreten, können für die Aufklärung eines verübten Verbrechens wichtig sein. Sie sind nach Lage, Größe und Beschaffenheit genau zu beschreiben und eventuell in Skizzen niederzulegen. Hieb-, Stich- und Quetschwunden, Kratzeffekte und Abwehrverletzungen können an der Leiche gewöhnlich eindeutig unterschieden werden. Nicht selten gelingt es, aus der Art der Hautdefekte einen einigermaßen sicheren Rückschluß auf das verwendete Tatwerkzeug zu ziehen. Man findet in der kriminalistischen Literatur interessante Veröffentlichungen, in denen von Auffindung kleinster Fremdkörper in Wunden (Metall-, Emaille-, Holzteilchen) berichtet wird, die die Feststellung des Tatwerkzeuges einwandfrei ermöglichten. In Zweifelsfällen wird man sich nicht mit der Besichtigung mit bloßem Auge begnügen, sondern die verletzte Hautstelle herausschneiden und auch mikroskopisch nach Fremdkörpern untersuchen. Besonders bei Schußverletzungen spielt die Verunreinigung der Wundränder durch Pulvereinsprengungen und Kleiderfasern (Einschußzeichen!) eine große Rolle (s. die Art. Spuren, Mord) und ermöglicht oft eine Abschätzung der Schußentfernung, der Schußrichtung und der angewendeten Waffe. Es würde zu weit führen, auch nur eine größere Anzahl der Hautveränderungen aufzuzählen, die einen Schluß auf die stattgehabte Gewalteinwirkung erlauben. Hierzu gehören: Fingernägeleindrücke am Halse bei Erwürgten, Abdrücke des Drosselwerkzeugs, Gebißabdrücke an der weiblichen Brust in Fällen von Sittlichkeitsverbrechen, endlich blutige Abdrücke von bestimmt gemusterten Kleidungsstücken durch Beknieen des Opfers, Eindrücke von geformten Werkzeugen oder von hervorstehenden Teilen eines Autos bei Verkehrsunfällen (Kühlerabdrücke) u. a. m. Stets hat man sich hierbei die Frage vorzulegen, ob die vorgefundenen Hautveränderungen zu Lebzeiten entstanden sein müssen oder ob sie auch nach dem Tode eingetreten sein können. In vielen Fällen geben auch Anhaftungen von Blut, Haaren oder kleinster Kleiderfasern an den Händen, unter den Nägeln oder sonst an der Haut, Besudelungen an den weiblichen Geschlechtsteilen bei Notzuchtsverbrechen und ähnliche außerordentlich wichtige Anhaltspunkte zur Überführung des Täters. Wir können heute infolge der Verfeinerung der Technik bereits in geringsten Blutmengen, die sich im Fingernagelschmutz finden, eindeutig den Blutgruppennachweis führen und feststellen, ob die Blutanhaftungen von dem Getöteten selbst herrühren können oder dasselbe Merkmal wie das Blut des Verdächtigen aufweisen. Überhaupt sollte in allen Fällen, in denen der Täter oder das Opfer Blutverluste erlitten haben, stets eine Gruppenbestimmung an der Leiche und an den mit Blut besudelten Gegenständen vorgenommen werden. Auch ist stets der Scheideninhalt einer weiblichen Leiche auf die Anwesenheit

von Samenfäden zu untersuchen. Bei der Sektion ist dieser Nachweis gewöhnlich noch leicht zu führen, nachträglich sind derartige Feststellungen meist nicht mehr möglich.

7. Die eigentliche Sektion, die Öffnung der drei Körperhöhlen (Kopf-, Brust- und Bauchhöhle) dient zunächst der Ermittlung der Todesursache. Steht diese einwandfrei fest, so ist die Schuldfrage an Hand des Leichenbefundes zu erörtern. Bei vielen gewaltsamen Todesarten (Erwürgen, Erdrosseln, Erhängen, Fälle von Kindesmord) können die Veränderungen an den inneren Organen gering sein. Bei Schußverletzungen, beim Tod durch Stich und Hieb, bei bestimmten Arten von Vergiftungen (Ätzgifte!) sind die inneren Verletzungen ausschlaggebend. Sie ermöglichen eine Rekonstruktion des Tatwerkzeuges oder geben einen Hinweis auf die benutzte Schußwaffe oder das angewendete Gift. Im letzteren Falle gibt gewöhnlich die notwendige chemische Untersuchung der Leichenteile eine endgültige Aufklärung.

In denjenigen Fällen, wo zwischen der Gewalteinwirkung (Körperverletzung) und dem Tode längere Zeit verstrichen ist und die gerichtliche Sektion den ursächlichen Zusammenhang erhärten soll, erlaubt der Zustand der Wunde oder der Organveränderungen den Obduzenten mehr oder weniger sichere Schlußfolgerungen. Meist läßt sich das Alter der vorgefundenen Verletzungen annähernd bestimmen, unter Umständen wird eine nachfolgende mikroskopische Untersuchung ein noch bestimmteres Urteil erlauben.

Besonders eindrucksvoll läßt sich oft in den Fällen, wo die Gewalteinwirkung zu Knochenverletzungen Anlaß gegeben hat, der Nachweis des angewendeten Tatwerkzeuges erbringen. Schartenspuren an Skeletteilen bei Anwendung von Hieb- und Stichwaffen, geformte Lochbrüche in der Schädeldecke bei Schlagwerkzeugen sind zur Aufdeckung und Beurteilung eines Tatbestandes außerordentlich wertvoll. Man tut gut, in allen Fällen von Knochenverletzungen bei gewaltsamen Todesarten die betreffenden Knochenabschnitte herauszusägen und, wenn nötig, besonders zu präparieren bzw. zu mazerieren. Nicht selten gelingt es dann unter Zuhilfenahme besonderer Mikroskope, wichtige Einzelheiten an den Knochenverletzungen festzustellen, die Hinweise auf das verletzende Werkzeug gestatten. Fast regelmäßig läßt sich am Knochen, besonders am Schädel, die Ein- und Ausschußöffnung gut unterscheiden. Auch kann unter Umständen durch den Verlauf der Knochensprünge am Schädel bei mehreren Schädelschüssen der Nachweis des ersten eventuell bereits tödlichen Schusses erbracht werden (Priorität der Schädelbrüche).

Die eingehende Untersuchung des Knochensystems bietet auch bei stark gefaulten oder verwesten unbekannten Leichen die Möglichkeit einer genaueren Altersbestimmung. Neben dem Verhalten der gelenknahen Teile der Röhrenknochen (Epiphysenknorpel!) kann man besonders leicht an dem Zustand der knorpeligen Grundplatte der Wirbelkörper, die erst nach Abschluß der Wachstumsperiode verknöchert und auch dann sich ziemlich gesetzmäßig weiter verändert, in gewissen Grenzen das Alter des betreffenden Individuums feststellen. Macht die Geschlechtsbestimmung beim Fehlen von Weichteilen Schwierigkeiten, so läßt sich bei Erwachsenen aus der Form des Beckens, die beim Weibe mehr rundlich, beim Manne mehr kartenherzförmig ist, ein Anhaltspunkt für das Geschlecht des Toten gewinnen. Auch ist das Knochensystem im allgemeinen bei der Frau schlanker und der Kopfumfang kleiner. Beim Manne treten gewöhnlich die Muskel- und Sehnenansätze deutlicher hervor.

Schrifttum:

Kockel, Richard, Handb. der biologischen Arbeitsmethoden, Abt. IV. Angewandte chemische und physikalische Methoden, Teil 12, Heft 1, S. 1—104, Leipzig. — Kockel, Richard, Arch. f. Krim., 5, 126, 1900. — Merkel, Hermann, Dtsch. Zeitschr. f. d. ges. ger. Med., 12, 137, 1928. — Derselbe, Dtsch. Zeitsch. f. d. ges. ger. Med., 10, 256, 1927. — Nippe, Königsberg, Dtsch. Zeitschr. f. d. ges. ger. Med., 18, 103—120, 1932. — Olbrycht, J., Dtsch. Zeitschr. f. d. ges. ger. Med., 9, 529, 1927. — Puppe, Dtsch. med. Wochenschr., 1913, Nr. 29. — Straßmann, Georg, Beitr. z. ger. Med., 5, 157—188, 1922. — Walcher, Kurt, Dtsch. Zeitschr. f. d. ges. ger. Med., 8, 430, 1926.

Wilhelm Hallermann.

Selbstmord.

A. Der Selbstmord in kriminologischer, ethischer und sozialer Beurteilung.

1. Kriminologisches. Da nach herrschender Ansicht der Selbstmord straflos ist, so fragt es sich zunächst, wie diese positivstrafrechtliche Ansicht kriminologisch zu deuten ist: ob die Straflosigkeit uns deshalb hier ein Axiom ist, weil ein Toter nicht mehr bestraft werden kann — die Folge wäre, daß doch der Versuch, die Anstiftung und die Teilnahme strafbar sein könnten — oder ob die Straflosigkeit auf tieferen Rechtsgründen (Recht auf den eigenen Körper, Recht auf den Tod, vgl. Rupp, Das Recht auf den

Tod) beruht. Trifft letzteres zu, dann ist Selbstmord, sobald wirklich ein solcher bewußter Entschluß durchgeführt wird, nicht rechtswidrig und es können mithin (Lobe, Lpz.Komm. (1933) S. 43) auch Anstiftung, Teilnahme und Versuch nicht strafbar sein. Damit scheidet die Selbsttötung als solche aus dem unmittelbaren kriminologischen Umkreis aus, in den sie jedoch aus anderen, neben dem eigentlichen Tötungsentschluß liegenden, Gründen mittelbar wieder hineinkommen kann. Die ethische Rechtfertigung — nicht des Selbstmords, wohl aber: — der Nichtstrafbarkeit dürfte auf die seelischen Qualen und Leiden hindeuten, die zum Entschluß der Selbsttötung eines Gesunden drängen und an denen die Umwelt vielfach eine größere Schuld trägt als der „Täter" selbst.

Kriminell aber wird der Fall, wenn einen Anderen die Schuld an dem Selbstmord trifft, sei es daß die „Anstiftung" einen Willensschwachen gefunden hat (oder etwa durch hypnotische Mittel), sei es daß krankhafte Zustände (etwa melancholische) durch einen Anstiftenden in eigennütziger Weise ausgenutzt worden sind, sei es daß Jemand durch seelische oder andere Quälerei in den Tod getrieben worden ist. Es kommt dann darauf an, im Einzelfall festzustellen, ob nicht ein Tötungsdelikt des Anderen vorliegt, der angebliche „Selbstmörder" also unter Zwang oder in entsetzlicher Furcht, unter Ausschaltung der eigenen freien Entschlußkraft gehandelt hat (man denke etwa an Luise Millerin und den diktierten Brief, dem der Doppelselbstmord der Liebenden folgt). Eine reifere kriminalistische Wissenschaft kann sich dann nicht auf den Standpunkt des formalen „Selbst"mordes, der Nichtrechtswidrigkeit und mithin der Straflosigkeit der Anstiftung stellen.

Ferner kommt der Selbstmord in eine Beziehung zur Kriminologie, wenn er begangen wird, um einer Strafe zu entgehen. Hier richtet der Täter sich selbst, wählt eine eigene, schnellere Sühne, um sich der des Rechtsstaates zu entziehen (Franz Moor im Gegensatz zu Karl Moor). Oft genug handelt es sich dabei aber nicht so sehr um kriminelle Strafe als vielmehr um andere Ehrenkränkung, um Schulstrafen, Bestrafung durch die Eltern, Vorbeugung vor Schande. Hierher gehören die Schülerselbstmorde, die Soldatenselbstmorde, die Selbsttötung schwangerer Mädchen, die unter Umständen dadurch der Kriminalität der Abtreibung oder des Kindesmordes entgehen.

Während Jemand kriminell auf einen Anderen, der aus irgendwelchen Gründen zum Freitod neigt, einzuwirken vermag und so durch den fremden Willen einen Mord begeht, kann andererseits auf primitivere, mehr äußerliche Weise ein Mord zu verschleiern versucht werden, indem der Mörder einen Selbstmord des Getöteten vortäuscht. Hier setzt die enge kriminalpolizeiliche Beziehung zwischen Mord und Selbstmord als Untersuchungsaufgabe ein. Es scheint so leicht, dem Getöteten die Schußwaffe in die Hand zu geben, als habe er sie selbst gebraucht, oder dem Vergifteten die Veronalhülsen auf den Nachttisch zu stellen oder den Erwürgten aufzuhängen und einen umgeworfenen Stuhl zu seinen Füßen anzubringen oder dgl. (Über die — oft schwierige — Differenzialdiagnose in solchen Fällen vgl. insbesondere Rehfeldt, „Zum Selbstmordproblem" — insbes. S. 50ff. — und „Gerichtliche Tatbestandsfeststellungen" — s. Schrifttum.) Es gibt jedoch eine ganze Reihe von Merkmalen aus Erfahrung und Überlegung, die die Vortäuschung aufdecken: Einschußstelle, Verbrennung der Ränder, Art der Führung von Schnitten, Art und Ort der Leichenflecke, anderweitige Verletzungen als die tödlichen, so daß etwa auf einen vorherigen Kampf des Opfers mit dem Mörder zu schließen ist, Geruch oder Geruchlosigkeit des Giftes u. dgl. m. Auch das Fehlen oder Vorhandensein von Motiven der Tat spielt dabei eine sehr große Rolle. All dies sind Aufgaben, die dem Kriminalisten fast täglich gestellt werden und für die ihn Scharfsinn und Erfahrung ausbilden.

Eine weitere sehr wichtige kriminologische Beziehung ist aber der Umstand, daß der Selbstmörder noch kurz vor dem Selbstmord oder im Verlauf der Ausführung der Tat Andere schwer gefährdet oder mit in den Tod reißt. Es ist an die zahlreichen Fälle von Familienselbstmord zu denken, in denen die Angehörigen von dem Selbstmörder zuvor getötet wurden, besonders bei Nahrungssorgen des Familienvaters, oder daß in Liebesaffären beim „Doppelselbstmord" der Partner nicht immer mit voller Zustimmung mit in den Tod genommen wird — ganz abgesehen von den Fahrlässigkeitsgefährdungen durch den in dieser Hinsicht völlig unbedachtsam gewordenen Selbstmörder, der Gashähne öffnet oder Feuer anzündet oder ins Wasser geht und da den Retter mit sich hinabzieht.

Eine weitere Beziehung ist mehr diagnostischer Art. Es kann die Frage aufgeworfen werden, ob die Kurve der Kriminalität und die Kurve des Selbstmordes, da ja beide Erscheinungen durch die soziale und wirtschaftliche Lage, durch die allgemeine Stimmung eines Volkes und Landes, durch politisches Glück und Unglück, durch erbbiologische Verschlechterung der Rasse beeinflußt werden, nicht eine Ähnlichkeit in ihrem Verlauf zeigen. Dies würde freilich lediglich über die Motivierung beider Erscheinungen etwas aussagen, aber es ist gewiß nicht abwegig, zu vermuten, daß Gründe, die Kummer und Verzweiflung bedingen, den Einen die Gewalttat gegen Andere, den Anderen die Gewalttat gegen sich selbst tun lassen und daß Gründe, die die seelische und körperliche Widerstandskraft des Volkes verschlechtern, sowohl zu Selbstmorden wie zu Verbrechen führen. Dennoch scheint sich ein statistischer Nachweis — und nur ein solcher durch ungefähre Gleichläufigkeit der Kurve der Selbstmordziffer mit der allgemeinen Kriminalitätsziffer eines Landes käme in Betracht — nicht führen zu lassen; ein Vergleich z. B. der Selbstmordziffer und der allgemeinen Kriminalitätsziffer im Deutschen Reich von 1893—1910, also Jahren verhältnismäßig ruhiger Entwicklung, zeigt zwar einen Anstieg von 10780 Sm-Ziffer und 470403 Kr.-Ziffer im Jahre 1893 auf 13935 und 546818 im Jahre 1910, aber die Kurve verläuft in den einzelnen Jahren doch verschieden für die beiden Zahlenreihen.

2. Ursachen der Selbsttötung. Bei der Untersuchung, ob in einem zweifelhaften Fall Selbstmord, Unglücksfall oder Verbrechen vorliegt, spielt der Einblick in die allgemeinen und die fallweise besonderen Ursachen einer Selbsttötung eine erhebliche Rolle. Gaupp und nach ihm Füllkrug (s. Schrifttum) unterscheiden „Beweggründe" und „Ursachen" des Selbstmordes: „Motive oder Beweggründe seien die im Bewußtsein des Täters auftretenden Veranlassungen seines Handelns, die Ursachen seien die treibenden Kräfte, die sehr oft dem Täter gar nicht zum Bewußtsein kämen." Ich halte diese Unterscheidung für überflüssig, wenn nicht überhaupt für verfehlt. Denn wenn unter den „Beweggründen" Geisteskrankheit, körperliche Leiden, Kummer, Furcht, Zank usw., unter den „Ursachen" erbliche Belastung, Kampf ums Dasein, Einsamkeit, religiöse Sitte usw. genannt werden, so muß eine nähere Betrachtung dieser einzelnen Positionen die tatsächliche Gleichheit des Kausalzusammenhanges von „Motiven" und „Ursachen" dartun: Geisteskrankheit und erbliche Belastung, Kummer und Kampf ums Dasein, Zank auf dem Boden wirtschaftlicher Not, Einsamkeit als Ursache von Furcht und Kummer — wo sind da feste Grenzen etwa derart, daß an einem bestimmten Punkt das klare Bewußtsein einsetzt und das instinktmäßige von den unbeherrschbaren Mächten getriebene Handeln nicht mehr allein maßgebend ist? Das sind seelische Wechselwirkungen, die vielleicht im Einzelfall einmal, aber allermeist nicht klar geschieden werden können.

Während unten zu C (S. 551ff.) der statistisch erfaßbare Überblick über die einzelnen Ursachen ersichtlich ist, sollen hier nur die psychologischen Hauptmerkmale der drei wesentlichsten Ursachengruppen kurz besprochen werden im Hinblick darauf, daß der Kriminalist auf diese in erster Linie zu achten hat.

a) Krankheit. Nach v. Oettingen ist ein Drittel aller Selbstmordfälle bei Männern, beinahe die Hälfte aller Fälle bei Frauen auf Geisteskrankheit zurückzuführen, auch nach v. Mayr steht Geisteskrankheit als Grund an erster Stelle. Aber es muß beachtet werden, daß „Anfälle geistiger Trübung" gern als Grund angegeben werden, wenn andere — ethische, wirtschaftliche, gesellschaftliche — Gründe verheimlicht werden sollen. Außer der eigentlichen Geisteskrankheit sind es aber dann noch die psychotischen und psychopathischen Erscheinungen, die teils unmittelbar, teils über den Umweg des Lasters, der Trunksucht, der Leidenschaft mittelbar den durch abgeschwächte Willenskraft ausgelösten Selbstmord bedingen. Diese abgeschwächte Willenskraft ist es ja dann auch, die viel eher als bei willenskräftigen Personen körperliche Leiden, wirtschaftliche Nöte und seelischen Kummer unerträglich erscheinen lassen.

Um also im Einzelfall den Selbstmord zu begründen, bleibt es für den Beurteiler dringend erforderlich, die gesundheitlichen und die erbbiologischen Verhältnisse des Toten zu ermitteln. Näheres s. unten zu B, S. 543ff.

b) Sozialwirtschaftliche Einflüsse. Der „Lebensüberdruß", der nach den bei Füllkrug (s. Schrifttum) S. 124ff. angegebenen Ziffern als Ursache immer mehr nachläßt, kann wohl kaum als scharf umrissene Sonderursache des Selbstmordes gelten; denn Lebensüberdruß im weiteren Sinne ist doch nur das Ergebnis aus anderen, mehr greifbaren Umständen: ein Mensch, dem seine Lebensarbeit keine Freude mehr macht, dem die Geltung unter den Mitmenschen entschwindet oder überhaupt vorenthalten wird, der seinen Kampf ums Dasein als aussichtslos oder nicht lohnend betrachtet und der, was das Wichtigste ist, nicht genügend starke ethisch-weltanschaulich-religiöse Gegengewichte hat, wird „Lebensüberdruß" empfinden können, dessen Ursachen aber eben mannigfaltiger Art sind. (Über den Lebensüberdruß im engeren Sinne als das Mißbehagen über das Einerlei des Lebens ist im Anschluß an Goethes Äußerungen unten zu c zu sprechen.) Wirtschaftliche Not und sozialer Rückgang werden immer Gründe bleiben, die den kämpfenden und um die Existenz ringenden Menschen aufreiben können. In welcher Gestalt im besonderen dieses Schicksal sich ihm erfüllt, ob der „Kummer" oder der „Ärger" oder „gekränktes Ehrgefühl" (auch Minderwertigkeitsgefühl) als Selbstmordgründe überwiegen, ist nur Vorursache; die auslösende Ursache ist die vollendete Negation der Lebensfreude, woher diese sonst auch kommen mag, die völlig fehlende Aussicht auf glücklichere Tage. Aber auch dies alles wirkt nicht für sich allein, sondern zusammen mit den Gründen der Konstitution (oben zu a: geschwächte Willenskraft auf physischer Grundlage) und der Ethik (unten zu c). Denn auch das Glück in Wirtschaft und Sozialleben hängt — von Ausnahmefällen abgesehen — mit Körperkonstitution und Ethik eng zusammen (vgl. meine „Sozialbiologie", Berlin und Leipzig 1923). Außerdem aber ist die Häufigkeit von Selbstmorden aus wirtschaftlicher Not eine Anklage gegen die sozialen Verhältnisse im Großen, die so gestaltet sein sollten, daß Niemand aus wirtschaftlich-sozialen Gründen sollte freiwillig aus dem Leben scheiden müssen. Selbstverständlich ist dies aber nach Beruf, Rasse, Zeitalter verschieden; wie der Bauer und Handarbeiter körperliche Leiden besser verträgt, verträgt er auch wirtschaftliche Schwankungen leichter, ohne sogleich das Rennen aufzugeben. Je differenzierter ein Mensch sowohl nach seiner Geistesverfassung wie nach seiner Arbeitsart ist, um so empfindlicher reagiert er auf Störungen sowohl dieser Geistesverfassung wie dieser Arbeitsart. Auch Alter, Familienverhältnisse (namentlich der Stolz, für die Familie zu sorgen, und der mit Schmach gepaarte Kummer, dies nicht mehr zu können) spielen eine große Rolle. Plötzliche Entziehungen der Existenzgrundlage und der Arbeitshoffnung müssen die Selbstmordneigung anschwellen lassen.

Wenn bei einzelnen Berufen die Selbstmorde häufiger sind, so hat auch das keineswegs einheitliche Gründe: bei den Dienstboten und Kellnerinnen z. B. hat man es festgestellt infolge der besonderen Gefährdung durch uneheliche Schwangerschaft, bei Apothekern infolge ihrer großen Verantwortung einerseits und der Leichtigkeit der Ausführung des Giftselbstmordes andererseits, bei Soldaten infolge der Strenge des Dienstes und seiner besonderen Anforderungen. Überhaupt kommt Morselli zu dem Ergebnis, daß sich die geringste Selbstmordziffer bei denen findet, die am wenigsten mit den Schwierigketen des Daseins zu kämpfen haben, und bei der Urproduktion (Forst-, Landwirtschaft usw.) sowie — aus ethischen Gründen — bei den Geistlichen, während die stärksten Durchschnittsziffern bei den Beschäftigungen zu finden sind, die auf die Befriedigung nicht so dringender Lebensbedürfnisse gerichtet sind: schöne Künste, Rechtspflege, Luxusindustrie und solche anderen Berufszweige, die stark von den Schwankungen der wirtschaftlichen Lage abhängig, ungleich und unsicher sind.

c) Ethische und naturwissenschaftliche Einflüsse. Adolph Wagner kam zu dem Ergebnis (und G. v. Mayr stimmte ihm zu): „Laster führen weit öfter als Leidenschaften, besonders idealere Leidenschaften; Ärger und Zwist in der Familie außerordentlich viel häufiger als Schmerz und Betrübnis über den Verlust von Angehörigen; Kummer über den Verlust von Vermögen weit öfter als Kummer über den Verlust von Menschen und im Ganzen auch noch etwas mehr als Ärger in der Familie; Reue und Scham, Furcht und Schande über begangene Taten unendlich viel seltener als Furcht vor Strafe und vor den Folgen übler Taten zum Selbstmorde".

In der großen Hamletfrage „Sein oder Nichtsein" sind es also die schlechteren Regungen, die zum Nichtsein, die besseren, die zum Sein führen. Wenn es einen „Lebensüberdruß" im engeren Sinne gibt, von dem Goethe („Dichtung und Wahrheit", 13. Buch, im Zusammenhang mit dem Eindruck, den „die Leiden des jungen Werthers" seinerzeit gemacht haben) sagt, es sei der Überdruß an dem ewig wiederkehrenden Einerlei der Welt, sich „in einem schleppenden, geistlosen, bürgerlichen Leben hinhalten zu müssen", so liegt der tiefere Grund für solche Einstellung darin, daß man vom Leben, sei es aus Genialität, aus Wahnsinn oder verbrecherischer Neigung, weit mehr verlangt, als das Leben unter den jeweils obwaltenden Umständen zu geben vermag. Insofern stellt sich ein Selbstmord aus Überdruß als ein gemäßigter Bruder des Verbrechens dar, denn auch der Verbrecher will mit Gewalt über das hinaus, was ihm normalerweise zusteht. Und so ist es eine weitere Bestätigung dafür, daß der gewaltsame Freitod mehr auf schlechten als auf guten Regungen beruht (es sei denn, daß wirklich bei der Abschwächung eigener und fremder Ehransprüche der Ausweg unvermeidlich scheint), wenn wir bei Goethe lesen, daß er selbst, wie er an der genannten Stelle, wo er Werther namentlich mit damaliger englischer Lebensauffassung zu verteidigen sucht, mitteilt, „in dem Fall war und am besten weiß, was für Pein er darin erlitten, was für Anstrengung es ihn gekostet, ihr zu entgehen". Denn da hat ihm zweierlei geholfen: bei dem Durchdenken der Todesarten konnte ihm nur die des Kaisers Otho als „die einzig nachahmungswürdige" erscheinen, nämlich sich den Dolch ins Herz zu stoßen. „Wer nicht hierin handeln könne, wie Otho, dürfe sich nicht erlauben, freiwillig aus der Welt zu gehen. Durch diese Überzeugung rettete ich mich nicht sowohl von dem Vorsatz als von der Grille des Selbstmordes, welche sich in jenen herrlichen Friedenszeiten bei einer müßigen Jugend eingeschlichen hatte." Und das zweite war, daß er diese Anwandlungen eben durch den Roman „Werthers Leiden" abreagierte. Die Rettung lag also in einer Besinnung auf höhere ideale Güter.

Dies stimmt auch mit den Erfahrungen über den Einfluß der Religiosität auf den Selbstmord überein. Nach Dantes Sentenz (im 13. Gesang der ‚Hölle') „Denn was der Mensch sich raubt, soll er nicht haben", ist das Leben, das der denkende Mensch wegwirft, ihm ewig verloren. Die maßgebenden Autoren unserer Frage — A. Wagner, Morselli, Masaryk — sind sich darüber einig, daß der gläubige Mensch am sichersten vor der Selbstvernichtung bewahrt ist. Geistliche und Nonnen haben nach der Statistik die niedrigsten Selbstmordziffern. Die Katholiken stehen in der Selbstmordhäufigkeit weit besser da als die Protestanten (vgl. insbesondere die sehr sorgfältigen Darlegungen bei Krose, S. 137ff.), nicht weil in dieser Hinsicht ihr Glaube ein anderer, aber wohl weil er im allgemeinen ein stärkerer ist; der Grad der Gottgläubigkeit pflegt beim Katholiken größer zu sein, die Intensität des Kirchenlebens stärker, die seelische Hilfe durch die Beichte wohl erheblicher (vgl. die Äußerungen von v. Mayr und A. Wagner, s. Rost S. 29).

Aber eine ethische Beurteilung des Selbstmordes — abgesehen schon von dem Umstande, daß die Fälle durchaus nicht einheitlich zu beurteilen sind, sondern neben hohen Beweisen von Mut und Verantwortungsgefühl auch solche niedriger Feigheit und geradezu krimineller Art stehen — ist nicht ohne Stellungnahme zu der Frage der Willensfreiheit möglich; hierin sind die Ansichten aber völlig geteilt; bezüglich des Selbstmordes treten z. B. Quetelet, A. Wagner, Morselli dafür ein, daß der Selbstmord die Folge eines naturnotwendigen Gesetzes als der Ursache, der Einzelfall nur das Ergebnis einer hinzukommenden materiellen Bedingung ist, während z. B. v. Oettingen, Masaryk, Füllkrug die menschliche Willensfreiheit in dieser Hinsicht betonen. Zweierlei ist dabei zu berücksichtigen: wenn man die Einflüsse von Klima, Jahreszeiten u. dgl. auf die Selbstmordhäufigkeit untersucht und in den Ziffern Gesetzmäßigkeiten findet, so spricht das für die — an sich ja unleugbare — Tatsache, daß der Mensch als physisch-psychisches Wesen dieser Erde von tellurischen und kosmischen Schwankungen teilweise abhängig ist und zu gewissen Zeiten anders auf Ereignisse reagiert als sonst (z. B. im Frühling Ansteigen der Selbstmordziffer); — und wenn man von Bewahrung vor dem Selbstmord, von Verhütung und Heilung spricht, so gibt man damit der freien Willensbestimmung einen gewissen Raum. Es wird auch wesentlich darauf ankommen, welche physische Komponente man dem Willen und seiner Freiheit beimißt. So schwierig diese Frage ist, so grundsätzlich wichtig bleibt sie jedoch in kriminologischer Hinsicht.

3. Bekämpfung der Selbstmordneigung. Wenn nach den Darlegungen zu 1 und 2 der Selbstmord eine von vielen verschiedenartigen Ursachen und Bedingungen abhängige Tatsache sozialethischer Art ist, so kann eine Verhütung und Bekämpfung am besten durch Beseitigung der Ursachen geschehen. Das aber ist, ähnlich wie bei der Kriminalpolitik, etwas wie die „Lösung der sozialen Frage". Entsprechend den Ursachen (s. zu 2a—c) müßte auch die Bekämpfung folgende drei Hauptgruppen in sich schließen: die Verhütung von Geisteskrankheit, die Verhütung und Heilung anderer, Leben und Arbeit zerstörender Krankheiten, die erbbiologische Aufartung, die körperliche Ertüchtigung für den Kampf ums Dasein; die Besserung der sozialen und wirtschaftlichen Verhältnisse, die Jedem Arbeit und Brot geben und ihn nach Möglichkeit vor wirtschaftlichen Katastrophen schützen; die Erhöhung der Weltanschauung zu einer umfassenden Ethik, die Stärkung des Gottesglaubens, die Hingabe an Religion und Kirche; im Einzelfall freundliche Beratung, tätige Hilfe, Einrichtung von sozialen Beratungsstellen aller Art, kirchliche Hilfe, Förderung des Familienlebens, Beseitigung trostloser Einsamkeit — alles Programmpunkte, inhaltsschwer und auch für die Bekämpfung der Kriminalität gleich bedeutsam. Näher auf sie einzugehen, würde hier zu weit führen. Das überaus reichhaltige Schrifttum (s. unten) hat alle diese Fragen aufs sorgfältigste behandelt. Mit Verschärfung strafrechtlicher Drohung dürfte jedoch weniger zu erreichen sein.

Schrifttum:

Der umfassendste Nachweis findet sich in: Hans Rost, Bibliographie des Selbstmords, Augsburg 1927; dort ist in zahlreichen Kapiteln von sorgfältiger Gruppierung (im ganzen 392 S. mit vielen Abbildungen) nicht nur eine wohl bis 1927 ziemlich lückenlose Bibliographie gegeben, sondern auch ausgezeichnete sachliche Überblicke in den einzelnen Kapiteln. — Trotzdem seien noch einige weitere, wichtigere Schriften hier genannt: Adolph Wagner, Gesetzmäßigkeit in den scheinbar willkürlichen menschlichen Handlungen, Hamburg 1864. — Th. G. Masaryk, Der Selbstmord als soziale Massenerscheinung der modernen Zivilisation, Wien 1881. — H. Morselli, Der Selbstmord, Leipzig 1881. — A. v. Oettingen, Moralstatistik, 3. Aufl., Erlangen 1882. — Derselbe, Über akuten und chronischen Selbstmord, Dorpat 1881. — E. Rehfisch, Der Selbstmord, Berlin 1893. — G. Füllkrug, Der Selbstmord, eine moralstatistische und volkspsychologische Untersuchung, Schwerin i. M. 1919. — R. Gaupp, Über den Selbstmord, 2. Aufl., München 1910. — G. v. Mayr, Selbstmordstatistik, im Handb. d. öffentl. Rechts, Einl.-Bd., 7. Abt., 2. Liefg., Tübingen 1910. — H. Rost, Der Selbstmord als sozialstatistische Erscheinung, Köln 1905. — M. Unger, Der Selbstmord in der Beurteilung des geltenden deutschen bürgerlichen Rechts, Berlin 1913. — H. A. Krose, S. J., Die Ursachen der Selbstmordhäufigkeit, Freiburg i. Br. 1906. — Rehfeldt, Zum Selbstmordproblem, Kriminalist. Probleme, Liefg. 3, Berlin, Mai 1929. — O. Mönkemöller, Art. Selbstmord, in Grotjahn-Kaup, Handwörterb. d. Sozialen Hygiene, Leipzig 1912. — Rupp, Das Recht auf den Tod, 1913. — A. Legoyt, Le suicide ancien et moderne, Paris 1881. — E. Durkheim, Le suicide, étude de sociologie, Paris 1897.

Alexander Elster.

B. Forensisch-medizinische Erfahrungen.

1. Es ist nicht immer leicht, festzustellen, ob überhaupt ein Selbstmord vorliegt. Ein solcher ist z. B. auszuschließen, wenn ein Mensch bei Rettungsversuchen Anderer zu Grunde geht (Selbstaufopferung) (Vers. Praxis 1927 Nr. 38). Auch der Zweikampf unter schärfsten Bedingungen ist vom Selbstmord abzutrennen. Ferner jene Fälle, in denen sich ein Mensch aus sexuellen Motiven stranguliert und sich nicht selbst befreien kann (Hübner A. Sachv. Ztg. 1927; Ziemke, Zeitschr. f. d. ges. ger. Med. Bd. 4, S. 103). Zur Feststellung, ob Selbstmord oder Unfall vorliegt, muß die Behörde „alle äußeren, besonders aber die inneren Momente, die Vorgänge des Seelenlebens würdigen, soweit sie nach außen erkennbar werden und einen solchen Schritt der Verzweiflung nahelegen" (JW. 1906, S. 120, 26). Es müssen infolgedessen die hinterlassenen Papiere, die wirtschaftliche Lage, die Familienverhältnisse, der Lebenslauf einschl. des Sexuallebens und des Alkoholkonsums und die Gesundheitsverhältnisse des Verstorbenen genau geprüft werden.

Die Art und Topographie der Verletzungen ermöglicht nicht selten die Entscheidung der Frage, ob der Verstorbene durch Selbstmord oder durch Mord bzw. Totschlag starb (G. Straßmann, Müller-Heß und Wiethold). Eines der wichtigsten Aufklärungsmittel ist die von wirklich Sachverständigen vorgenommene Sektion (vgl. d. Art. oben S. 534ff.).

In manchen Fällen kann aus der Art der Ausführung Selbstmord erschlossen werden. So ist z. B. die Mehrzahl der Todesfälle durch Erhängen und Ertränken auf Selbstmord zurückzuführen, ebenso ein erheblicher Teil der Vergiftungen. Weiter sprechen Kombinationen mehrerer Todesarten manchmal für Selbstmord (z. B. Vergiften mit Ertränken oder Vergiften mit Durchschneiden der Pulsadern und Sprung aus dem Fenster; Einnehmen von Schlafmitteln im Bade).

Da manche Selbstmörder sehr grausame Todesarten wählen (Starkstrom — Übergießen mit Petroleum — Eintreiben eines Nagels in den Kopf — Enthauptung durch einen Stahldraht, an den der Täter mit dem Auto heranfuhr — 31 Beilhiebe gegen den eigenen Schädel), andererseits Morde und Totschläge nicht selten dadurch larviert werden, daß die Leiche nachträglich aufgehängt oder ins Wasser geworfen wird, so wird die Frage, ob Selbstmord, Verbrechen oder Unfall vorliegt, nur in den typischen Fällen ohne Zuziehung eines erfahrenen gerichtsärztlichen Sachverständigen gelöst werden können. —

2. Über die Häufigkeit des Selbstmords wissen wir deshalb nichts Endgültiges, weil sich die mißglückten Versuche der statistischen Erfassung entziehen. (Vgl. jedoch unten Abschnitt C.) Das Verhältnis der geglückten zu den mißlungenen Selbstmordversuchen schätze ich auf Grund des Materials, welches ich in den letzten Jahren gesehen habe, auf 1:100. Von 1006 trunksüchtigen Selbstmördern, die Grzywo-Dabrowski studierte, starben 58% der Männer, 12% der Frauen. Man sieht auch daraus, daß, namentlich bei Frauen, die meisten Versuche mißglücken, teils weil der Täter in der Wahl des Ortes und der Zeit unvorsichtig war, teils weil ihm die erforderlichen Kenntnisse zur richtigen Ausführung der Tat fehlten, weiter deshalb, weil

bei Ausführung der Tat der Wille zum Leben schließlich doch siegte oder weil rechtzeitig eingeleitete ärztliche Behandlung lebensrettend wirkte.

Unter den „Lebengebliebenen" finden sich auch manche Fälle, in denen eine wirkliche Absicht, sich zu töten, gar nicht bestanden hat, der Täter vielmehr nur zur Erreichung eines bestimmten Zweckes einen Selbstmord vortäuschte.

3. Obwohl Selbstmord und Selbstmordversuche an sich nicht strafbar sind, so sind mit ihnen doch öfters Handlungen verbunden, die unter das Strafgesetzbuch fallen. Als solche kommen folgende Möglichkeiten in Frage:

a) Der Täter braucht bei der Tat eine Schußwaffe oder Gifte, die er sich auf unrechtmäßige Weise, z. B. durch Diebstahl oder durch Übertretung der Verordnungen über den Waffenhandel bzw. des Opiumgesetzes oder der Bestimmungen über den Verkehr mit Giften besorgt.

b) Es liegt ein „Doppelselbstmordversuch" vor, d. h. zwei Menschen beschließen, gemeinsam in den Tod zu gehen. Für gewöhnlich tötet dabei der Eine den Anderen auf dessen „ernstliches und ausdrückliches Verlangen" (§ 216 StGB.). Der Täter selbst bleibt leben, entweder weil es ihm an Mut gebricht, sich gleichfalls zu erschießen, oder weil er sich keine lebensgefährliche Verletzung beibringt oder weil er rechtzeitig in ärztliche Behandlung kommt. Als Motiv der Tat kommen hier meist Liebeskummer (auch bei homosexuellen Paaren), Mitleid mit einem unheilbar Kranken (der krebskranke Ehegatte!), erhebliche wirtschaftliche Not (Inflation, Arbeitslosigkeit) oder Furcht vor Strafe (Bankrott nach bedenklichen Spekulationen, Unterschlagung von Mündelgeldern, Amtsunterschlagungen) in Betracht.

c) In einer weiteren Gruppe tötet oder verletzt der Täter aus Eifersucht oder Rache zunächst einen Anderen oder die ganze Familie und begeht dann Selbstmord. Letzteres geschieht meist, um sich den Folgen seiner Handlung zu entziehen, bisweilen auch deshalb, weil ihm nach dem Verlust des Anderen das Leben nicht mehr lebenswert erscheint. Da die Opfer mit dem Handeln des Täters nicht einverstanden waren, liegt Mord, Totschlag oder Körperverletzung (Angriffe mit Säuren oder Messern usw., um die Schönheit des Opfers zu zerstören) vor.

d) Die Frage, ob ein Mensch sich dadurch, daß er einen Anderen durch Schikane und Quälereien zum Selbstmord treibt, strafbar macht, ist in der Mehrzahl der Fälle verneint worden. Anders muß man jedenfalls urteilen, wenn der Tatbestand der Beleidigung, Mißhandlung, unvorschriftsmäßigen Behandlung eines Untergebenen oder Ähnliches vorliegt. Disziplinarverfahren sind bei Beamten in solchen Fällen öfters eingeleitet worden (Lehrer!).

Die Möglichkeit der Anstiftung zum Selbstmord durch Hypnose ist meiner Ansicht nach bisher nicht genügend bewiesen.

e) Neuerdings ist in der medizinischen Literatur das Problem viel erörtert worden, ob der Arzt das Recht hat, bei einer unehelich Geschwängerten, die ernstlich mit dem Selbstmord droht, die Schwangerschaft zu unterbrechen. Ich selbst habe bisher noch keinen Fall gesehen, bei dem ich mich entschlossen hätte, die Einleitung des Aborts anzuregen. Meist gelang es, durch Hilfe auf sozialem Gebiete, geeignete Unterbringung (eventuell Klinikaufnahme) und Überwachung den Selbstmord zu vermeiden. Ich kann mir aber mit Bumke denken, daß es einzelne — dann selbstverständlich auch besonders zu begründende — Fälle gibt, bei denen man nur durch Entfernung der Frucht das Leben der Mutter erhalten kann.

f) Auf dem Gebiete des Versicherungsbetrugs ist zu erwähnen, daß Selbstmorde zur Erlangung der Versicherungssumme vorgetäuscht werden. Schmitt fand unter 168 zwei derartige Fälle. Bisweilen wird von den Angehörigen des Versicherungsnehmers der Versuch gemacht, einen vor Ablauf der Karenzzeit verübten Selbstmord vor dem Arzte, der den Totenschein ausstellen soll, zu verheimlichen. Einige Male haben auch gutmütige Ärzte wider besseres Wissen unrichtige Todesbescheinigungen ausgestellt, um den Hinterbliebenen zur Erlangung der Versicherungssumme zu verhelfen.

Daß manche Selbstmorde deshalb nicht erkannt werden, weil die Leichenschau nicht sorgfältig genug ausgeführt wurde, wissen die Polizeibehörden und Staatsanwaltschaften längst.

g) In der RVO. spielt der Selbstmord in mehrfacher Beziehung eine Rolle. Bei Selbstmordversuchen nach Unfällen werden Renten nur gezahlt, wenn die Tat im Zustande der Geschäftsunfähigkeit begangen wurde. Eine Erkrankung, die sich ein Versicherter bei einem Selbstmordversuch zuzieht, gilt als vorsätzlich herbeigeführt und ist nicht entschädigungspflichtig (ebenso § 2 Abs. 4 RVG.), es sei denn, daß sie im Zustande krankhafter Störung der Geistestätigkeit, durch welchen die freie Willensbestimmung ausgeschlossen war, herbeigeführt wurde.

4. Der Umstand, daß in vielen Fällen Rechtsnachteile, die ein Selbstmordversuch zur Folge hat, dann nicht entstehen, wenn der Täter in zurechnungsunfähigem Zustande gehandelt hat, nötigt uns, Einiges über den

Geisteszustand der Selbstmörder zu sagen: Nach Untersuchungen, die jetzt mehr als 23 Jahre lang durchgeführt werden, sind 30—50 % der Selbstmörder geisteskrank im engeren Sinne (Gaupp). Ein sehr großer Teil dieser Gruppe ist auch als zur Zeit der Tat zurechnungsunfähig zu erachten. Klinisch handelt es sich: a) um Depressionszustände bei Arteriosklerose (z. B. unmittelbar vor oder nach Schlaganfällen), senilen Verfolgungs- und Beeinträchtigungswahn, Reaktionen eines Senildementen auf unangenehme Erlebnisse. b) Eine zweite Gruppe umfaßt die Manisch-Depressiven. 80% aller Melancholiker sind selbstmordverdächtig. Es gibt ganze Familien Manisch-Depressiver, die durch Selbstmord enden. c) Unter den Schizophrenen begehen Selbstmordversuche die im Beginn des Leidens stehenden Depressiven. Im späteren Verlauf kommen gelegentlich infolge von Verfolgungswahn Selbstmorde vor. Auch als impulsive Handlungen sind sie beobachtet worden. d) Bei der Gehirnerweichung sind Selbstmorde selten. Die wenigen Fälle, welche ich kennen gelernt habe, betrafen deprimierte Kranke im Beginn des Leidens. e) Das Delirium tremens, der Verfolgungswahn der Trinker, die Alkoholepilepsie und manche Infektionspsychosen enden gelegentlich durch Selbstmord. In allen diesen Fällen ist die freie Willensbestimmung wohl ausgeschlossen. Der Kranke hat oft (z. B. wenn eine Bewußtseinstrübung vorliegt) gar nicht die Absicht, sich zu töten. f) Weniger klar liegen die Verhältnisse bei manchen Morphinisten, organisch Gehirnkranken (Gehirnsyphilis, Gehirngeschwulst), der Encephalitis lethargica, der Urämie, den durch Unfall und Kriegsdienst Gehirnverletzten. Hier muß jeder Fall darauf besonders geprüft werden, wie weit gerade die Willenssphäre und das Urteil durch die Krankheit beeinflußt waren. g) In der medizinischen Literatur wird immer wieder die Behauptung aufgestellt, daß geistesgesunde Selbstmörder eine Seltenheit seien. Das ist insofern richtig, als bei denjenigen, die nicht geisteskrank im engeren Sinne sind, irgend eine Form der Psychopathie (s. d.) oder des Schwachsinns zu finden ist. Bei dieser Gruppe ist es vorwiegend „die erhöhte Schwierigkeit, mit dem Leben und seinen Alltagsforderungen fertig zu werden", die den Verzweiflungsakt auslöst. Manche Typen, z. B. die konstitutionell Depressiven, die krankhaft Reizbaren, einzelne Querulanten (s. d.) und Pseudologen sind besonders gefährdet. (Vgl. auch d. Art. Geisteskranke.) Hier spielen äußere Erlebnisse, insbesondere wirtschaftliche Schwierigkeiten, körperliche Krankheiten, Furcht vor der Strafe, Eheschwierigkeiten, das Liebesleben, Geldverlust, Rentenentziehung, ungünstige Familienverhältnisse („Bilanzselbstmorde"!) als „auslösende Faktoren" eine große Rolle. Zurechnungsunfähigkeit liegt bei ihnen meist nicht vor. Wo sie angenommen wird, muß der Beweis erbracht werden, daß entweder eine sehr starke Erregung oder eine so starke Urteilsschwäche bestand, daß ein „Kampf der Motive" ausgeschlossen war.

5. Ist ein Mensch, der Selbstmordgedanken hegt, Gegenstand ärztlicher Fürsorge geworden und führt er die Tat, nachdem ein Arzt die Behandlung übernommen hat, doch noch aus, so erhebt sich die Frage, ob der Arzt den Tod oder die Körperverletzung mitverschuldet hat. Hierzu sei Folgendes gesagt: Selbstmordverdächtige in der freien Praxis zu behandeln, ist sehr gefährlich. Die Ansicht der Angehörigen, daß sie Versuche verhindern könnten, ist irrig. Der Arzt muß die Verwandten über die Gefahr aufklären, seinerseits die Verantwortung ablehnen, zum mindesten für sofortige Bewachung durch geschultes Pflegepersonal, am besten für die Überführung in eine Spezialanstalt sorgen. Ein gewöhnliches Krankenhaus ist meist nicht in der Lage, einen derartigen Patienten ausreichend vor seinen Selbsttötungsideen zu schützen (Z. f. d. ges. Krankenhauswesen 1932 S. 386.) Bei der strafrechtlichen Beurteilung solcher Fälle ist zu berücksichtigen, daß es viele Melancholische gibt, die ihre Selbstmordgedanken sehr gut zu verheimlichen (dissimulieren) verstehen und so geschickt vorgehen, daß sie sogar das Personal der Heilanstalten täuschen. Es ist deshalb für den ärztlichen Praktiker manchmal sehr schwer, solche Gedanken überhaupt nachzuweisen.

Ferner ist zu bedenken, daß die ganz leichten Fälle von melancholischer Depression nicht ohne weiteres in eine geschlossene Anstalt gebracht werden können. Hinzu kommt, daß nicht alle Depressionen quoad Selbstmordgefahr gleichwertig sind. Die echten Melancholieen sind ernster zu nehmen als die reaktiven Verstimmungen. Es läßt sich auch bei einmaliger Untersuchung nicht immer entscheiden, ob eine melancholische oder reaktive Depression vorliegt.

Die Tatsache, daß sich sogar in den geschlossenen Anstalten Selbstmordversuche nicht ganz vermeiden lassen, lehrt, daß die Verhältnisse nicht immer klar übersehbar sind. Es ist deshalb bei Verlegungen von Selbstmordkandidaten aus dem Wachsaal auf offene Stationen oder bei Gewährung freien Ausgangs große Vorsicht geboten.

6. Am 21. I. 1932 (I M II 66/32 W M) ist ein Erlaß des Preußischen Wohlfahrts- und

Innenministeriums herausgekommen, der die Aufnahmen und Entlassungen aus den Heil- und Pflegeanstalten neu regelt. Da es nach § 15 PolVerwG. zu den Aufgaben der Polizei gehört, Personen zu ihrem eigenen Schutze in Verwahrung zu nehmen und zu betreuen, so werden wohl auch in Zukunft bei Einweisung von psychopathischen Selbstmördern (vgl. 5) in Heilanstalten keine Schwierigkeiten entstehen. Die Polizei wird sich dieses Mittels notwendigerweise oft bedienen müssen. Denn durch Anstaltsüberwachung wird man solche Todesfälle am ehesten vermeiden können. Eine Freiheitsberaubung oder Nötigung ist in einer Einweisung nicht zu erblicken.

7. Die Selbstmorde Jugendlicher nehmen insofern eine Sonderstellung ein, als bei ihnen ausgesprochene Psychosen nur in etwa 20% der Fälle nachzuweisen sind. Dagegen findet man häufiger psychopathische Veranlagungen (Geltungstrieb, Insuffizienzgefühle, Heimweh!). Bei vielen von ihnen spielt auch eine abnorm verlaufende Pubertät eine Rolle. Meist handelt es sich um Reaktionen auf vermeintliche oder wirkliche Mißerfolge oder schlechte Behandlung in Familie, Schule oder Beruf. Die gegen Lehrer, Arbeitgeber u. a. vorgebrachten Beschuldigungen sind besonders sorgfältig zu prüfen, ehe strafrechtlich oder disziplinar vorgegangen wird. Denn sie sind vielfach nicht berechtigt.

Neben den erwähnten äußeren Ursachen spielen Liebesaffären („Frühlingserwachen"), Reaktionen auf Zeitereignisse, schlechte Lektüre und Kino (Toebben) eine Rolle bei Auslösung der Tat. Gelegentlich werden von Gleichgesinnten Gruppenselbstmorde begangen.

8. Wenn hier über die Therapie und Prophylaxe auch ein Wort gesagt wird, so geschieht es, weil das Schicksal mancher Selbstmörder in den Händen der Polizei und der Justizbehörden liegt. Jeder Mensch, der unmittelbar nach einem Selbstmordversuch von der zuständigen Behörde in Fürsorge genommen wird, muß nicht allein wegen der chirurgischen Verletzungen dem Arzte zugeführt werden, sondern er bedarf auch psychiatrischer Untersuchung, denn es ist zu entscheiden, ob Anstaltspflege erforderlich ist oder ob er zum mindesten einer derjenigen Organisationen, die sich mit der Betreuung derartiger Persönlichkeiten befassen, zugewiesen werden muß. Als solche kommen in Betracht: In manchen Großstädten besondere Fürsorgestellen für Lebensmüde, ferner die Heilsarmee, die Fürsorgestellen für Jugendliche, Psychopathen, Schwachsinnige und Alkoholkranke je nach Lage des Falles. Für die Prophylaxe besonders geeignet sind ferner die bei den Provinzialheilanstalten vorhandenen Sprechstunden der Außenfürsorge und die Nervenpolikliniken. Durch die Tätigkeit dieser Wohlfahrtseinrichtungen ist schon mancher vor neuen Selbstmordversuchen bewahrt worden.

Schrifttum:

Friedjung, Kinderselbstmorde, Zeitschr. Kinderforschung 36, 502. — Dreykurs, Selbstmordprophylaxe, Allg. Zeitschr. f. Psych. 93, 98 und 88, 469. — Preßler, Suicide chez les enfants, Straßbourg. méd. 89, 477 u. 511. — Goldmann, Selbstmord infolge Hypnose, Arch. f. Krim. 86, 81. — Toebben, Selbstmord Jugendlicher, Dtsch. Zeitschr. gerichtl. Medizin 14, 499. — Simon, Briefe von Selbstmördern. Verwertung bei der Begutachtung, Ärztl. Sachverst.-Ztg. 36, 69. — Erich Meyer, Selbstmordprophylaxe, Münch. Med. Wochenschr. 1929, S. 1459. — Weichbrodt, in Liniger-Weichbrodt-Fischer, Handb. d. Begutachtung II, 390, Leipzig 1931. — Donalies, Statistische Erhebungen, Monatsschr. f. Psych. 69, 380. — Heimberger, Strafrecht, Berlin-Wien 1931. — Hübner, Psychische Begutachtung in der Lebensversicherung, Medizin 1928 (Literatur!). — Bumke, Psychiatrie, München 1929. — Romen-Rissom, Militärstrafgesetzbuch, Berlin 1918.

Arthur Hübner.

C. Statistik.

1. Der Selbstmord läßt sich im System der wissenschaftlichen Statistik von drei verschiedenen Gesichtspunkten aus betrachten.

Als besondere und zwar abnorme Spezies der Todesursachen muß der Selbstmord erstens in der Statistik der Todesursachen als einem Teilgebiet der Statistik der Bevölkerungsbewegung Berücksichtigung finden, wie es tatsächlich auch in dieser von fast allen Kulturstaaten bearbeiteten Statistik geschieht.

Zweitens besteht in einer Reihe von Staaten ein öffentliches polizeiliches oder sogar straf-oder zivilrechtliches Interesse an der statistischen Ermittlung der Selbstmorde. So ist heute noch, wie ehedem allgemein, in England, Spanien und Schweden der Selbstmord bzw. dessen Versuch, die Anstiftung und Beihilfe zum Selbstmord mit Strafe oder gewissen Rechtsnachteilen bedroht. Außerdem erscheint eine polizeiliche oder gerichtliche Prüfung der Selbstmordfälle in vielen Staaten schon aus dem Grunde geboten, um ein verschleiertes Verbrechen aufzudecken. In diesem Falle ist die statistische Erfassung der Selbstmordvorkommen Aufgabe der Polizei- oder Justizstatistik.

Wird schließlich die Selbstmordstatistik von der sozialethischen Seite ausgewertet, so ist sie systematisch der Moralstatistik und zwar der Statistik der negativen Moralität zuzuweisen (Näheres hierüber siehe im Art. Moralstatistik), deren wichtigstes Kapitel sie nächst der Kriminalstatistik ist.

Die Statistik der Selbstmorde soll im theoretischen Sinne zunächst ein möglichst erschöpfendes Bild von den persönlichen und sozialen Merkmalen der Selbstmördermasse vermitteln. Es kommen hierbei in der Hauptsache in Betracht zahlenmäßige Feststellungen über Geschlecht, Alter, Familienstand, Familienverhältnisse (insbesondere Angaben über ledige Selbstmörder mit bedürftigen Anverwandten sowie verheiratete, verwitwete und geschiedene Selbstmörder mit unversorgten Kindern), Beruf und soziale Stellung, Religionszugehörigkeit, Bildungsgrad, wirtschaftliche Lage (mit Unterscheidung: ob noch nicht erwerbsfähig, in welchem Lohn oder Gehalt stehend, ob Grund- oder Hausbesitzer, ob ganz mittellos, ob gegebenenfalls wie lange bereits arbeitslos), Körperbeschaffenheit, Rasse, Nationalität und Stammeszugehörigkeit der Selbstmörder. Zu den Aufgaben der Selbstmordstatistik gehören weiterhin Untersuchungen über die regionale Verteilung der Selbstmorde (nach Siedlungsverhältnissen, insbesondere nach Stadt und Land), über ihre zeitliche Gestaltung (Jahreszeiten, Monate, Wochentage, Tageszeiten), über die Technik des Selbstmordes (Wahl der Tötungsmittel und Ort der Selbstentleibung) sowie besondere Umstände der Tat (gemeinsame Selbstmorde von Liebespaaren, Familienselbstmorde, Selbstmorde im Anschluß an eine Mordtat, Selbstmorde bestimmter ausgelesener Bevölkerungsschichten wie Schüler, Wehrmacht- und Polizeiangehörige, Strafgefangene). Schließlich hat die Selbstmordstatistik eingehend die Motive zu erforschen sowie durch möglichst weitgehende Kombination der letzteren mit den zahlreichen individuellen Merkmalen der Selbstmörder die physischen und moralischen Ursachen der Selbstmordhäufigkeit zu ergründen.

Für die Stoffgewinnung stehen der Selbstmordstatistik im allgemeinen vier Möglichkeiten zur Verfügung, die aber in einem Staate selten alle gegeben sein dürften. Nach v. Mayr (a. a. O. II, S. 263) können als Verzeichnungen der Selbstmorde, die unmittelbar oder mittelbar das Urmaterial der die Selbstmordstatistik liefern, in Betracht kommen: 1. Verzeichnungen aus Anlaß der Eintragungen der Sterbefälle in das standesamtliche Sterberegister; 2. Verzeichnungen des Selbstmordes als einer Todesursache in besonderen medizinal-polizeilichen Urkunden, 3. Verzeichnungen polizeilicher Art, 4. Verzeichnungen gerichtlicher Art.

Die Rücksicht auf den Raum verbietet im Folgenden auf die allgemeine Methode der Selbstmordstatistik näher einzugehen. Ich verweise daher auf die diesbezüglichen ausführlichen Darstellungen u. a. von G. v. Mayr (a. a. O. II, S. 258) und Zahn (a. a. O. I, S. 435ff.). Bemerkt sei hier nur, daß sich einer genauen und vollständigen statistischen Erfassung der Selbstmorde eine Reihe von erheblichen Hindernissen in den Weg stellen, da vor allem die Feststellung des Selbstmordes als Todesursache zum Unterschied von einem Verbrechen, Unglücksfall oder natürlichen Tode nicht immer leicht möglich und weiterhin auch die mit der Ermittlung des Tatbestandes beim Selbstmord betrauten Organe nicht überall geeignet sind. Diese und noch andere Schwierigkeiten, die namentlich von Krose (a. a. O. I, S. 3ff.) eingehend erörtert worden sind, stehen vor allem einer Verwertung der von den einzelnen Ländern gelieferten Selbstmorddaten und -ziffern zu internationalen Vergleichen entgegen. Trotzdem sind auf diesem Gebiet in erster Linie durch die private Forschungsarbeit bereits bemerkenswerte Resultate erzielt worden. Es sind in dieser Beziehung die im Schrifttum aufgeführten Untersuchungen von Quetelet, A. Wagner, v. Oettingen, Morselli, Masaryk, Bodio, Durkheim, v. Mayr, Krose, Rost, Füllkrug, Zahn u. a. zu nennen.

In der Mehrzahl der Staaten wird keine selbständige Selbstmordstatistik bearbeitet. Die Nachweise der Selbstmorde werden vielmehr im Rahmen der Todesursachenstatistik veröffentlicht. In Frankreich, den Niederlanden, England und Wales sowie in Spanien erscheinen die Selbstmorde bzw. deren Versuche als ein besonderer Bestandteil oder als Ausweis der Kriminalstatistik. Daneben werden sie auch in der Todesursachenstatistik aufgeführt.

2. Über den Selbstmord liegen ziemlich einwandfreie Daten bereits aus dem 17. Jahrhundert vor. In I. P. Süßmilchs „Die göttliche Ordnung in den Veränderungen des Menschengeschlechts“ (s. d. Art. Moralstatistik) findet sich eine Tabelle über die in den Jahren 1686—1758 in London durch eigene Schuld zu Tode Gekommenen, in der außer Selbstmördern auch Hingerichtete und solche, die an „Soff“ und an Geschlechtskrankheiten starben, aufgeführt sind. Die Gesamtzahl der in diesen mehr als 7 Jahr-

1. Die Erhebungsgegenstände der Selbstmordstatistiken der

Länder	Geschlecht	Alter	Familienstand	Familienverhältnisse	Glaubensbekenntnis	Beruf, soziale Stellung	Staatsangehörigkeit, Herkunft	Rasse	Bildungsgrad	Geburtsort	Wohnort	Räumliche Verteilung
Deutsches Reich	❖	❖	—	—	—	—	—	—	—	—	—	❖
Ägypten	—	—	—	—	—	—	❖	❖	—	—	—	❖
Australischer Staatenbund	❖	❖	—	—	—	❖	—	—	—	—	—	❖
Belgien	❖	❖	❖	—	—	❖	—	—	—	—	—	❖
Bulgarien	❖	❖	❖	—	❖	❖	❖	—	❖	—	—	❖
Canada	❖	❖	❖	—	—	—	—	—	—	❖	—	❖
Chile	❖	❖										❖
Dänemark	❖	❖	—	—	—	—	—	—	—	—	—	❖
England und Wales	❖	❖	—	—	—	—	—	—	—	—	—	❖
Schottland	❖	❖	—	—	—	—	—	—	—	—	—	❖
Estland	❖	❖	❖	—	—	❖	—	—	❖	—	—	❖
Finnland	❖	—	—	—	—	—	—	—	—	—	—	❖
Frankreich	❖	❖	❖	❖	—	❖	—	—	—	—	❖	❖
Griechenland	❖	❖	❖	—	—	❖	—	—	—	—	—	❖
Italien	❖	❖	❖	—	—	❖	—	—	—	—	—	❖
Japan	❖	❖	—	—	—	❖	—	—	—	—	—	❖
Lettland	❖	—	—	—	—	—	—	—	—	—	—	—
Litauen	❖	❖	—	—	—	—	—	—	—	—	—	❖
Luxemburg	❖	❖	❖	—	—	❖	❖	—	—	—	—	—
Mexiko	❖	❖	❖	—	—	—	❖	—	—	—	—	❖
Niederlande	❖	❖	❖	—	—	❖	—	—	—	—	—	❖
Norwegen	—	❖	—	—	—	—	—	—	—	—	—	❖
Österreich	❖	❖	—	—	—	—	—	—	—	—	—	—
Polen	—	—	—	—	—	—	—	—	—	—	—	❖
Rußland (UdSSR.)	❖	—	—	—	—	—	—	—	—	—	—	❖
Schweden	❖	❖	❖	—	—	❖	—	—	—	—	—	❖
Schweiz	❖	❖	—	—	—	—	—	—	—	—	❖	—
Südafrikanische Union	❖	❖	—	—	—	—	—	—	—	—	—	—
Spanien	❖	❖	❖	❖		❖	❖	—	❖	—	—	❖
Tschechoslowakei	—	—	—	—	—	—	—	—	—	—	—	❖
Ungarn	❖	❖	❖	—	❖	❖	❖	—	—	—	—	❖
Uruguay	❖	❖	—	—	—	—	—	—	—	—	—	❖
Ver. Staaten von Amerika	❖	❖	—	—	—	—	—	❖	—	—	—	❖

zehnten durch Selbstmord geendeten Personen betrug 2620, wovon allein auf die letzten 30 Jahre des Beobachtungszeitraums (1728—57) 1371 Selbstmorde entfielen. Auch für Berlin besitzen wir Zahlenmaterial über die Selbstmorde schon aus der zweiten Hälfte des 18. Jahrhunderts. I. L. Casper (vgl. Beiträge zur medizinischen Statistik und Staatsarzneikunde, Berlin 1825) berichtet, daß in der Zeit von 1758—74 bei einer Bevölkerung von 133520 Seelen (im Jahre 1770) 45 Selbstmörder und 90 im Wasser Gefundene, und von 1788—98 57 Selbstmörder und die gleiche Zahl im Wasser Gefundene gezählt wurden.

Die beiden ersten Länder, welche die Selbstmorde für das gesamte Staatsgebiet statistisch ermittelten, sind Finnland und Schweden; dort werden seit 1751 bzw. 1754 die Selbstmorde registriert. In den übrigen Ländern wurde eine amtliche und damit nach wissenschaftlichen Gesichtspunkten geordnete Selbstmordstatistik erst vereinzelt zu Beginn des 19. Jahrhunderts oder in wichtigsten europäischen und außereuropäischen Länder.

Zeit der Tat	Arten des Selbstmordes (Tötungsmittel)	Beweggründe, Motive	Selbstmordversuche	Amtliche Quellen
—	❖	—	—	Statistik des Deutschen Reichs. Die Ursachen der Sterbefälle. Berlin.
—	—	—	❖	Annuaire Statistique Judiciaire. Cairo.
—	❖	—	—	Official Yearbook of the Commonwealth of Australia. Melbourne.
—	❖	—	—	Annuaire Statistique de la Belgique. Bruxelles.
❖	❖	❖	❖	Statistitscheski Godischnik na Blgarskoto. Sofia.
❖	❖	—	—	Vital Statistics. Ottawa.
❖	❖			Estadistica anual de Demografia y Asistencia Social. Estadistica Chilena. Santiago.
—	❖	—	—	Dødsaarsagerne i Kongeriget Danemark. København.
❖	❖	—	❖	The Registrar-Generals Statistics Review of England and Wales. Criminal-Statistics. London.
—	❖	—	—	Annual Report of the Registrar-General for Scotland. Edinburgh.
—	—	❖	❖	Eesti Statistica. Tallinn.
—	—	—	—	Statistik Årsbok för Finland. Helsingfors.
❖	❖	❖	—	Compte général de l'administration de la justice criminelle. Paris.
—	❖	—	—	Στατιστικὴ τῶν αἰτιῶν θανάτων. Athen.
❖	❖	—	—	Statistica delle cause di morte. Roma.
❖	❖	—	—	Resumé statistique du mouvement de la population de l'empire du Japon. Tokio.
❖	❖	❖	—	Valsts Statistikā Pārvalde Mēneša Biļetenis. Riga.
❖	❖	—	—	Lietuvos statisticos metraštis. Kaunas.
❖	❖	—	—	Die Todesursachen im Großherzogtum Luxemburg mit besonderer Berücksichtigung der Selbstmorde. Luxemburg.
❖	❖	❖	—	Anuario. Mexiko.
—	❖	❖	—	Statistiek van Nederland. Crimineele Statistiek. 's Gravenhage.
—	❖	—	—	Statistisk Årbok for Kongeriket Norge. Oslo.
—	—	—	—	Statistisches Handbuch für die Republik Österreich. Wien.
❖	—	—	—	Rocznik Statystyki Rzeczypospolitey Polskiej. Warschau.
—	—	—	—	Statistitscheskij Sprawotschnik. SSSR. Moskau.
❖	❖	—	—	Sveriges Officiella Statistik. Dödsorsaken. Stockholm.
—	❖	—	—	Schweizerische Statistische Mitteilungen. Die Bewegung der Bevölkerung in der Schweiz. Bern.
—	❖	—	—	Report on the Vital Statistics of the Union of South Africa. Pretoria.
❖	❖	❖	❖	Estadistica del Suicidio en España. Madrid.
—	—	—	—	Mitteilungen des Statistischen Staatsamtes des Čechoslovakischen Republik. Reihe D. Prag.
❖	❖	❖	❖	Statisztikai Havi Közlemények. Budapest.
—	❖	—	—	Anuario Estadístico de la Republica Oriental del Uruguay. Montevideo.
❖	❖	—	—	Mortality Statistics. Washington.

dessen weiterem Verlauf in Angriff genommen.

Von den deutschen Bundesstaaten fangen nach Krose, der sich nächst Morselli um die erschöpfende Sammlung und Auswertung des außerordentlich reichen internationalen Zahlenmaterials wohl die größten Verdienste erworben hat, als erste Mecklenburg-Schwerin im Jahre 1811, wenige Jahre später (1816) Preußen und Hamburg mit der statistischen Aufzeichnung der Selbstmorde an. Es folgen 1830 Sachsen und Baden, 1836 Sachsen-Koburg, 1838 Sachsen-Meiningen, 1844 Bayern, 1846 Württemberg und Sachsen-Altenburg, 1848 Hannover, 1854 Oldenburg, 1866 Hessen, 1872 Bremen, ein Jahr darauf Anhalt und 1875 die Reichslande Elsaß-Lothringen. In den übrigen deutschen Bundesstaaten wurde eine Selbstmordstatistik im Jahre 1880 in Angriff genommen. Es ist daher möglich, vom Jahre 1881 ab aus der Summe der einzelstaatlichen Daten die Gesamtzahl der Selbstmorde im ganzen Deutschen Reich festzustellen.

Im europäischen Auslande reicht nächst Finnland und Schweden (s. oben) die Selbstmordstatistik von Österreich zeitlich am weitesten zurück, wo die Erhebungen im Jahre 1819 einsetzen. Seit dem dritten Jahrzehnt des vergangenen Jahrhunderts liegen aus Norwegen (1826) und Frankreich (1827) Angaben vor. Im Verlauf des nächsten Jahrzehnts werden in Irland (1831), Dänemark (1835), Belgien (1836) sowie in England und Wales (1838) Ermittlungen über die Zahl der vorkommenden Selbstmorde aufgenommen. In Portugal wird mit der selbstmordstatistischen Beobachtung 1850, in Ungarn und Rußland 1851, in Spanien 1859, im gesamten Italien 1864, in Schottland und der Gesamtschweiz 1865, den Niederlanden 1875, in Serbien 1880, Luxemburg 1881 und in Rumänien 1886 begonnen.

Aus den außereuropäischen Staaten liegen selbstmordstatistische Daten erst für das zweite oder auch nur für das letzte Drittel des XIX. Jahrhunderts vor. So für die Vereinigten Staaten von Amerika seit 1860, wo man sich allerdings ursprünglich damit begnügte, gelegentlich der Volkszählungen Ermittlungen über die im unmittelbar vorangegangenen Jahr verübten Selbstmorde anzustellen. Vom gleichen Jahr an werden in der argentinischen Provinz Buenos Aires die Selbstmorde gezählt. Aus Afrika liegen seit 1866 für die französische Kolonie Algerien Selbstmorddaten vor. Auch die australische Selbstmordstatistik (und zwar für die beiden Kolonieen Viktoria und Südaustralien) reicht bis in diesen Zeitraum zurück. In Japan wurde mit fortlaufenden Erhebungen über den Selbstmord im Jahre 1881 begonnen, aus Uruguay sind seit 1891 Angaben über die Selbstmordfälle bekannt.

Über die gegenwärtigen einzelstaatlichen Quellen der Selbstmordstatistik unterrichtet die schematische Tabelle 1 auf S. 548/49. Internationale Zusammenstellungen von Daten der Selbstmordstatistik finden sich in den Veröffentlichungen des Internationalen Statistischen Amtes sowie im „Aperçu de la démographie des divers pays du monde" (den Haag).

3. Welche persönlichen und sonstigen Verhältnisse der Selbstmörder oder welche anderen Angaben über den Selbstmord — allerdings ohne Rücksicht auf die verschiedenen Kombinationen — bei den selbstmordstatistischen Feststellungen der wichtigsten europäischen und außereuropäischen Staaten Berücksichtigung finden, zeigt die soeben erwähnte schematische Übersicht 1. Wie eine vertikale Betrachtung dieses Tabellenschemas erkennen läßt, stellen fast alle Länder über das Geschlecht sowie über das Alter der Selbstmörder statistische Ermittlungen an. Besondere Beachtung wird auch der geographischen Verbreitung des Selbstmordes geschenkt. Eingehend differenziert ist diese vor allem in England und Wales, Schottland und Schweden, das ebenso wie Bulgarien, Dänemark und Frankreich, die Randstaaten und Japan Ausweise über das Vorkommen der Selbstmorde in Stadt und Land bietet. Eine reiche Gliederung des Berufs der Selbstmörder findet sich in den Statistiken von Frankreich, Griechenland und Schweden. Mit wenigen Ausnahmen werden auch die einzelnen Arten des Selbstmordes oder die angewandten Tötungsmittel statistisch festgestellt. Besonders ausführlich gegliedert werden sie von der Schweiz mitgeteilt. Schottland berichtet in einer Spezialtabelle über die verschiedenen zur Anwendung gebrachten Vergiftungsmittel. Am reichhaltigsten sind die selbstmordstatistischen Nachweisungen von Ungarn. Außer den in der schematischen Darstellung aufgeführten Erhebungsgegenständen werden in der ungarischen Selbstmordstatistik noch Angaben mitgeteilt über den Gesundheitszustand der Selbstmörder, ihre Vermögensverhältnisse kombiniert mit den zahlreichen Beweggründen zur Tat, die versuchten Selbstmorde schwererer und leichterer Art, über den Tatort (ob der Selbstmord in der Wohnung oder im Hotel, in fremder Wohnung, auf der Straße oder in öffentlichen Gebäuden oder im Freien begangen ist) usw.

4. Die zeitliche Entwicklung der Selbstmorde während der letzten 5 Jahrzehnte im Deutschen Reich, das über keine eigentliche Selbstmordstatistik verfügt, vielmehr die Nachweisungen über die Selbstmordfälle aus der Todesursachenstatistik schöpft, ist in der Tabelle 2 dargestellt. Die Bekanntgabe der Selbstmorddaten geschieht im Rahmen der Todesursachenstatistik durch die Veröffentlichungen des Reichsgesundheitsamtes, seit 1899 in den vom Statistischen Reichsamt herausgegebenen Veröffentlichungen über die Bewegung der Bevölkerung (bis 1907 in den „Vierteljahresheften zur Statistik des Deutschen Reichs", ab 1908 in besonderen Bänden zur Statistik des Deutschen Reichs [Bevölkerungsbewegung und Todesursachen]). Die Nachweisungen sind allerdings nicht sehr reichhaltig, denn sie berichten nur über die Zahl der männlichen und weiblichen Selbstmörder für die preußischen Provinzen, das rechts- und linksrheinische Bayern sowie für die übrigen Staaten insgesamt und zwar nach einigen größeren Altersgruppen. Vom Jahre 1926 ab werden noch Angaben über die Anwendung der wichtigsten Selbstmordmittel geliefert.

Die Selbstmordziffer im Deutschen Reich, das schon in der Vorkriegsperiode alle 3 Jahre durch selbstmörderische Handlungen die Zahl an Toten einbüßte, die ihm

2. Die Selbstmorde im Deutschen Reich[1]) in den Jahren 1881—1932.

Jahr	Selbstmorde insgesamt	Selbstmorde auf 1 Mill. Einw.	Jahr	Selbstmorde insgesamt	Selbstmorde auf 1 Mill. Einw.
1881	9 068	200	1907	12 777	206
1882	9 107	199	1908	13 765	219
1883	10 337	225	1909	14 225	223
1884	9 865	213	1910	13 935	216
1885	10 191	218	1911	14 181	217
1886	10 371	220	1912	14 864	225
1887	10 083	212	1913	15 564	232
1888	9 400	195	1914	14 773	218
1889	9 647	198	1915	11 260	166
1890	9 887	201	1916	11 748	173
1891	10 553	212	1917	10 734	164
1892	10 626	212	1918	10 159	157
1893	10 780	212	1919	11 555	184
1894	11 135	217	1920	13 319	217
1895	10 510	202	1921	12 700	207
1896	10 888	206	1922	13 402	219
1897	11 013	206	1923	13 228	213
1898	10 835	199	1924	14 338	231
1899	10 761	195	1925	15 273	245
1900	11 393	203	1926	16 480	262
1901	11 836	208	1927	15 974	253
1902	12 339	214	1928	16 036	252
1903	12 730	217	1929	16 665	261
1904	12 468	210	1930	17 880	278
1905	12 810	213	1931	18 625	288
1906	12 495	204	1932	18 934	292

[1]) Jeweiliges Reichsgebiet.

mit 40000 Menschenleben der Deutsch-Französische Krieg von 1870/71 gekostet hatte, hat sich sonach unter teils wesentlichen Schwankungen innerhalb des 50-jährigen Beobachtungszeitraums um 46% erhöht. Noch deutlicher kommt der Verlauf der Selbstmordkurve in dem nebenstehenden Schaubild zum Ausdruck (vgl. a. die Kurvendarstellung: „Soziale Wirkungen der Konjunktur". 2. Beilage zum Wochenbericht des Instituts für Konjunkturforschung vom 3. VI. 1931).

Es zeigt vor allem, daß die Häufigkeit der Selbstmorde — ebenso wie bestimmte strafbare Handlungen — bis zu einem gewissen Grade von dem Wechsel der Wirtschaftslage (s. a. d. Art.) abhängig ist, und bestätigt die allgemeine Beobachtung, daß die Selbstmorde zunehmen, wenn die Konjunktur sinkt, und zurückgehen, sobald die Konjunktur wieder ansteigt.

Zunächst ist um die Jahrhundertwende bei hoch ausschlagender Konjunkturwelle eine bemerkenswerte Abnahme der Selbstmorde zu erkennen, der mit absinkender Konjunktur in den Jahren 1902 und 1903 ein starkes Anschwellen der Selbstmordziffer folgt. Auch die Hochkonjunktur der Jahre 1906/07 hat sich in einer geringen Selbstmordfrequenz ausgewirkt.

Die Kriegsjahre zeigen erklärlicherweise eine Sonderbewegung.

Nach dem Kriege war die Zahl der Selbstmorde während der Inflation zunächst — bei leichten Verdienstmöglichkeiten — niedriger als in den letzten Vorkriegsjahren, obwohl wegen der veränderten Altersstruktur der Bevölkerung (d. h. wegen des verminderten Kinderanteils an der Bevölkerung) eine nicht

Selbstmorde u. Wirtschaftslage im Deutschen Reich.

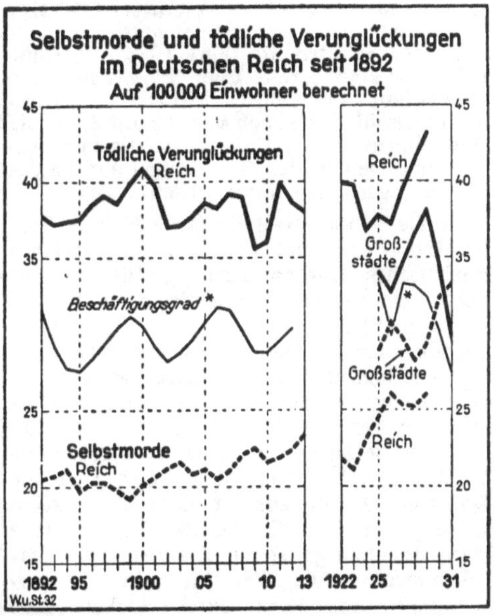

Quelle: Wirtschaft u. Statistik, 12. Jahrg., 1932, Nr. 14, S. 126. Beschäftigungsgrad: 1892—1913 Abweichungen vom Trend.; 1925—1931 Vollbeschäftigte v. H. der Industriearbeiter. — Die Lage dieser Kurven im Maßstabnetz ist willkürlich gewählt.

unbeträchtliche Zunahme der Selbstmordziffer zu erwarten stand. 1924 stieg nach den Ausführungen des Statistischen Reichsamts die Selbstmordziffer jedoch mit der Einschränkung der künstlich aufgeblähten Produktion und der Stillegung zahlreicher Betriebe sofort stark an und erreichte im Krisenjahr 1926 mit 262 auf 1 Million Einwohner zum ersten Male in der Nachkriegszeit ein Maximum. In den Jahren 1927 und 1928 mit wirtschaftlich günstigeren Verhältnissen zeigte sich die übliche konjunkturbedingte Verminderung der Selbstmordhäufigkeit, die in ihrem Ausmaß dem Rückgang in den hochkonjunkturellen Jahren 1906/07 entsprach. Doch schon im Jahre 1929, dem Beginn der letzten Wirtschaftskrise, war die Selbstmordziffer wieder ebenso groß wie 1926.

Mit der weiteren Verschlechterung der Lebensbedingungen des deutschen Volkes setzt dann eine gewaltige Selbstmordwelle ein. Als das Heer der Arbeitslosen 1932 auf über 5½ Millionen (im Jahresdurchschnitt) anschwillt, steigt die Zahl der Selbstmorde auf 18934. Weiter kann die Entwicklung der Selbstmordziffer für die gesamte Reichsbevölkerung vorläufig nicht verfolgt werden. Doch gibt die im Statistischen Reichsamt geführte Sonderstatistik der Städte über 15000 Einwohner für das Jahr 1933 schon ein hinreichend zuverlässiges Bild, sofern man berücksichtigt, daß die Selbstmorde in den Großstädten stets etwas häufiger waren als im Reichsdurchschnitt. Nach dieser Statistik betrug die Zahl der Selbstmorde in den deutschen Städten im Jahre 1933 insgesamt 9188; das sind bereits über 3% weniger als 1932 (9499). Die Selbstmordziffer der Großstädte verminderte sich von 3,2 auf 3,1. Die Maßnahmen der nationalsozialistischen Regierung scheinen sich auch schon auf diesem Gebiet segensreich auszuwirken.

5. Der bekannte italienische Kriminologe Enrico Ferri hat in einem auf reiches statistisches Datenmaterial gestützten Bericht „Un secolo di omicidii e di suicidii in Europa", das der im Jahre 1925 in Rom abgehaltenen 16. Tagung des Internationalen Statistischen Instituts vorgelegt worden ist, den Nachweis einer entgegengesetzten Entwicklung der Morde und Selbstmorde während der letzten 100 Jahre in Europa erbracht. Er hat festgestellt, daß sich die Selbstmorde mit zunehmender Zivilisation ständig erhöhen, die Morde dagegen eine stetig rückläufige Tendenz aufweisen. Das zusammenfassende Resultat seiner Untersuchungen hat Ferri durch nachstehende Skizze besonders anschaulich illustriert (a. a. O. S. 429).

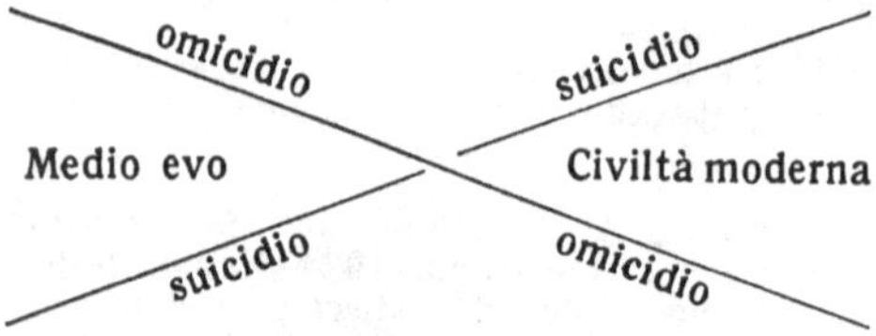

Ebenso ist schon von Wagner, Morselli, Krose, v. Mayr und anderen bedeutenden Selbstmordforschern eine ständige allgemeine Zunahme der Selbstmorde seit Beginn des vorigen Jahrhunderts konstatiert worden, deren Gründe nicht allein auf die Verbesserung der amtlichen Selbstmordstatistik und die dadurch gewährleistete vollständigere und zuverlässigere Erhebung der tatsächlich vorgekommenen Fälle zurückzuführen sein dürften. Die allgemeine Zunahme in der absoluten Zahl der Selbstmorde könnte man allenfalls durch die Volksvermehrung erklären. Diese Erklärung reicht jedoch bei dem ständigen Wachsen der Selbstmordhäufigkeit, d. h. der relativen Selbstmordziffer keineswegs aus. Als wichtigste aller Ursachen dieser dauernden Steigerung der Selbstmordziffer nimmt Füllkrug die gesteigerte Kultur mit ihren Genüssen, Darbietungen, Mitteln und Forderungen an.

In Europa, wo auf Grund der zuverlässigen Berechnungen von Krose im Laufe des 19. Jahrhunderts nahezu 2 Millionen Menschen freiwillig aus dem Leben schieden, dürfte nach Zahn (a. a. O. I, S. 439) in der letzten Vorkriegszeit die Gesamtzahl der verübten Selbstmorde auf durchschnittlich rund 50000 Einzelfälle im Jahre zu veranschlagen sein, hiervon entfällt allein die Hälfte auf die drei Staaten Deutschland (Jahresdurchschnitt 1911/13: 14530), Frankreich (8940) und Österreich (5810).

Der gleiche Autor hat für die wichtigsten europäischen und überseeischen Staaten eingehende Berechnungen von Selbstmordziffern vorgenommen. Das ist die Inbeziehungsetzung der in einem bestimmten Beobachtungszeitraum (üblicherweise in einem Kalenderjahr) auf den mittleren Stand der Gesamtbevölkerung entfallenden Selbstmorde, durch die man allein die Häufigkeit der Selbstmorde messen kann, mit der diese in den einzelnen Gebieten aufzutreten pflegen.

Danach treffen auf Grund der Nachweisungen der Todesursachenstatistik auf je 1 Million Einwohner in den letzten Jahren vor dem Weltkrieg (1911/13) Selbstmorde, begonnen mit dem selbstmordreichsten Land bis zu dem selbstmordärmsten:

Schweiz . . .	239,2	Australien . .	128,2
Frankreich . .	225,3	Neuseeland .	125,5
Deutsches Reich . . .	219,7	England und Wales . . .	99,8
Österreich . .	201,0	Finnland . .	98,8
Ungarn. . . .	194,0	Italien . . .	83,9
Japan	186,7	Niederlande .	63,3
Dänemark . .	182,4	Schottland . .	57,1
Schweden . .	178,3	Norwegen . .	57,0
Kuba	177,0	Spanien . . .	48,4
Uruguay . . .	177,0	Bulgarien[1]. .	47,0
Ver. Staaten von Amerika	160,0	Irland	35,8
Belgien . . .	138,5	Chile	30,8

[1]) 1910/13 (nach Füllkrug, a. a. O. II, S. 18).

Wir ersehen aus der Zahlenreihe, daß die höchsten Selbstmordziffern die großen aneinander grenzenden zentraleuropäischen Staaten liefern. Die niedrigsten Ziffern finden sich in Spanien, Bulgarien, Irland und Chile.

Nach dem Material, das Füllkrug (a. a. O. II, S. 20) und Zahn (a. a. O. I, S. 441) für die Kriegszeit bieten, ist die Selbstmordfrequenz sowohl in den kriegführenden als auch in den neutralen Ländern von 1914 bis 1918 mehr oder weniger stark zurückgegangen, nur in Spanien hat sie sich langsam weiter erhöht.

Die Entwicklung der absoluten Selbstmordzahlen in den wichtigsten europäischen und außereuropäischen Staaten für die Gegenwart sind in der Tabelle 3 wiedergegeben. Sie ist auf Grund amtlicher Ausweise, der internationalen Übersicht über die „Todesursachen in europäischen Ländern", die jährlich im „Statistischen Jahrbuch für das Deutsche Reich" veröffentlicht wird, sowie nach Angaben des letzten, 1932 erschienenen 71. Jahrgangs von „Hübners Geographisch-Statistische Tabellen" (herausgegeben von E. Würzburger und E. Roesner) zusammengestellt.

Für Europa errechne ich mithin unter Berücksichtigung der in der Übersicht nicht aufgeführten größeren Staaten unseres Kontinents wie Rumänien (1930: 1443 Selbst-

3. Die Selbstmorde in den wichtigsten europäischen und außereuropäischen Ländern 1926—1932.
(Absolute Zahlen.)

Länder	1926	1927	1928	1929	1930	1931	1932
Europäische Staaten:							
Deutsches Reich	16 480	15 974	16 036	16 665	17 880	18 625	18 934
Saargebiet	75	70	85	86	99	81	117
Belgien	1 197	1 231	1 268	1 249	1 356	1 446	1 450
Bulgarien	358	389	494	455	475	515	484
Dänemark	548	556	614	593	624	609	689
Danzig	89	82	83	76	89	96	113
Estland	320	304	318	326	337	326	308
Finnland	525	614	600	674	795	813	.
Frankreich	7 861	7 907	7 744	7 568	7 915	7 947	.
Griechenland	181	231	280	321	322	325	.
Großbritannien u. Nordirland:							
England und Wales	4 449	4 907	4 882	4 984	5 051	5 147	5 743
Schottland	424	503	474	474	495	493	500
Nordirland	63	80	64	71	61	63	71
Irischer Freistaat	97	96	98	111	83	108	110
Island	2	9	8	7	6	6	4 058
Italien	3 871	4 210	3 903	3 636	3 915	4 141	.
Lettland	484	547	633	540	453	477	512
Litauen	129	118	197	210	214	240	246
Luxemburg	31	42	47	45	50	61	.
Memelgebiet	9	11	22	11	17	20	16
Niederlande	488	551	525	505	639	674	728
Norwegen	165	156	184	183	203	195	.
Österreich	2 266	2 180	2 478	2 434	2 605	2 775	2 972
Polen	3 903	4 186	4 313	3 929	4 111	4 293	4 744
Portugal	444	509	.	440	470	702	.
Schweden	896	921	855	944	970	1 015	.
Schweiz	1 027	972	1 023	982	1 057	1 010	1 218
Spanien	1 442	974	1 309	1 415	1 340	935	820
Tschechoslowakei	4 086	3 734	4 116	4 048	4 415	4 399	4 443
Ungarn	2 558	2 430	2 605	2 504	2 680	3 062	3 090
Außereuropäische Staaten:							.
Ver. Staaten von Amerika[1])	13 410	14 356	15 566	16 260	18 551	20 088	.
Canada	680	759	751	825	1 010	1 004	.
Mexiko	.	143	134	176	235	226	.
Salvador	23	20	17	14	12	.	.
Chile	142	127	211	209	254	385	360
Uruguay	198	186	176	215	227	.	.
Japan	12 484	12 845	13 032	12 740	13 942	14 353	.
Südafrikanische Union[2])	192	194	194	189	212	226	.
Australischer Staatenbund	711	740	777	785	943	827	754
Neuseeland	153	199	202	221	193	226	240

[1]) Registration area. [2]) Weiße.

morde) und Rußland, wo nach „Statistitscheskij Sprawotschnik SSSR sa 1928 gor" im Durchschnitt der Jahre 1923/27 6686 Personen freiwillig aus dem Leben schieden, sowie von Jugoslawien, dessen Selbstmordzahlen allerdings geschätzt werden mußten, da amtliches Material in den einschlägigen Veröffentlichungen nicht zu finden war, in der letzten Zeit eine Jahreszahl von rd. 66000 Selbstmorden.

In den Kulturstaaten der Erde nehmen sich dagegen nach den Berechnungen von Rost (a. a. O. III), der allerdings in diese Rußland und einige südamerikanische Staaten mangels statistischer Unterlagen nicht einbezogen hat, heute jährlich 100000 Menschen das Leben. Das wären bei gleichbleibender Zahl im Laufe des 20. Jahrhunderts 10 Millionen Selbstmordfälle unter den Kulturvölkern der Erde.

In der Tabelle 4 sind die Selbstmordziffern von rund 50 Ländern aller Kontinente dargestellt. Hierbei sind die Länder nach dem Beispiel G. v. Mayrs (a. a. O. II, S. 265) in solche mit hoher, mäßiger und niedriger Selbstmordfrequenz gegliedert, wobei als hoch eine Selbstmordziffer bezeichnet ist, wenn in einem Lande auf 1 Million der mittleren Bevölkerung durchschnittlich über 200 Selbstmorde entfallen, als mäßig, wenn 100—200, als niedrig, wenn weniger als 100 Selbstmorde auf die gleiche Einwohnerzahl entfallen.

Bei einem internationalen Vergleich dieser Selbstmordziffern ergeben sich zum Teil recht bedeutende Unterschiede. Die höchste Selbstmordhäufigkeit ist danach 37mal so stark wie die geringste. Es bedarf wohl keiner besonderen Erklärung, daß die Gestaltung der einzelstaatlichen Selbstmordhäufigkeit nicht nur durch eine Ursache bedingt ist, sondern daß hierbei eine Reihe von Faktoren mitwirken; die hauptsächlichsten sollen in den folgenden Abschnitten einer näheren Betrachtung unterzogen werden.

4. Die Selbstmordhäufigkeit in 50 Ländern der Welt.
(Relativzahlen.)

Länder	Jahresdurchschnitt	Selbstmorde auf 1 Mill. Einw.	Länder	Jahresdurchschnitt	Selbstmorde auf 1 Mill. Einw.
Hohe Selbstmordfrequenz.					
Österreich	1927/31	372	Lettland	1927/31	259
Ungarn	1927/31	310	Schweiz	1927/31	251
Estland	1927/31	287	Danzig	1927/31	217
Tschechoslowakei	1927/31	282	Japan	1927/31	212
Deutsches Reich	1927/31	**266**			
Mäßige Selbstmordfrequenz.					
Hawaii	1923/27	197	Ver. Staaten von Amerika	1926/30	139[2])
Frankreich	1927/31	189	Polen	1926/29	134
Finnland	1926/30	178	Austral. Staatenbund	1927/31	127
Dänemark	1927/31	170	England und Wales	1927/31	126
Luxemburg	1927/31	168	Südafrikan. Union	1927/31	115[3])
Belgien	1927/31	163	Uruguay	1925/29	113
Kolumbien	1923/27	153	Saargebiet	1927/31	107
Schweden	1927/31	151	Schottland	1927/31	101
Neuseeland	1927/31	145			
Niedrige Selbstmordfrequenz.					
Memelgebiet	1927/31	97	Ceylon	1927/31	54
Italien	1927/31	97	Spanien	1927/31	52
Canada	1927/31	87	Griechenland	1927/31	47
Rußland (UdSSR.)	1922/24	86[1])	Irischer Freistaat	1927/31	34
Litauen	1927/31	84	Britisch-Guayana	1925/29	34
Portugal	1929/31	81	Chile	1925/29	32
Rumänien	1930	81	Trinidad	1925/29	30
Bulgarien	1927/31	81	Mexiko	1923/27	25
Niederlande	1927/31	74	Färöer-Inseln	1923/27	17
Norwegen	1927/31	66	Ägypten	1930/31	14
Island	1926/30	60	Jamaika	1925/29	13
Nord-Irland	1927/31	54	San Salvador	1926/30	10

[1]) Nach Gernet, a. a. O., S. 222. [2]) Registration area. [3]) Nur Weiße.

6. Nach der vorherrschenden Meinung üben auf diese Unterschiede in der geographischen Ausbreitung der Selbstmorde zunächst die Rasse und Nationalität einen bestimmenden Einfluß aus. Leider liegen für den Nachweis über den Zusammenhang zwischen der Selbstmordneigung und der Rasse und Nationalität nur wenige amtliche Daten vor. Besonders wertvoll sind die in dieser Beziehung von Zahn angestellten Untersuchungen. Nach seinen Berechnungen (a. a. O. I, S. 444) treffen im Durchschnitt der letzten 4 Vorkriegsjahre (1910/13) auf 1 Million der Bevölkerung Selbstmörder:

Weiße Rasse.

England . . .	100	Australien . . .	128
Italien	84	Ver. Staaten von Amerika . . .	165
Deutschland . .	220		
Frankreich. . .	225		

Gelbe Rasse.

Japan 187

Schwarze Rasse.

Ver. Staaten von Amerika 52.

Diese Ergebnisse zeigen, daß die Selbstmordhäufigkeit der weißen Rasse stark der Häufigkeit bei der gelben Rasse (vgl. a. A. Daisabro Hiranuma, Der Selbstmord in Japan, Archiv für Kriminologie, Leipzig 1927, 80. Bd., S. 246ff.) nahe kommt, andererseits aber die Häufigkeit bei der schwarzen Rasse wesentlich übersteigt.

Mit dem Einfluß der Nationalität auf die Selbstmordneigung hat sich hauptsächlich Krose befaßt. Er hat für die Jahre 1881—90 folgende Selbstmordziffern (auf 1 Million der Bevölkerung) der europäischen Völkerstämme festgestellt (a. a. O. II, 53).

Dänen	255	Kelten (ohne Wales) . . .	55
Franzosen (ohne Wallonen) . .	224	Südslaven . . .	51
Deutsche (einschl. Niederländern)	202	Italiener	50
		Rumänen . . .	42
Schweden . . .	107	Russen	30
Engländer (mit Wales)	77	Spanier	24
Norweger . . .	67	Polen (in Rußland)	22

Diese Völkerstämme sind von dem genannten Autor dann noch zu 4 Hauptgruppen: Germanen, Romanen, Slaven und Kelten zusammengefaßt und dabei für rund 92 Millionen Germanen eine Selbstmordziffer von 158, für 87 Millionen Romanen von 113, für 12 Millionen Kelten von 55 und für 93 Millionen Slaven von 30 errechnet worden. Als einziges Merkmal für die Nationalität nimmt er die Volkssprache an und kommt zu dem Ergebnis, „daß ein scharf hervortretender Einfluß der Abstammung auf die Selbstmordfrequenz bei Bevölkerungen mit gleicher Konfession und einigermaßen gleichen Existenzbedingungen sich im allgemeinen nicht nachweisen läßt" (a. a. O. II, S. 58).

7. Die Selbstmorde zeigen in ihrer Häufigkeit erklärlicherweise nicht nur von Staat zu Staat, sondern auch innerhalb eines jeden Landes zum Teil bemerkenswerte regionale Unterschiede auf, deren Intensität durch das ethische und religiöse Niveau der Bevölkerung, durch die verschiedenen Lebensanschauungen der einzelnen Volksteile sowie durch die wirtschaftliche Struktur der einzelnen Gebietsteile bestimmt wird.

5. Die Selbstmorde im Deutschen Reich nach Ländern und Landesteilen.

Länder und Landesteile	Auf je 100000 Einwohner				
	1913	1929	1930	1931	1932
Ostpreußen . . .	18,0	18,4	16,3	19,6	20,2
Berlin.	38,5	42,2	46,6	48,3	53,1
Brandenburg . .	35,0	33,7	33,2	34,6	33,4
Pommern	18,1	17,6	19,3	18,5	19,7
Grenzmark Posen-Westpreußen .	11,8	10,0	13,7	17,1	12,3
Niederschlesien. .	34,5	30,4	32,2	33,4	36,2
Oberschlesien . .	8,9	11,8	12,1	14,2	11,8
Sachsen	33,5	33,0	35,5	34,8	35,1
Schleswig-Holstein	32,4	34,7	35,8	43,7	37,5
Hannover	21,8	23,5	24,8	27,2	26,8
Westfalen	12,8	16,9	16,9	16,0	17,0
Hessen-Nassau[1]) .	21,7	23,5	25,7	28,0	23,6
Rheinprovinz[2]). .	14,8	17,3	18,9	18,5	19,0
Hohenzollern . .	15,3	13,8	12,4	6,8	12,3
Preußen[1])[2])	22,2	24,9	26,3	27,3	27,5
Nordbayern . . .	18,4	17,6	20,2	21,0	22,4
Südbayern . . .	15,6	18,2	20,6	22,9	25,2
Pfalz[2])	21,7	17,5	20,4	24,6	23,6
Bayern[2])	17,6	17,9	20,4	22,3	23,8
Sachsen	36,2	40,9	43,9	44,1	43,2
Württemberg . .	20,0	22,6	22,1	23,9	24,9
Baden	23,3	26,4	25,1	26,8	26,7
Thüringen . . .	36,8	36,5	38,5	39,2	40,2
Hessen	24,2	23,8	22,8	24,3	25,7
Hamburg	38,9	39,0	51,8	52,4	49,3
Mecklenburg-Schwerin . . .	23,6	23,0	29,1	31,0	30,4
Oldenburg . . .	22,9	27,2	26,5	32,6	30,0
Braunschweig . .	33,1	34,5	33,4	32,1	37,8
Anhalt	37,4	40,9	45,7	42,2	42,3
Bremen	38,0	38,1	41,7	33,1	39,3
Lippe	14,3	16,7	21,3	21,7	21,5
Lübeck	24,0	34,2	36,1	31,6	31,5
Mecklenburg-Strelitz	26,1	22,3	44,3	37,9	30,8
Schaumburg-Lippe	23,2	31,1	28,9	20,5	24,5
Deutsches Reich[2])	23,4	26,1	27,8	28,8	29,2

[1]) Einschl. Waldeck. [2]) Ohne Saargebiet.

Werfen wir einen Blick auf die Verhältnisse im Deutschen Reich, das wir hier nur als ein Beispiel heranziehen können, so zeigt die auf 100000 Einwohner berechnete Selbstmordziffer im letzten Berichtsjahr 1932 bei einem Reichsdurchschnitt von 29,2 eine

Spanne zwischen 12,3 (Grenzmark Posen-Westpreußen und Hohenzollern) und 53,1 (Berlin) auf.

Wie vor dem Kriege, so stehen — abgesehen von den großstädtischen Bezirken, über die unten noch zu sprechen ist, sowie von den kleinen Ländern — auch jetzt hinsichtlich ihrer Selbstmordhäufigkeit mit geringen Verschiebungen in der Größenfolge an der Spitze: Land Sachsen, Schleswig-Holstein, Anhalt, Thüringen, Provinz Sachsen und Braunschweig. Die niedrigsten Selbstmordziffern finden sich dagegen in Pommern, in der Rheinprovinz, in der Grenzmark Posen-Westpreußen, in Westfalen und Oberschlesien.

Die Unterschiede der Selbstmordziffern sind bis zu einem gewissen Grade auch durch die Bevölkerungsdichte bedingt. Schon Adolph Wagner, der bekannte Nationalökonom, stellte bei seiner Untersuchung über den Einfluß der Faktoren „Stadt und Land" auf die Selbstmordfrequenz, die sich auf eingehendes statistisches Material aus den 40er und 50er Jahren des vorigen Jahrhunderts stützten, Folgendes fest: „Der Selbstmord ist in der Stadt regelmäßig häufiger wie auf dem platten Lande, und in den großen Weltstädten, welche die Centra der materiellen und geistigen Interessen ihrer betreffenden Länder sind, noch häufiger, wie in den kleineren Städten" (a. a. O. S. 206). In der Gegenwart hat sich dieses Bild nicht viel geändert. Es kamen im Deutschen Reich auf je 100000 Einwohner

in den Gemeinden mit Einwohnern	1927	1928	1929	1930	1931
100000 u. mehr	30	28	29	32	33
50000—100000	23	22	24	23	27
30000— 50000	20	24	25	27	26
15000— 30000	21	20	24	26	26
über 15000 zus.	27	26	28	30	31
Im Deutschen Reich insgesamt	25	25	26	28	29

Die Zahlen zeigen, daß im allgemeinen mit der Größenkategorie der Ortschaften auch deren Selbstmordziffer ansteigt. Besonders wird die Selbstmordsterblichkeit in den großstädtischen Zentren gefördert, wo in erster Linie die stärkere Vertretung der dem Selbstmord günstigeren Altersjahre neben den auch die Kriminalität erhöhenden Einflüssen des modernen Lebens in ungünstigem Sinne einwirken.

Selbstverständlich weisen auch die Selbstmordziffern der Großstädte, wie die Tabelle 6 erkennen läßt, wesentliche Unterschiede auf, die — wie bei den Staaten — vorwiegend durch klimatische, geographische und religiöse Faktoren bestimmt sind.

6. Selbstmordhäufigkeit in europäischen und außereuropäischen Großstädten 1923/27.*) (Relativzahlen.)

Großstädte	Selbstmorde auf 10000 Einw.	Großstädte	Selbstmorde auf 10000 Einw.
Budapest . .	4,91	Paris . . .	1,85
Reval . . .	4,50	Moskau . .	1,85 (?)
Hamburg . .	4,15	Mailand . .	1,82
Wien	4,05	Düsseldorf .	1,76
Leipzig . . .	3,79	Rom . . .	1,72
Berlin . . .	3,78	Duisburg . .	1,63
Bremen . . .	3,70	Odessa . . .	1,58
Dresden . .	3,59	Milwaukee .	1,51
Brüssel . . .	3,57	Köln . . .	1,48
Chemnitz . .	3,53	Chikago . .	1,38
Magdeburg .	3,53	Montevideo .	1,37
Hannover . .	3,48	Cleveland .	1,30
Charkow . .	3,25	Essen . . .	1,25
Zürich . . .	3,24	Lyon. . . .	1,24
Riga	3,14	Wellington .	1,24
Frankfurt a.M.	3,08	London . .	1,19
Breslau . . .	3,02	Birmingham	1,18
Prag	3,01	Neapel . . .	1,18
Danzig . . .	2,91	Bukarest . .	1,13
Bern	2,91	Lodz . . .	1,11
Leningrad .	2,81	Providence .	1,09
Kiew	2,81	Sydney. . .	1,07
San Franzisko	2,80	Hull	0,98
Basel	2,66	Rio de Janeiro	0,96
Stuttgart . .	2,64	Oslo	0,94
München . .	2,57	Melbourne .	0,85
Königsb. i. Pr.	2,54	Sheffield . .	0,84
Nürnberg . .	2,50	Glasgow . .	0,83
Helsingfors .	2,42	Haag . . .	0,64
Warschau . .	2,34	Amsterdam .	0,64
Kopenhagen .	2,31	Rotterdam .	0,58
Genua . . .	2,18	Belfast . . .	0,51
Los Angeles .	2,10	Montreal . .	0,47
Florenz . . .	1,98	Alexandrien.	0,47
Dortmund .	1,96	Teheran . .	0,46
Antwerpen .	1,92	Kairo . . .	0,27
Stockholm .	1,92		

*) Vgl. Rost a. a. O. IV.

Starke Gegensätze ergeben sich weiterhin bei der Aufgliederung der Selbstmorde nach Stadt und Land. Es trafen z. B. auf 1 Million Einwohner Selbstmorde

Länder	Stadt	Land
Preußen (1924/28) . .	290	182
Bayern (1901/05) . . .	210	119
Schweden (1921/25) . .	169	133
Dänemark (1928/30) . .	216	137
Estland (1923/32) . . .	431	198
Finnland (1921/30) . . .	253	131
Frankreich (1925/29). .	233	202

8. a) Wie ich schon kurz in dem Art. Jahreszeiten (I, 688ff.) erwähnt habe, sind

diese mit ihren — durch die jeweiligen klimatischen Verhältnisse bedingten — Witterungserscheinungen nicht nur für die monatliche Gestaltung bestimmter Formen der Kriminalität, sondern auch für die Selbstmorde von großer Bedeutung. Bereits im Jahre 1813 hat der Göttinger Professor der Medizin und Selbstmordforscher Friedrich Benjamin Osiander in seinem Werk „Über den Selbstmord, seine Ursachen, Arten, medicinisch-gerichtliche Untersuchung und die Mittel gegen denselben. Eine Schrift sowohl für Policei- und Justizbeamte als für gerichtliche Aerzte und Wundaerzte, für Psychologen und Volkslehrer" (Hannover 1813) darauf hingewiesen, daß hoher Barometerstand und schnelle atmosphärische Veränderungen eine größere Neigung zum Selbstmord auslösen sollen.

Statistische Ermittlungen über den monatlichen oder jahreszeitlichen Umfang der Selbstmorde werden daher schon seit langem vorgenommen, deren Ergebnisse eine auffallende Regelmäßigkeit in dem Anschwellen und Abnehmen der Selbstmordhäufigkeit im Laufe des Jahres erkennen lassen. Die wichtigsten, über die umfangreiche Fachliteratur verstreuten einschlägigen Daten sind in der Tabelle 7 auf S. 558 zusammengestellt und durch eigene Berechnungen auf Grund neuzeitlichen Materials ergänzt.

Wie bei dem jahreszeitlichen Verlauf der Verbrechen gegen die Person, insbesondere der Sittlichkeitsdelikte, ferner der außerehelichen Schwängerungen (s. d. Art. Uneheliche) und der Geisteskrankheiten erreicht auch die Selbstmordkurve in allen hier angeführten Ländern der nördlichen Erdhälfte in früheren Jahrzehnten wie in der Gegenwart in den Spätfrühjahrs- und Sommermonaten Mai bis Juli das Maximum, im Winter, insbesondere im Dezember das Minimum, während das in den Zwischenzeiten liegende Auf- und Absteigen sich mit großer Regelmäßigkeit, ohne sprunghafte Abweichungen vollzieht. Damit sind durch die Ergebnisse der Selbstmordstatistik alle früheren laienhaften Anschauungen von den grauen und trüben, melancholisch stimmenden November- und Dezembertagen mit ihren im allgemeinen ungünstigen wirtschaftlichen und sozialen Folgen (verminderte Arbeitsgelegenheit, erhöhte Lebensansprüche infolge vermehrter Ausgaben für Nahrung, Bekleidung und Heizung) widerlegt, die nach der allgemeinen Auffassung ganz besonders geeignet sind, dem lebensmüden Menschen den Entschluß zum Freitod wesentlich zu erleichtern. Der November wurde geradezu vom Volksmund in der Schweiz als „Hängemonat", in England als „hangmonth" bezeichnet.

Wie erklärt sich nun diese auffallende Erscheinung, daß gerade in den freudigen, schönen und sonnenhellen Frühjahrs- und Sommermonaten die meisten Menschen freiwillig aus dem Leben scheiden?

Nach der vorherrschenden Meinung übt die Ekliptik, d. h. der Stand der Sonne zur Erde in den einzelnen Jahreszeiten auf die Gestaltung der Selbstmordfrequenz einen unverkennbaren Einfluß aus. „Nel periodo dell'anno", sagt Morselli, „in cui la terra si appressa od è all'afelio, la proporzione media dei suicidii raggiunge il suo massimo limite; scende invece al minimo quando la terra trovasi al perielio" (a. a. O. S. 128). Das heißt mit anderen Worten, auf den Grad der Selbstmordneigung sind die Übergangszeiten mit starkem Temperaturwechsel von entscheidender Wirkung. Hitze übt einen selbstmordfördernden, Kälte einen hemmenden Einfluß aus. In den Tropen, wo die Sonne zweimal im Jahre durch den Zenith geht, zeigt nach Rost (a. a. O. I, S. 285) die Selbstmordkurve auch zwei Gipfel. Auf der südlichen Erdhälfte ist für die saisonmäßige Bewegung der Kurve des Selbstmordes von dem australischen Bundesstatistiker Dr. Knibbs ein der europäischen Jahresselbstmordkurve gerade konträrer Verlauf festgestellt worden. Sie kulminiert in den dort heißen Monaten Dezember bis Februar, während die Depression in den Wintermonaten Mai bis Juli liegt (vgl. das Schaubild in Bd. I S. 703 sowie die Zusammenstellung im „Official Yearbook of the Commonwealth of Australia", Nr. 5, 1912, Melbourne, S. 246).

b) Auch die Wochentage und die Tageszeiten üben auf die Selbstmordhäufigkeit einen entschiedenen Einfluß aus. Das statistische Material hierüber ist allerdings sehr gering. Über die Verteilung der Selbstmorde auf die einzelnen Wochentage liegen außer historischen, privaten Nachweisen von Guerry aus neuerer Zeit amtliche Daten nur für Preußen und Sachsen vor. Die Verteilung der Selbstmorde auf die Wochentage:

auf den	Von 100 Selbstmorden entfielen				
	Frankreich[1])			Preußen 1908/12	Sachsen 1914/18
	insges.	davon (in %) m.	w.		
Sonntag	13,57	64	36	13,12	13,47
Montag	15,20	69	31	15,89	15,87
Dienstag	15,71	68	32	14,83	15,16
Mittwoch	14,91	68	32	14,47	14,48
Donnerstag	15,68	67	33	14,13	14,13
Freitag	13,74	67	33	14,04	13,94
Sonnabend	11,19	69	31	13,52	12,95

[1]) beobachtet an 6587 Fällen.

7. Der jahreszeitliche Verlauf der Selbstmorde in europäischen und außereuropäischen Ländern.

Länder	Zeitstrecke (Durchschnitt)	Von je 1000 Selbstmorden fallen auf die Monate (zu je 30 Tagen)											
		Januar	Februar	März	April	Mai	Juni	Juli	August	Sept.	Okt.	Nov.	Dez.
Europäische Länder													
Preußen	1885/1900	62,5	68,8	80,3	98,2	101,8	**105,3**	99,7	90,7	83,6	78,7	69,2	61,2
Bayern	1868/75	61,8	73,4	79,5	103,8	104,6	100,0	**108,0**	92,9	78,1	69,7	65,3	62,9
Sachsen	1875/89	62,9	69,6	81,7	98,7	104,0	**108,8**	101,0	92,7	81,3	75,8	66,4	57,1
Württemberg	1846/79	54,7	80,5	84,8	89,6	99,8	**113,4**	106,3	96,1	76,9	74,2	71,7	52,0
Baden	1881/1900	67,6	66,4	86,4	90,3	97,2	**105,8**	99,1	89,6	80,5	80,3	73,0	63,7
Belgien	1841/49	56,1	80,5	76,7	95,5	101,4	**104,7**	101,8	88,0	86,8	77,5	66,8	64,2
Bulgarien	1929/31	58,5	64,0	87,0	95,5	**142,1**	**112,4**	101,3	75,5	71,7	70,0	70,3	51,7
Dänemark	1835/56	59,7	58,4	68,5	97,1	116,7	**124,9**	109,8	94,0	74,0	77,3	67,2	52,4
England u. Wales	1928/32	81,6	79,5	85,0	93,0	92,4	**94,3**	86,7	82,5	81,3	76,6	69,7	77,4
Finnland	1888/92	89,3	76,9	79,3	92,2	**99,2**	92,2	89,2	89,2	92,2	69,4	61,5	69,4
Frankreich	1866/76	68,5	74,6	84,9	99,0	100,2	**108,1**	104,1	85,6	76,6	71,8	65,5	61,1
Italien	1864/76	61,0	77,1	82,7	99,5	112,1	**121,6**	102,3	86,8	71,4	64,1	61,0	60,4
Lettland	1926/33	73,0	74,4	77,1	94,0	**98,3**	86,0	93,1	80,8	86,6	84,8	86,9	65,0
Litauen	1928/31	69,3	73,0	87,5	88,1	78,5	**123,4**	75,0	88,7	79,9	91,0	74,0	71,6
Luxemburg	1927/31	67,9	97,2	47,9	107,2	107,7	**115,5**	91,8	91,8	94,9	31,9	78,4	67,8
Niederlande	1869/72	63,5	64,7	78,8	112,9	**127,0**	91,9	99,1	104,2	63,0	63,4	57,8	73,7
Österreich (Wien)	1930/32	84,5	80,7	85,7	93,7	**94,9**	86,7	70,5	81,5	71,1	90,1	81,8	78,8
Norwegen	1887/90	61,4	51,0	76,8	87,2	107,5	**126,9**	92,2	92,1	111,0	69,1	63,4	61,4
Polen	1925/29	73,5	78,0	75,8	90,2	98,7	**102,8**	95,6	81,7	80,3	74,7	83,3	65,4
Rumänien	1886/90	68,2	53,3	68,2	103,7	**120,4**	107,9	116,4	96,3	83,0	68,2	62,2	52,2
Rußland (UdSSR.)	1922/25	59,2	70,0	82,4	86,6	107,4	**112,1**	96,1	86,5	76,4	74,0	81,4	67,9
Schweden	1889/93	61,6	62,9	72,6	102,8	102,6	**112,6**	90,0	90,0	83,2	88,4	71,7	61,6
Schweiz	1884/93	63,7	74,4	74,9	97,3	102,5	**107,8**	103,9	87,1	83,2	81,0	65,9	58,3
Spanien	1918/27	63,6	72,9	81,0	88,2	103,8	**110,7**	101,6	95,4	86,5	69,8	62,9	63,6
Ungarn	1929/33	69,1	67,8	80,4	93,6	**101,4**	98,7	91,6	86,1	82,4	80,7	82,5	65,8
Außereuropäische Länder													
Australien	1890/1910	90,0	84,9	83,2	79,3	79,6	72,0	**74,9**	84,6	78,4	91,0	84,8	**97,3**
Kanada	1924/31	70,0	69,2	83,2	96,0	**97,7**	88,8	89,4	86,5	87,3	77,1	83,7	71,1
Japan	1888/92	61,8	63,7	78,4	96,3	**107,2**	97,8	104,1	102,2	88,0	69,4	65,5	65,6
Mexiko	1927/29	77,4	65,0	74,7	74,4	100,1	88,2	**101,4**	92,0	95,1	72,0	71,7	88,0
Türkei[1]	1931	64,6	83,5	53,8	111,3	**161,6**	100,2	64,6	64,6	66,8	86,2	89,0	53,8
Ver. Staaten v. Amerika	1927/29	74,6	80,7	85,0	88,5	**91,4**	87,1	84,5	82,6	78,9	83,0	83,7	80,0

[1]) 30 Wilajethauptstädte.

Die Zahlen für Preußen lassen erkennen, daß der Montag insgesamt (wie auch bei den männlichen und weiblichen Selbstmördern) das Maximum, der Sonntag — ebenfalls bei beiden Geschlechtern — das Minimum aufweist. Füllkrug hat den wöchentlichen Verlauf der Selbstmordkurve in folgender Weise erläutert:

„Der Sonntag ist der Ruhe- und Vergnügungstag des Volkes, daher erwacht an ihm die Lust zum Leben, und die bevorstehende Freude hebt und belebt das Selbstgefühl und läßt keine Todesgedanken aufkommen. Der Sonnabend bringt für viele einen zeitigen Feierabend, die Lohnzahlung, die Aussicht auf den folgenden Feiertag, den im Hausberuf beschäftigten Frauen und Mädchen aber vermehrte Arbeit, immer mit der Aussicht auf baldige Ruhe. Der Montag, der oft mit leeren Taschen, wüstem Kopfe und einem Schmerz im Gewissen widerwillig begonnen wird, bringt in Preußen und wohl auch im Deutschen Reich die meisten Selbstmorde. Der moralische Kater nach einer durchzechten und durchjubelten Nacht, Gewissensbisse nach einer Übertretung der Polizeivorschriften oder der göttlichen Gebote, die Angst vor den Folgen der Ausschreitungen und Übertretungen, die Unlust zu schwerer, gewissenhafter Arbeit, der Zwang, den diese auf sie legt, treibt am Montag viele in den Tod. Auch der Dienstag ist vom Montag noch beeinflußt" (a. a. O. I, S. 41).

An einem Sonn- oder Feiertag wurden in Ungarn (1929, 1930, 1932) 16,3%, in Bulgarien (1929—31) 18,2% aller Selbstmorde, an einem Montag oder einem Tag nach einem Festtag 16,4% bzw. 20,1% begangen.

c) Daten über die Tageszeiten, die zur Verübung des Selbstmordes gewählt werden, sind ebenso spärlich.

Hierüber liegen gleichfalls nur einige, teils recht veraltete Zusammenstellungen von Guerry, Brierre de Boismont und Morselli vor, die bei diesen Untersuchungen das Maximum in den Vormittagsstunden von 6—12 Uhr festgestellt haben. Krose, der sich auch eingehend mit den Stundenschwankungen der Selbstmorde befaßt hat, vertritt — auf Grund eines von dem französischen Soziologen Durkheim vorgenommenen Vergleichs der Monatsfrequenz der Selbstmorde in Frankreich mit der mittleren Tageslänge in den einzelnen Monaten — gleichfalls die Ansicht, daß die weitaus meisten Selbstmorde bei Tage, insbesondere in den Vormittagsstunden, verübt wurden, was er mit der größeren Intensität des gesellschaftlichen Lebens und der Verkehrssteigerung zu dieser Tageszeit in Zusammenhang bringt, während in den Nachtstunden die Selbstmordhäufigkeit merklich geringer sei. Neueres Material liefert die preußische Statistik. Die Ergebnisse für einige Jahre aus der letzten Vorkriegszeit sind in der folgenden Übersicht wiedergegeben. Im Durchschnitt der Jahre 1907, 1908, 1910 entfallen Selbstmorde (in %)

an den einzelnen Tageszeiten:	bei den männl.	bei den weibl.	insgesamt
	Personen		
Bald nach Sonnenaufgang	6,00	7,20	6,30
Vormittags	26,06	28,26	26,60
Gegen Mittag	10,03	10,26	10,10
Nachmittags	25,70	21,90	24,76
Abends	12,93	12,23	12,80
Nachts	18,90	19,93	19,30

Diese von Füllkrug (a. a. O. I, S. 43) berechneten Zahlen zeigen einen sehr hohen Gipfel in den Vor- und Nachmittagsstunden und einen bemerkenswerten Tiefstand in der Mittags- und Abendzeit. In den Nachtstunden schnellen die Kurven dann nochmals merklich empor. Die Selbstmordneigung ist nach den Ausführungen dieses Autors am schwächsten in den Stunden, wo die Aktivität des Menschen am stärksten in Anspruch genommen wird, d. h. bald nach Sonnenaufgang, für viele Menschen die Zeit des Aufstehens, um die Stunde der Mittags- und Abendmahlzeit, also in den Zeiten, wo die Familie zur Hausgemeinschaft zusammenkommt. Dagegen ist in den Stunden, in denen jedermann seiner Arbeit und Beschäftigung nachgeht oder wo er zum Teil der Einsamkeit und sich selbst überlassen bleibt, die Selbstmordneigung am stärksten.

Nach den selbstmordstatistischen Ausweisen von Ungarn und Bulgarien werden Selbstmorde verübt

in der Zeit von	Ungarn (1929, 30,32) %	Bulgarien (1929/31) %
0— 6 Uhr	16,3	14,4
7—12 „	33,4	26,4
13—18 „	28,9	28,4
19—24 „	20,9	25,3

Gernet hat festgestellt, daß in Rußland die meisten Selbstmorde um die zweite Mittagsstunde begangen werden (a. a. O., S. 227).

9. Von den Einflüssen physischer Lebensverhältnisse auf die Bewegung der Selbstmordzahlen kommt zunächst dem Geschlecht eine ausschlaggebende Bedeutung zu. Nach den langjährigen Beobachtungen ist die Beteiligung der Männer am Selbstmord überall größer als die der weiblichen Personen. Eine Ausnahme hiervon

macht nur Indien, wo die Weiberselbstmorde überragen, eine Erscheinung, deren Gründe v. Mayr (a. a. O. II, S. 300) in der Kinderheirat, im Kastenwesen, in der Polygamie und in der auf den Witwen lastenden sozialen Schmach zu erklären sucht.

Das Verhältnis der Selbstmorde der beiden Geschlechter zu einander ist allerdings in den einzelnen Ländern sehr verschieden. Im Durchschnitt beträgt die Beteiligung des weiblichen Geschlechts am Selbstmord etwa ein Drittel bis ein Viertel derjenigen des männlichen Geschlechts. Da nach meinen Ausführungen im Art. Geschlecht und Straffälligkeit (I, 574) die weibliche Kriminalität im allgemeinen ein Viertel bis ein Fünftel der männlichen ausmacht, so beteiligt sich das Weib am Selbstmord also relativ stärker als am Verbrechen.

Nach Berechnungen von Zahn (a. a. O. I, S. 443) betrug im Durchschnitt der letzten fünf Vorkriegsjahre die einfache Geschlechtsrelation (d. h. weibliche Selbstmörder auf 100 männliche) in absteigender Größenfolge in: Japan (61,0), Italien (35,5), England und Wales (34,9), Deutsches Reich (31,8), Niederlande (31,7), Spanien (30,7), Frankreich (30,0), Österreich (29,9), Dänemark (29,7), Finnland (26,2), Norwegen (24,3), Schweiz (22,6), Schweden (22,5) und Australien (21,5).

Während des Krieges verschiebt sich das Verhältnis aus mannigfachen Gründen, teils auch formaler Natur (schwierige Feststellung der Selbstmorde von Männern infolge Einberufung zum Heeresdienst) stark zu Ungunsten des weiblichen Geschlechts. Nach Dr. med. Dorothea Wessinger fehlte der Frau das sogenannte Kriegserlebnis. Sie hatte im Kriege in die männliche Berufsarbeit einspringen müssen, sie mußte sich und die Kinder selber ernähren, dazu kam die Sorge um den im Felde stehenden Mann, die Trauer um die Gefallenen (a. a. O., S. 8). Auch nach Beendigung des Weltkrieges hält die Steigerung in zahlreichen Ländern noch an. Für die letzte Zeit ist die einfache Geschlechtsrelation der Selbstmörder in 30 europäischen und außereuropäischen Staaten nach eigenen Berechnungen in Tabelle 8 dargestellt.

8. Die Beteiligung der beiden Geschlechter am Selbstmord in europäischen und außereuropäischen Ländern.

Länder	Jahresdurchschnitt	Auf 100 männliche Selbstmörder treffen weibliche	Länder	Jahresdurchschnitt	Auf 100 männliche Selbstmörder treffen weibliche
Mexiko	1927/29	64,1	Dänemark	1926/30	34,7
Japan	1926/30	61,4	Italien	1926/30	33,8
Lettland	1927/31	61,2	Portugal	1927/31	33,1
Rußland	1923/27	48,1	Griechenland	1923/26	32,3
Niederlande	1922/27	45,9	Spanien	1925/29	31,8
Österreich	1923/27	45,8	Belgien	1926/30	31,1
Ungarn	1928/30	44,4	Estland	1928/32	30,9
England und Wales	1927/31	42,5	Schweiz	1926/30	30,4
Schottland	1927/31	42,2	Ver. St. v. Amerika	1927/29	30,0
Deutsches Reich	1927/31	41,5	Norwegen	1925/29	27,1
Chile	1928/32	38,5	Canada	1927/29	26,5
Bulgarien	1927/31	37,8	Schweden	1926/30	23,6
Frankreich	1925/29	36,3	Australien	1928/31	21,7
Tschechoslowakei	1923	35,8	Finnland	1926/30	19,7
Niederländ.-Indien [1]	1930/31	35,6	Luxemburg	1927/31	12,4

[1] Nur Weiße.

Zwar ergibt sich aus diesen Zahlen im Vergleich zur ersten Nachkriegszeit im allgemeinen wieder eine Verminderung in der Frauenbeteiligung am Selbstmord, doch ist diese überall zum Teil erheblich stärker als in den letzten Jahren vor dem Kriege. Das dürfte neben der Erschwerung in der Eheschließung in der Hauptsache in den wirtschaftlichen und sozialen Verhältnissen beruhen. Die Frau nimmt jetzt ganz anders am Erwerbsleben teil. Durch den Verlust an heiratsfähigen Männern muß sie sich ihren Erwerb selber suchen und ist damit denselben Bedingungen ausgesetzt wie der Mann.

10. a) Nächst dem Geschlecht ist unter den individuellen Eigenschaften des Menschen das Alter für das Maß seiner Neigung

zur freiwilligen Aufgabe des Lebens von entscheidender Bedeutung. „Wie jedes Alter, d. h. jede zusammen aufwachsende Generation ihre eigentümliche Kriminalität", sagt v. Oettingen, „so hat sie auch ihre spezifische Selbstmordneigung" (a. a. O., S. 770). Während die allgemeine Alterskurve der Kriminalität um die Mitte der 20er Jahre kulminiert und dann bis zum Greisenalter allmählich absinkt, nimmt die Alterskurve des Selbstmordes regelmäßig von der Jugend an bis in das hohe Alter stetig zu und zeigt erst im höchsten Alter, nach dem 70. bis 80. Lebensjahr, eine Abnahme (vgl. die beiden untenstehenden Schaubilder).

Wie bei der Kriminalität so ist selbstverständlich auch die Verteilung der Selbstmorde auf die einzelnen Altersklassen bei den beiden Geschlechtern keineswegs die gleiche. So zeigt sich die Neigung zum Selbstmord nach den allgemeinen Erfahrungen beim weiblichen Geschlecht gemäß seiner früheren Entwicklungsreife etwas frühzeitiger als beim männlichen Geschlecht, und das Anwachsen der Selbstmordhäufigkeit in der Klasse der 15—20jährigen geschieht auch viel stärker und schneller als bei diesem.

Im Deutschen Reich weist in den letzten Jahren die auf je 100000 Lebende gleichen Alters und Geschlechts berechnete Selbstmordziffer in den einzelnen Altersklassen — verglichen mit der Vorkriegszeit — folgenden Umfang auf (vgl. „Wirtschaft und Statistik", 13. Jahrg. 1933, Heft 13, S. 416):

9. Das Alter der Selbstmörder im Deutschen Reich in den Jahren 1913, 1927—31.

Altersgruppen	1913	1927	1928	1929	1930	1931
			männliches Geschlecht			
unter 15 Jahre¹)	3,9	3,5	3,4	3,2	2,3	2,3
15—30 „	34,6	38,3	38,6	37,7	38,5	35,7
30—60 „	56,1	48,5	47,1	51,0	54,8	57,8
60—70 „	101,6	82,2	77,2	83,0	88,5	100,6
70 u. mehr Jahre	114,0	101,5	97,3	92,7	104,4	111,7
insgesamt	35,3	37,0	36,4	38,1	40,6	41,9
			weibliches Geschlecht			
unter 15 Jahre¹)	1,2	0,6	0,6	0,9	0,8	0,6
15—30 „	15,3	14,8	15,5	14,8	16,5	15,7
30—60 „	16,3	18,6	18,9	19,2	19,7	21,8
60—70 „	25,2	27,4	27,6	26,8	30,0	32,1
70 u. mehr Jahre	30,6	31,7	30,4	31,1	33,4	33,7
insgesamt	11,9	14,2	14,6	14,6	15,7	16,5

¹) Auf 100000 Knaben bzw. Mädchen im Alter von 10 bis unter 15 Jahren berechnet.

Alter und Selbstmord im Deutschen Reich.

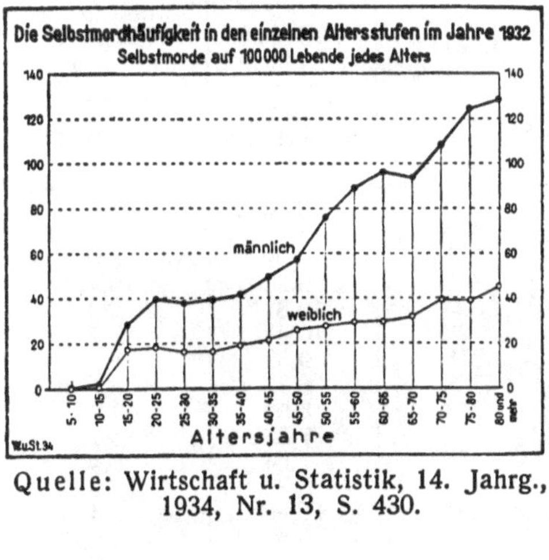

Quelle: Wirtschaft u. Statistik, 14. Jahrg., 1934, Nr. 13, S. 430.

Alter und Kriminalität im Deutschen Reich.

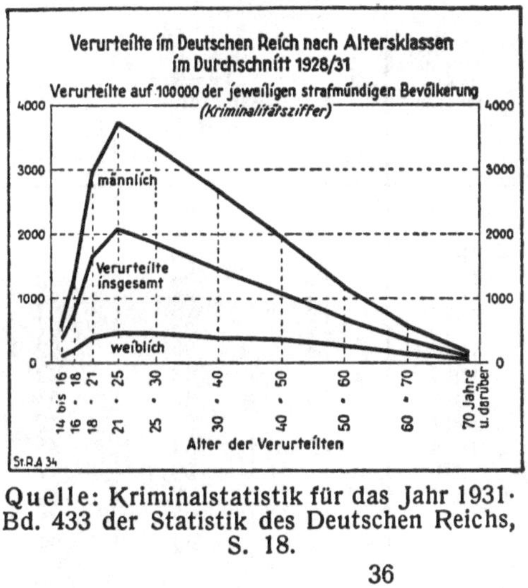

Quelle: Kriminalstatistik für das Jahr 1931. Bd. 433 der Statistik des Deutschen Reichs, S. 18.

Außer dem Altersaufbau der Selbstmördermasse im Deutschen Reich geht aus dieser Zusammenstellung vor allem ein weiterer beträchtlicher Anstieg der Selbstmordhäufigkeit bei den 30—60jährigen Männern und Frauen über den Vorkriegsstand hervor.

Nach der ausführlichen Altersgliederung der Selbstmörder in fünfjährigen Altersklassen, die zum ersten Male für das Jahr 1932 nach der Neuregelung der Todesursachenstatistik aufgestellt wurde, weist die Kurve der Selbstmordhäufigkeit bei beiden Geschlechtern zwei Gipfel auf. Wie aus der umseitigen graphischen Darstellung „Alter und Selbstmord im Deutschen Reich" zu entnehmen ist, liegt der erste Gipfel bereits in der Altersstufe der Jugendlichen von 20 bis 25 Jahren mit 39,7 und 18,3 Selbstmorden je 100000 männliche oder weibliche Personen dieses Alters. Nach dem 25. Lebensjahr ist die Selbstmordziffer bei beiden Geschlechtern wieder etwas niedriger. Sie nimmt aber dann bis zum höchsten Alter von über 80 Jahren in fast gleichmäßig ansteigender Linie zu. Die Selbstmordhäufigkeit des männlichen Geschlechts ist in allen Altersstufen erheblich höher als die des weiblichen. Im Alter von 20 bis 50 Jahren kamen etwa 22 bis 24 und in den höheren Altersklassen etwa 28 bis 30 Selbstmorde von Männern auf je 10 Selbstmorde von Frauen (vgl. „Wirtschaft und Statistik". 14. Jahrg., 1934, Heft 13, S. 430).

Auch die neueren statistischen Nachweise aus anderen Staaten wie Italien, Österreich, der Schweiz, den drei skandinavischen Staaten, ferner von Australien lassen eine allgemeine Zunahme der Selbstmordfrequenz mit steigendem Alter erkennen.

b) Wir können die Erörterung über die Beziehungen zwischen den einzelnen Altersklassen und dem Hang zum Selbstmord nicht abschließen, ohne nicht kurz noch auf das bedeutsame Problem der Selbstmorde von Kindern und Schülern einzugehen, die schon seit jeher die Aufmerksamkeit speziell der Pädagogen und Psychologen erweckt haben. „Il suicidio", sagt Morselli, „è prerogativa dell'età della ragione e riflessione, ed è raro nella adolescenza, eccezionale nella fanciullezza" (a. a. O., S. 328). Und doch berichtet z. B. Baer (vgl. Der Selbstmord im kindlichen Lebensalter, Leipzig 1901) verhältnismäßig zahlreiche Fälle, in denen die selbstmörderischen Kinder 8, 9, 10 und 11 Jahre alt waren, einen Fall sogar, in dem das betreffende Kind erst 3½ Jahre alt gewesen sein soll (!). So weist die deutsche Selbstmordstatistik des Jahres 1932 4 Selbstmörder (3 männliche, 1 weiblicher) im Alter von 5—10 Jahren auf.

Es ist daher verständlich, wenn über dieses wichtige Kapitel der Selbstmordforschung amtliche wie auch privatstatistische Ermittlungen bereits in früheren Zeitepochen angestellt worden sind. Man kann direkt von einer Spezialliteratur sprechen, die über die Kinderselbstmorde entstanden ist (vgl. vor allem hierüber Kapitel 18 und 19 bei Rost, a. a. O. I). Das umfangreichste und zuverlässigste Material über Kinder- und Schülerselbstmorde bietet die preußische Statistik. Sie liefert hierüber exakte Daten seit dem Jahre 1869. Über die Entwicklung der Selbstmorde von Schülern (im Alter bis zu 20 Jahren) in Preußen seit der letzten Vorkriegszeit unterrichtet die Tabelle 10 (vgl. Füllkrug a. a. O. II, S. 58/59).

10. Die Selbstmorde von Schülern in Preußen.

Jahre	Höhere Lehranstalten	Niedere Lehranstalten	Insgesamt	In der gleichaltrigen Gesamtbevölkerung	Von 100000 der gleichaltrigen Gesamtbevölkerung	Verhältnis der Selbstmorde der jugendlichen Schüler zu den jugendlichen Nicht-Schülern in %
1908	20	57	77	654	8,33	11,8
1909	19	46	65	715	8,96	9,1
1910	16	43	59	735	9,09	8,0
1911	18	54	72	768	9,23	9,4
1912	28	56	84	893	10,87	9,4
1913	14	53	67	928	10,81	7,2
1914	13	39	52	818	9,38	6,4
1915	14	48	62	728	8,35	8,5
1916	16	41	57	743	8,52	7,7
1917	11	31	42	686	7,33	6,1
1918	12	34	46	715	7,64	6,4
1919	27	20	47	778	8,90	6,0
1920	22	27	49	901	10,96	5,4
1921	18	27	45	797	9,60	5,6
1922	17	42	59	772	9,65	7,6

Mithin haben sich in dieser Beobachtungszeit von 15 Jahren insgesamt 883 Selbstmorde von Schülern ereignet, davon entfallen 265 = 30% auf die Schüler von höheren Schulen und 618 = 70% auf die Schüler an niederen Schulen. Das Überwiegen der letzteren erklärt sich aus der weit höheren Zahl dieser Lehranstalten. Durchschnittlich kommen jährlich 59 Fälle vor gegen 52 in den Jahren 1883/1907. Von den in den Jahren 1908 bis 1922 insgesamt durch Selbstmord geendeten 883 Schülern standen

im Alter von	niedere Schulen		höhere Schulen	
	männl.	weibl.	männl.	weibl.
unter 15 Jahren	495	106	66	—
von 15—20 „	10	6	192	8
	505	112	258	8

Danach sind die männlichen Schüler an den Selbstmorden mit 86,4%, die Mädchen mit 13,6% beteiligt.

Was die Motive zu den Schülerselbstmorden anbetrifft, so spielen nach den zahlreichen statistischen Beobachtungen hierüber Furcht vor Strafe oder Züchtigung durch die Eltern oder die Schule, verletztes Ehrgefühl im allgemeinen, wegen Nichtversetzung oder nicht bestandenen Examens im besonderen, sowie seelische Depressionen eine bedeutende Rolle.

11. Im engsten Zusammenhang mit den Untersuchungen über den Einfluß des Geschlechts und des Alters auf die Selbstmordneigung stehen solche bezüglich des Familienstandes der Selbstmörder. Es ist das große Verdienst des französischen Soziologen Durkheim und nächst ihm v. Mayrs, daß sie die notwendige Kombination von Geschlecht, Alter und Familienstand der Selbstmörder bei den statistischen Beobachtungen gefordert haben, weil bei dem maßgebenden Einfluß der Altersverhältnisse auf den Grad der Selbstmordneigung die einzelnen Familienstandsgruppen — Ledige, Verheiratete, Verwitwete und Geschiedene — wegen ihres verschiedenartigen Altersaufbaus keineswegs homogen sind. Nach dem aus der Vorkriegszeit über dieses Problem vorliegenden Material, das allerdings für eine internationale Behandlung desselben noch ziemlich lückenhaft ist, ergibt sich im Ganzen eine bedeutsame selbstmordbeschränkende Wirkung der Ehe, die bei den Männern noch in stärkerem Maße in Erscheinung tritt als bei den Frauen. Ungünstig wirkt dagegen auf die Selbstmordneigung der ledige Stand, noch schlimmer der verwitwete Stand und am schlimmsten die geschiedene Ehe. Ebenso führt Masaryk den Stand der Ledigen, Verwitweten, Geschiedenen und der Konkubinate als den Selbstmord begünstigende Momente an. Für Preußen z. B. ergibt sich nach Berechnungen von Dr. med. Dorothea Wessinger aus letzter Zeit folgendes Bild (a. a. O. S. 21):

11. Selbstmorde nach dem Familienstand in Preußen im Jahre 1925.
(Berechnet auf je 100000 Lebende des gleichen Familienstandes.)

Altersklassen	ledig		verheiratet		verwitwet		geschieden	
	männl.	weibl.	männl.	weibl.	männl.	weibl.	männl.	weibl.
10—15	1,9	0,8	—	—	—	—	—	—
15—20	24,1	13,3	117,7	15,0	—	—	—	—
20—25	50,7	21,4	31,1	8,3	—	25,8	—	63,4
25—30	59,4	19,4	23,1	7,5	124,1	17,7	255,7	40,8
30—40	65,6	22,5	26,2	9,1	76,8	24,3	145,4	61,5
40—50	107,3	29,8	34,8	13,8	105,6	24,3	140,4	61,1
50—60	148,4	34,2	58,5	17,6	138,6	25,4	311,0	45,5
60—70	131,3	27,2	64,3	15,9	156,7	37,2	272,0	40,3
70—80	108,7	36,4	46,7	20,2	161,3	33,8	132,4	109,5

12. Die Religion und Konfession gehören nach den Ausführungen Adolph Wagners (a. a. O., S. 181) zu denjenigen Faktoren, welche ihren Einfluß auf die Selbstmordfrequenz am deutlichsten zeigen und schon der baltische Theologe und Moralstatistiker v. Oettingen behauptete, daß die protestantischen Lebensgebiete überall mehr Selbstmordopfer fordern als die römisch- und griechisch-katholischen (vgl. „Über akuten und chronischen Selbstmord", Dorpat 1881). Leider liefert die amtliche Statistik auch über dieses Problem verhältnismäßig wenig Material, da die Religion der Selbstmörder in den meisten Staaten statistisch nicht erfaßt wird. Laufende konfessionelle Nachweise finden sich in der Hauptsache nur in der Statistik einiger Länder des Deutschen Reichs, ferner von Bulgarien und Ungarn.

Die Selbstmordhäufigkeit der Konfessionsgemeinschaften in den größeren deutschen Bundesstaaten während der letzten Vorkriegszeit wird durch folgende Übersicht Zahns (a. a. O. I, S. 444) illustriert. Auf 1 Million der gleichen Konfession treffen Selbstmorde bei den

Bundesstaaten	Jahr	Protestanten	Katholiken	Israeliten
Preußen . .	1908/12	261	109	306
Bayern . . .	1901/10	226	105	271
Sachsen . .	1908/12	309	381	421
Württemberg	1908/12	210	117	250
Baden . . .	1906/12	278	160	331

Die Ergebnisse lassen hiernach eine im allgemeinen geringere Selbstmordneigung bei den Katholiken erkennen, aber — wie Zahn ausdrücklich hervorhebt — nur in den Gebietsteilen, in denen starke kirchliche Formen vorhanden sind, die den Einzelnen führen und überwachen, und wo es sich weniger um großstädtische und industrielle Standorte handelt. So ist im Rheinland, in Westfalen und Bayern, wo reges katholisches Leben zu finden ist, die Selbstmordneigung der katholischen Bevölkerung wesentlich geringer als bei der protestantischen und israelitischen, während in der Provinz Brandenburg und im Land Sachsen die Katholiken eine weit ungünstigere Selbstmordziffer aufweisen.

Die Selbstmorde in Preußen nach Konfessionen für einige der letzten Jahre sind aus der Tabelle 12 ersichtlich. Leider wird eine konfessionelle Aufteilung der preußischen Selbstmorde seit 1929 aus finanziellen Gründen nicht mehr vorgenommen.

12. Das religiöse Bekenntnis der Selbstmörder in Preußen.

Religiöses Bekenntnis	1926			1927			1928		
	männl.	weibl.	zus.	männl.	weibl.	zus.	männl.	weibl.	zus.
Evangelische Christen .	4994	2161	7155	4805	2132	6937	4716	2149	6865
Katholische „	1367	400	1767	1282	431	1713	1337	490	1827
Juden	143	61	204	96	61	157	107	68	175
Freidenker und Dissidenten	266	83	349	327	86	413	327	83	410
Übrige	218	53	271	197	53	250	203	50	253

Das Preußische Statistische Landesamt bemerkt in den Erläuterungen zu diesen Zahlen, daß mangels fortgeschriebener Zahlen der Konfessionsangehörigen zwar Verhältnisziffern nicht gegeben werden können, daß aber bei Betrachtung der absoluten Zahlen die Abnahme bei den männlichen Juden ebenso beachtenswert sei wie die fortgesetzte Zunahme bei den katholischen Frauen. Damit hätten sich die Anteilsverhältnisse der Geschlechter an den Selbstmorden bei den katholischen Christen stark denen bei den evangelischen angenähert, die ihrerseits im Jahre 1926 23 und im Jahre 1928 22 männliche auf 10 weibliche Selbstmörder aufzuweisen hatten. Am stärksten ist die verhältnismäßige Beteiligung der Frauen bei den Selbstmorden der Juden, bei denen in den Jahren 1927 und 1928 bereits auf 16 männliche 10 weibliche Selbstmörder entfielen. Wählt man in Anbetracht der hier nur sehr kleinen, infolgedessen zu größeren Zufallschwankungen neigenden Grundzahlen einen Zeitraum von 5 Jahren (1924/28), so ergibt sich bei ihnen mit 10 weiblichen: 19 männlichen Selbstmorden immer noch eine im Verhältnis stärkere Beteiligung des weiblichen Geschlechts als bei den beiden christlichen Bekenntnissen (vgl. Medizinalstatistische Nachrichten, herausgegeben vom Preußischen Statistischen Landesamt 17. Jahrg., 1931, Nr. 3, S. 273). Und zwar hat man nach Wessinger als Ursache bei vielen jüdischen Frauenselbstmorden Liebeskummer gefunden.

Wie erklärt sich nun die zu Beginn dieses Abschnitts erwähnte vorwiegend geringere Selbstmordbeteiligung der Katholiken? Professor D. Schneider gibt hierfür folgende Erklärung: „Die katholische Kirche sucht mit Recht ihren Gliedern stärkere Bindungen zu geben, sie ist konsequent in der weitesten bis zur Härte gehenden Verurteilung des Selbstmords, auch wo entschuldigende Momente vorliegen; in der Verweigerung der kirchlichen Beerdigung, ja oft einer Grabstätte auf geweihtem Boden. Es ist der Wunsch jedes Katholiken, auch des mit der Lehre seiner Kirche Zerfallenen, nicht zu sterben ohne den Empfang der Sterbesakramente. Der Selbstmord schließt das aus. Die äußeren Bindungen wirken in der Tat prohibitiv. Der Protestantismus mit der Betonung der individuellen Selbstverantwortlichkeit hat sie nicht in diesem Umfange" (vgl. Kirchliches Jahrbuch für die evangelischen Landeskirchen Deutschlands, Jahrg. 1930, S. 128).

Die Selbstmordfrequenz der Juden, die in der Selbstmordstatistik besonders schwierig zu behandeln sind, weil sich bei ihnen

Religion und Rasse vereinigen, war nach den vorliegenden statistischen Unterlagen in der ersten Hälfte des vorigen Jahrhunderts, zum Teil auch noch darüber hinaus bedeutend niedriger als die der Protestanten, in manchen Ländern auch niedriger als die der katholischen Bevölkerung. Diese Erscheinung hat sich im weiteren Verlauf der Zeit völlig geändert, wie die nachstehenden Zahlenreihen beweisen. In Preußen z. B. betrug die Selbstmordziffer der Juden (auf 1 Million) im Vergleich zu derjenigen der beiden großen christlichen Religionsgemeinschaften:

Jahre	Juden	Protestanten	Katholiken
1849—55	46	160	50
1869—72	96	187	69
1891—1900	241	247	93
1901—07	294	252	101
1908—13	322	270	118
1914—18	349	216	86
1919—23	416	250	105

Füllkrug, dessen Werken die vorstehenden Daten entnommen sind, führt die auffallend stark zunehmende Selbstmordneigung der Juden in der Vorkriegszeit auf zwei Erscheinungen zurück, und zwar auf die Abwendung der Juden von dem Glauben ihrer Väter und die Hinkehr zum Materialismus als Lebensrichtung und Weltanschauung (religiös sei zwischen vielen modernen Juden und modernen Christen kaum noch ein Unterschied vorhanden), ferner darauf, daß viele reich gewordene Juden die kleinen Städte mit ihrer jüdischen Volks- und Synagogengemeinschaft verlassen und in die großen Städte ziehen, wo sie eben der religiös-sittlichen Umwelt enthoben sind. Dieses letztere Argument betont auch Dorothea Wessinger (a. a. O., S. 18), die besonders auf die Bedeutung der jüdischen Einwanderung über die östlichen Grenzen nach Deutschland (Berlin!) für die Kriegs- und Nachkriegszahlen hinweist und auch den hohen Stand der jüdischen Selbstmordziffer aus dem Anteil der Juden am Handelsberuf sowie an Finanz- und Spekulationsgeschäften erklären möchte.

Unter den Mohammedanern ist der Selbstmord recht selten. Morselli führt diese Erscheinung auf den ihrer Religion eigentümlichen Fatalismus zurück, zum anderen Teil auch auf ihre Lebensgewohnheiten, den Mangel an höherer Kultur überhaupt, ihre Enthaltsamkeit von alkoholischen Getränken, schließlich auch auf die Abschwächung der psychischen Sensibilität, die den Völkern eigen ist, welche der Befriedigung physischer Reize sehr bedeutenden Spielraum lassen.

Wenn in scheinbarem Widerspruch zu den vorstehenden Behauptungen über den bedeutenden Einfluß der Religion auf die Selbstmordneigung ausweislich der Tabelle 4 auf S. 554 katholische Länder wie Österreich und die Tschechoslowakei in der Selbstmordfrequenz mit an der Spitze stehen, so hat das nach dem treffenden Urteil von Rost in einem Artikel „Selbstmord als internationale Erscheinung" (a. a. O. IV) darin seinen Grund, daß es in diesen Ländern in weltanschaulicher Beziehung ganz gewaltig gärt und brodelt. „Die Los-von-Rom-Bewegung, die Einsickerung des religionsfeindlichen Marxismus und Bolschewismus", schreibt er weiter, „der Kampf zwischen Christentum und Heidentum haben hier ohne Zweifel ihren Einfluß auch auf die Gestaltung der Selbstmordziffern ausgeübt, wozu noch die ungünstigen materiellen Verhältnisse ebenfalls einen gesteigerten Bruchteil beitragen mögen."

Wenn andererseits protestantische Länder wie England und die skandinavischen Staaten eine mäßige oder niedrige Selbstmordfrequenz aufweisen, so liegt die Erklärung nach den Ausführungen desselben Autors an anderer Stelle in ihrem konservativen Volkscharakter. Bei den südlichen Ländern mit niedrigen Selbstmordziffern muß auch der klimatische Einfluß als Begründung herangezogen werden, da das Klima des Südens und der Tropen eine größere Leichtigkeit des Lebens gestattet.

13. Eine weitere Untersuchung des Selbstmordtriebes wäre jene nach der Einwirkung des Bildungsgrades. Sie läßt sich in statistischer Beziehung im allgemeinen nur auf indirektem Wege durch einen Vergleich des Analphabetismus und der Selbstmordziffer durchführen. Wie bei der Frage über die Zusammenhänge zwischen Kriminalität und Bildungsgrad (s. d. Art.) gehen auch hier die Meinungen in der Fachliteratur wesentlich auseinander. In der vor rund 100 Jahren erschienenen deutschen Ausgabe von Quetelets „Physique sociale" finden sich z. B. folgende Ausführungen:

„Wahre Bildung ist sicherlich kein begünstigendes Moment des Selbstmordes, wohl aber Halbbildung, die nicht selten eine große Disharmonie zwischen den Ansprüchen, die der Einzelne an die Welt macht, und den äußeren Verhältnissen, in denen er sich in Wirklichkeit zu bewegen genötigt ist, zur Folge hat, eine Disharmonie, die um so drückender ist, wenn der innere Fonds nicht hinreicht, sich über die beschränkten äußeren Verhältnisse mit Resignation erheben zu können. Das unter allen Umständen bemerkbare Streben, sich auf der Leiter der verschiedenen Klassen der Gesellschaft weiter emporzubringen, ist eine charakteristische Erscheinung unserer Zeit; natürlich stehen die Fähigkeiten nicht immer im Verhältnis zu der Intensität dieser Bestrebungen, daher wird das Ziel nur unvollständig oder gar nicht erreicht, daher dann das Mißbehagen, die Mißgriffe in der Wahl der Mittel, um zum Zwecke zu gelangen, das Zerfallen mit sich selbst, der Lebensüberdruß (dem bei der abnehmenden Religiosität das sicherste Gegengewicht entzogen ist) und endlich der Selbstmord" (a. a. O. S. 482).

Wagner findet auf Grund eingehender Beobachtungen die Vermutung begründet, „daß häufig die größere geistige Bildung und Aufklärung öftere Versuchungen, den Selbstmord vorzunehmen, hervorruft oder die sittlichen Potenzen, durch welche solche Versuchungen überwunden werden, schwächt" (a. a. O., S. 195).

13. Analphabetismus und Selbstmordfrequenz in europäischen Staaten.

Länder	Analphabeten auf je 100 Rekruten	Selbstmordziffer auf je 1 Mill. Einwohner (1891 bis 1900)
Belgien (1898) . . .	10,9	124
Dänemark (1897) . .	0,2	234
Deutsches Reich (1902)	0,04	206
Frankreich (1901) . .	4,3	239
Italien (1900)	32,9	60
Niederlande (1901) .	2,3	56
Österreich (1894) . .	23,8	158
Rumänien (1892) . .	89,0	55
Rußland (1894) . . .	61,7	32
Schweden (1900) . .	0,08	147
Schweiz (1900) . . .	0,18	225
Ungarn (1894) . . .	28,1	145

Nach den Daten der von Krose (a. a. O. II, S. 116) für die Zeit um die Jahrhundertwende aufgestellten Tabelle 13 scheint in den wichtigsten europäischen Staaten der Analphabetismus und die Selbstmordfrequenz zu einander im allgemeinen im umgekehrten Verhältnis zu stehen, indem z. B. Rumänien, Rußland, Italien einen außerordentlich hohen Prozentsatz von Analphabeten und eine außerordentlich niedrige Selbstmordziffer, umgekehrt Deutschland, Dänemark und die Schweiz einen sehr hohen Prozentsatz von Analphabeten und eine sehr hohe Selbstmordfrequenz aufweisen. „Ein gewisser Parallelismus zwischen der Verbreitung der Kenntnis des Lesens und Schreibens und der Höhe der Selbstmordziffer", schließt dieser Autor, „ist also unleugbar vorhanden und aus inneren Gründen unschwer zu begreifen. Die Bildung an sich trägt gewiß nicht dazu bei, die Selbstmordneigung zu verbreiten, wohl aber findet der Selbstmord gerade unter den Halbgebildeten einen günstigen Boden." Die gleiche Auffassung wird von Masaryk vertreten, indem er sagt, daß in jenen Ländern und bei jenen Nationen die Selbstmordneigung am größten ist, wo die unmethodische und unpraktische Halbbildung am größten ist (a. a. O., S. 65/66). Wie der schematischen Übersicht auf S. 548/49 zu entnehmen ist, wird der Bildungsgrad der Selbstmörder gegenwärtig statistisch von Bulgarien, Estland und Spanien ermittelt.

14. a) Besonders bedeutungsvoll ist die Aufgliederung der Selbstmördermasse nach dem Beruf und der sozialen Stellung, da diese in der Regel bestimmend auf das ganze Leben des Menschen, besonders des Mannes, einwirken. Eine laufende mehr oder weniger detaillierte Ausgliederung der Selbstmördermasse nach Beruf und Stellung im Beruf findet sich in der Hauptsache in der Statistik von Preußen (vom Jahre 1929 wurde die Bearbeitung hierüber eingestellt), Belgien, Bulgarien, Estland, Frankreich (besonders wertvoll wegen der Kombination mit den Motiven), Griechenland, Italien, Japan, den Niederlanden, Schweden, Spanien und Ungarn. Von einer Besprechung der Ergebnisse sowie der Berechnung von Selbstmordziffern der einzelnen Berufe (d. i. die Inbeziehungsetzung der nach bestimmten Berufsgruppen und der sozialen Stellung ausgegliederten Selbstmörder zu der Gesamtzahl der in den betreffenden Berufen und sozialen Schichten vorhandenen Personen), durch die allein die Intensität der Selbstmordneigung in den einzelnen Berufsklassen zum Ausdruck kommt, muß aus Raumgründen abgesehen werden. Nach der Ansicht von Zahn steht allgemein jedenfalls fest, daß die Landwirtschaft durchweg die geringere Selbstmordhäufigkeit aufweisen kann, die Industrie etwa die doppelte, das Handelsgewerbe die dreifache Frequenz aufbringt. Den Unselbständigen scheint dagegen eine weniger starke Selbstmordneigung eigen zu sein als den freien Berufen, den Beamten und Kapitalisten.

b) Wir haben im Rahmen dieses Abschnittes noch die Selbstmordneigung innerhalb einzelner, einer besonderen Beobachtung unterliegenden Berufsschichten zu untersuchen.

Über die Verbreitung der Selbstmorde unter den Schülern ist bereits in Abschnitt 10b Näheres gesagt worden.

α) Eine den Kriminologen wie auch den Psychiater seit jeher stark interessierende

Materie sind vor allem die Selbstmorde von Gefangenen. Morselli hat in mehreren Spezialstudien, die an die „Statistique pénitentiare internationale“ (1. Jahrg., Rom 1872) anknüpfen, festgestellt, daß die Klasse der Verbrecher, und zwar besonders die wegen Verbrechens in Untersuchungshaft oder in Anklagezustand befindlichen Gefangenen, überall in weit stärkerem Grade zum Selbstmord wie auch zur Geisteskrankheit neigten als die übrige Bevölkerung. Es hat sich bei diesen Untersuchungen weiter ergeben, daß sich speziell unter den weiblichen Gefangenen ein großer Hang zum Selbstmord zeige, mit dem sie das Verhältnis beim männlichen Geschlecht erreichen, teilweise sogar übertreffen, und daß im allgemeinen unter den Gefangenen der Selbstmord bei den jungen Leuten unter 30 Jahren, bei den Ledigen und den Verwitweten ohne Kinder am häufigsten sei. Als besonders bemerkenswert hebt Morselli noch hervor, daß die wegen Verbrechens gegen die Person Inhaftierten mehr als die Hälfte der Selbstmörder unter sämtlichen Gefangenen lieferten. Diese Beobachtungen aus älterer Zeit werden im allgemeinen durch Beobachtungen aus der Gegenwart bestätigt.

Was deutsche Verhältnisse anbetrifft, so bietet Material über die von Gefangenen verübten Selbstmorde für die Vorkriegsperiode hauptsächlich die „Statistik der zum Ressort des Königlich Preußischen Ministeriums des Innern gehörenden Strafanstalten und der Gefängnisse“. Danach zeigte die auf 1000 Gefangene berechnete Selbstmordziffer im Gegensatz zu derjenigen der freien Bevölkerung in einigen Jahren vor dem Kriege folgenden Umfang:

14. Die Selbstmorde von Gefangenen in preußischen Strafanstalten.

Jahre	Von 1000 Gefangenen starben an Selbstmord				Von 1000 Lebenden der freien Bevölkerung starben an Selbstmord	
	in den Strafanstalten		in den Gefängnissen			
	männl.	weibl.	männl.	weibl.	männl.	weibl.
1909	0,40	0,73	0,16	—	0,15	0,06
1910	0,73	—	0,15	—	0,15	0,06
1911	0,57	—	0,09	0,12	0,32	0,10
1912	0,51	0,79	0,29	0,19	0,33	0,10

In der letzten Zeit haben die Gefangenenselbstmorde auf Grund der „Statistik über die Gefangenenanstalten der Justizverwaltung in Preußen“, in der leider keine Unterscheidung der Selbstmorde nach Strafanstalten und Gefängnissen vorgenommen wird, folgende Entwicklung aufzuweisen:

Rechnungsjahr	Tägl. Durchschnittsbestand	Selbstmorde	
		insgesamt	davon weibliche
1925/26	54252	84	6
1926/27	46030	70	8
1927/28	36692	49	4
1928/29	32211	47	3
1929/30	30295	33	2
1930/31	30141	66	6
1931/32	32524	62	1
1932/33	37982	64	3

Für den Durchschnitt der Jahre 1925/26 bis 1932/33 errechnet sich auf 1000 der Gesamtzahl der Gefangenen eine Selbstmordziffer von 0,19, dagegen auf 1000 der täglichen Durchschnittszahl — was allein zutreffend ist — eine solche von 1,58. Von den 475 Gefangenen, die sich in diesem Zeitraum selbst entleibten, waren rund 7 % weiblich.

Die überwiegende Zahl der Selbstmorde — so schreibt Kirn — wird in der ersten Zeit der Gefangenschaft vollführt, in welcher in direkter Folge der Erwägungen über das begangene Verbrechen, über die Verurteilung und Entehrung sowie über die höchst peinlich empfundene Freiheitsberaubung die lebhaftesten Affekte auf den Verbrecher einstürmen, die bis zu wahren Zuständen der Verzweiflung ansteigen können. Andererseits sind Selbstmorde, die in späteren Stadien der Gefangenschaft vollführt werden, häufig auf krankhafte Gemütszustände zurückzuführen, während ihre äußeren Anlässe (z. B. unliebsame Arbeit, Disziplinarstrafen) nicht selten nur geringfügiger Natur sind (vgl. Handbuch des Gefängniswesens, Hamburg 1888, II, 206).

β) Es ist eine international seit langem beobachtete Tatsache, daß die Häufigkeit der militärischen Selbstmorde weit größer ist als die der gleichaltrigen männlichen Zivilbevölkerung, wobei die Selbstmordfrequenz beim Militär ebenso starke Verschiedenheiten von Land zu Land aufweist wie die der Zivilpersonen.

Furcht vor Strafe, gekränktes Ehrgefühl, Mißhandlungen oder Mißbrauch der Dienstgewalt durch Vorgesetzte, Unlust zum Dienstbetrieb, Heimweh dürften neben den zahlreichen mit außerdienstlichen Verhältnissen zusammenhängenden Beweggründen zu der hohen Selbstmordziffer der Personen des Militärstandes beitragen. Nach den „Sanitätsberichten für das Reichsheer" betrug die Zahl der Selbstmorde

Jahre	insgesamt	auf 1000 der Kopfstärke
1926	97	1,01
1927	79	0,82
1928	66	0,69
1929	53	0,55
1930	60	0,62
1931	46	0,48

Damit hat die ständig rückläufige Selbstmordziffer des Landheeres fast die Selbstmordziffer der früheren königlich preußischen Armee mit 0,43 auf 1000 der Iststärke im Durchschnitt der Jahre 1908/13 erreicht. Dem Dienstgrade nach befinden sich unter den Selbstmördern (auf 1000 der betreffenden Iststärke) 1931 (1930): Offiziere 0,73 (0,98), Feldwebel und Unteroffiziere 0,21 (0,61), Mannschaften 0,53 (0,60). Bemerkt sei, daß die Selbstmordziffer der Einjährig-Freiwilligen im Durchschnitt der letzten 5 Vorkriegsjahre 0,82 betrug.

Die einzelnen Truppengattungen ordnen sich nach der Höhe der Selbstmordziffer des Jahres 1931 wie folgt:

15. Die Selbstmordhäufigkeit bei den einzelnen Truppengattungen des Reichsheeres.

Truppengattungen	1929	1930	1931
Sanitätsabteilungen .	2,74	0,69	0,69
Kavallerie	0,57	0,76	0,64
Artillerie	0,45	0,81	0,54
Infanterie	0,48	0,61	0,49
Sonstige	0,38	0,75	0,37
Kraftfahrtruppen . .	0,32	0,31	0,29
Fahrtruppen	1,00	—	0,28
Pioniere	0,92	0,31	—
Nachrichtentruppen .	0,42	0,82	—

Die Ausgliederung nach der Art des Selbstmordes ergibt erklärlicherweise ein bedeutendes Überwiegen des Erschießens.

Die Sterblichkeit der Selbstmörder bei der deutschen Reichsmarine in den Jahren 1920—27 auf 1000 der Kopfstärke im Vergleich zum Reichsheer, zur preußischen Schutzpolizei und einigen fremden Marinen zeigt die dem „Sanitätsbericht über die Deutsche Reichsmarine für den Zeitraum vom 1. I. bis 31. XII. 1927" entnommene Tabelle 16. Die Selbstmordziffer der deutschen Marineangehörigen hat sich seitdem wie folgt entwickelt: 1928 0,61, 1929 0,47, 1930 0,34 und 1931 0,6.

16. Die Selbstmordhäufigkeit in der Reichsmarine und einigen fremden Marinen.

Jahr	Auf je 1000 der Kopfstärke entfallen Selbstmorde							
	Deutschland		Preußische Schutzpolizei	Marine				
	Marine	Heer		Ver. Staaten v. Amerika	Japan	Holland	Italien[1])	England
1920	1,29	.	.	0,44	0,71	0,24	0,27	.
1921	1,41	1,1	0,67	0,42	0,45	0,5	0,35	0,18
1922	0,94	1,14	0,43	0,36	0,65	0,12	0,4	0,11
1923	0,55	1,25	0,37	0,6	0,55	0,51	0,51	0,14
1924	0,88	1,39	0,95	0,6	0,53	0,25	0,51	0,11
1925	0,93	1,36	0,81	0,23	.	—	.	0,11
1926	0,6	1,01	0,69	0,18	.	0,12	.	0,13
1927	0,6	0,82	0,66	.	.	0,24	.	0,07

[1]) Einschl. der nicht tödlichen Fälle.

γ) In der preußischen Schutzpolizei wurden nach den statistischen Ausweisen in dem vom Preußischen Ministerium des Innern herausgegebenen „Wegweiser durch die Polizei" in den Jahren 1924—31 insgesamt 304 Selbstmorde verübt, was einem Jahresdurchschnitt von 38 entspricht. Der Tausendsatz bewegt sich zwischen 0,87 (1924) und 0,53 (1929), während der Tausendsatz der Selbstmorde der sonstigen männlichen Bevölkerung im Alter von 20—60 Jahren z. B. in den Jahren 1927—1929 0,45—0,46 betrug. Die genannte Statistik unterrichtet weiter über die Selbstmorde in der Landjägerei, Kriminalpolizei, Verwaltungs- und Gemeindepolizei.

Die jährliche Entwicklung der Selbstmorde in einigen dieser preußischen Polizeiverwaltungen ist folgende:

Jahr	Schutzpolizei	Landjägerei	Kriminalpolizei	Verwaltungspolizei
1924	52	3	5	1
1925	44	2	2	—
1926	40	1	2	1
1927	35	2	6	2
1928	39	1	6	1
1929	29	4	8	3
1930	34	6	4	3
1931	31	1	3	5

Was die Selbstmordmotive der Schutzpolizeibeamten anbetrifft, so stehen in diesem achtjährigen Berichtszeitraum an erster Stelle mit insgesamt 54 Fällen leichtsinniger Lebenswandel, an zweiter 49 Selbstmorde aus Furcht vor Strafe (darunter war in 42 Fällen Gerichtsstrafe zu erwarten). Es folgen Liebeskummer und Alimentensorgen (44), Krankheiten (31, darunter 13 Selbstmorde wegen Geschlechtskrankheiten), Schwermut, geistige Umnachtung (27), mißliche Familienverhältnisse (25) sowie wirtschaftliche Schwierigkeiten (15).

15. Die statistischen Untersuchungen über die Wahl der Selbstmordmittel haben von jeher eine Regelmäßigkeit und Gesetzmäßigkeit ergeben, wie sie Quetelet vor rund 100 Jahren auch hinsichtlich des Vorkommens der Tötungsdelikte und der Anwendung der Werkzeuge, mit denen sie begangen werden, nachgewiesen hat (vgl. die Tabelle auf S. 29 dieses Bandes). Die Ergebnisse lassen weiterhin erkennen, daß die Unterschiede in der Frequenz der Selbstmordtechnik von Land zu Land durch die jeweiligen geographischen, volkstümlichen und sozialen Bedingungen begründet sind.

17. Die Arten des Selbstmordes in europäischen und außereuropäischen Ländern.

Länder	Jahresdurchschnitt	Von je 100 Selbstmördern töteten sich durch							
		Erhängen, Erwürgen	Ertränken	Erschießen	Schnitt oder Stich	Vergiften (auch mit Gas)	davon Gas	Sturz aus der Höhe	Überfahrenlassen
Deutsches Reich	1927/31	**41,5**	13,1	14,4	1,7	21,2	15,4	2,5	5,0
Schweiz	1926/30	**36,5**	15,6	22,7	2,5	13,7	8,9	4,9	2,8
Luxemburg	1927/31	29,0	14,7	**38,8**	3,3	.	.	9,0	.
Frankreich	1925/29	**36,2**	26,9	16,8	2,9	7,9	5,9	3,2	3,3
Belgien	1926/30	**37,7**	24,7	18,3	2,5	10,4	9,2	2,1	2,4
Niederlande	1927/31	**42,5**	29,8	6,0	3,5	12,9	9,4	1,1	3,2
England und Wales	1927/31	16,0	18,3	5,0	13,5	**38,6**	24,7	3,1	4,4
Schottland	1929/32	11,6	12,4	4,6	11,4	**53,9**	30,9	3,3	2,2
Schweden	1926/30	**48,6**	17,0	17,2	6,3	5,7	.	4,0 (Sturz und Überfahren zusammen)	
Dänemark	1926/30	**53,7**	11,1	7,9	1,4	22,9	.	.	.
Lettland	1927/31	**39,2**	.	22,2	7,1	20,8	.	.	.
Ungarn	1929/32	31,0	7,8	9,4	8,2	**37,7**	3,8	2,1	.
Spanien	1927/31	**31,1**	19,3	16,5	8,1	7,0	1,3	9,2	7,0
Italien	1927/30	24,6	16,2	**24,8**	3,9	13,7	2,2	10,2	5,8
Bulgarien	1929/31	**39,4**	9,3	29,1	4,0	10,9	.	1,7	4,9
Griechenland	1927/31	16,6	11,9	**30,6**	3,2	**7,1**	.	2,1	0,8
Ver. Staaten v. Amerika	1927/29	18,0	5,0	**34,8**	5,4	31,7	15,0	3,2	0,9
Mexiko	1927/29	7,2	.	**38,9**	10,0	34,8	1,6	.	.
Japan	1927/31	**49,8**	17,1	0,9	3,5	15,8	0,3	0,3	11,4
Südafrikan. Union[1]	1927/31	10,1	3,7	27,9	5,1	**38,9**	0,2	0,3	1,6
Australischer Staatenbund	1926/30	14,5	7,5	25,8	14,7	**31,9**	4,3	1,6	2,4

[1]) Weiße.

In Tabelle 17 wird nach eigenen Berechnungen ein internationaler Vergleich der einzelnen Arten des Selbstmordes in der Gegenwart gegeben. Danach ist die häufigste Selbstmordart bei rund der Hälfte der aufgeführten Länder das Erhängen und Erwürgen, in Luxemburg, Italien, Griechenland, den Vereinigten Staaten von Amerika und Mexiko das Erschießen, in England und Wales, Schottland, Ungarn, der Südafrikanischen Union und dem Australischen Staatenbund das Vergiften, insbesondere das Einatmen von giftigen Gasen.

Bei einer eingehenderen Betrachtung dieser Zahlenreihen fällt außerdem der zum Teil erhebliche, auch von Zahn hervorgehobene Unterschied in der Anwendung der Tötungsmittel in Europa und Japan einerseits, Nordamerika, Südafrika und Australien andererseits auf. In den letzteren Kontinenten tritt im Vergleich zu früheren Zeitperioden ein mehr moderner Zug in der Selbstmordtechnik in Erscheinung. Das in den meisten europäischen Staaten und in Japan bevorzugte Erhängen und Ertränken tritt in Nordamerika, Südafrika und Australien gegenüber dem Erschießen und dem Vergiften zurück. In Australien und Südafrika scheinen wie im englischen Mutterlande schneidende und stechende Instrumente in erhöhtem Grade Anwendung zu finden.

Die Arten der Selbstmorde im Deutschen Reich.

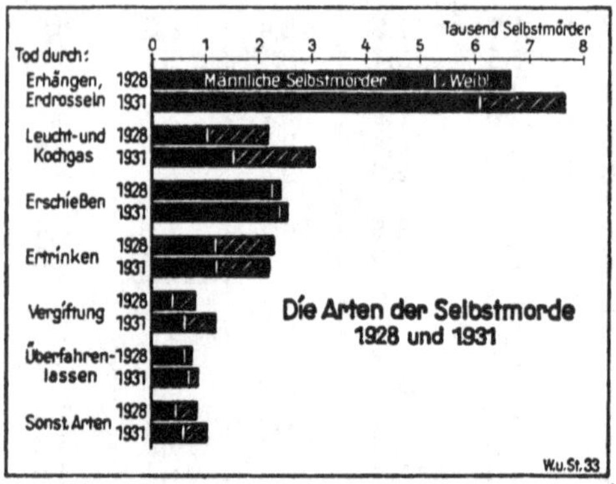

Quelle: Wirtschaft u. Statistik, 13. Jahrg., 1933, Nr. 13, S. 417.

Es sind eine Reihe von Faktoren, welche die Wahl der Selbstmordmittel und deren Verschiedenheiten bestimmend beeinflussen. Sie beruhen teils in der Individualität des Selbstmörders, teils werden sie durch allgemeine Umstände herbeigeführt.

Von den persönlichen Eigenschaften des Selbstmörders übt das Geschlecht den bedeutendsten Einfluß auf die Wahl der Selbstmordart aus. Nach internationalen Berechnungen von Zahn greift im allgemeinen die Frau viel lieber zum Gift als zur Schußwaffe. Sie zieht auch häufiger den Tod durch den Sprung ins Wasser dem Selbstmord durch Erhängen vor und stürzt sich eher aus der Höhe herab, als daß sie mit dem Messer oder anderen schneidenden bzw. stechenden Instrumenten ihrem Leben ein Ende bereitet.

Der zweite individuelle Einfluß auf die Wahl der Selbstmordmittel liegt im Alter. Lebensmüde Knaben im Alter von 8—12 Jahren springen, wie Rost bemerkt, aus dem Fenster. In späteren Jahren, etwa bis zum 20. Lebensjahr, wählen sie in stärkerem Maße die Schußwaffe oder den Strick. Bei den Mädchen überwiegt im Wesentlichen die Neigung zum Erhängen und Ertränken. In den mittleren Lebensjahren wählen lebensüberdrüssige Jünglinge und gereifte Männer vorzugsweise den Tod durch Erschießen, während beim Weib der Strick, das Wasser und das Gift eine bedeutende Rolle spielen. Bei alten Leuten sowohl männlichen wie weiblichen Geschlechts ist das Erhängen, ebenso auch das Ertränken die häufigste Selbstmordart (a. a. O. I, S. 254). Das bestätigen im großen und ganzen die Ergebnisse der deutschen Selbstmordstatistik, wie aus der Tabelle 18 und dem Schaubild auf S. 571 ersichtlich ist (vgl. „Wirtschaft und Statistik" 9. Jahrg., 1929, Nr. 23, S. 969).

Daß häufig diejenigen Instrumente zum Selbstmord gewählt werden, welche dem Täter vermöge seines Berufes am nächsten liegen, ist schon von Jean Etienne Dominique Esquirol (1772—1840) behauptet worden, ohne jedoch diese Behauptung auf eingehendes Zahlenmaterial zu stützen. So also, daß sich Soldaten und Jäger erschießen, Barbiere mit dem Rasiermesser den Hals durchschneiden, Schuster sich mit ihrem Pfriemen, Kupferstecher mit ihrem Grabstichel umbringen, Wäscherinnen durch Berliner Blau oder durch Kohlendunst aus dem Leben scheiden. Diese Tatsache ist später durch statistische Beobachtungen über die Selbstmordarten in Kombination mit den Berufsklassen im Großen und Ganzen bestätigt worden, wobei sich andererseits auch ergeben hat, daß der Selbstmörder in vielen Fällen bei der Entscheidung für eine bestimmte Todesart durch die äußeren Umstände in seiner Wahl beschränkt ist. Krose bemerkt hierzu Folgendes:

„Dem Landmann oder Arbeiter auf dem Lande bleibt, wenn er keine Schußwaffe besitzt und das qualvolle und unsichere Mittel des Erstechens oder Vergiftens fürchtet, nur die Wahl zwischen Erhängen und Ertränken; und wenn ein größerer Fluß oder See nicht in der Nähe ist, bildet das Erhängen für ihn überhaupt die einzige Möglichkeit, seinem Leben ein Ende zu machen. Für viele andere ist durch den Beruf oder die Beschäftigungsweise die Art der Selbsttötung schon gegeben. Der Offizier wird sehr häufig zum Revolver greifen, beim Metzger wird verhältnismäßig oft das Messer zur Anwendung kommen, beim Apotheker die Giftflasche usw. Aber die Mehrzahl wird stets die einfachsten und natürlichsten Mittel, das Erhängen oder Ertränken, wählen, und für das Maß, in welchem die letztgenannte Art zur Verwendung kommt, wird die Ausdehnung des Wassernetzes in erster Linie in Betracht kommen" (a. a. O. II, S. 69).

Mit dem Beruf des Selbstmörders hängt sehr häufig auch die beobachtete Seltsamkeit der gewählten Mittel zusammen.

Rost gibt hierfür folgende Beispiele (a. a. O. I, S. 253):

Ein Steinmetz läßt sich von einem Felsstück erschlagen, ein Messerschmied schlägt sich beide Hände ab und verblutet; ein Bäcker verbrennt sich im eigenen Backofen, ein Gerber erstickt sich in seiner Lohgrube, ein Bauer in seiner Jauchengrube, ein Bergwerksbesitzer sprengt sich mittels Dynamit in die Luft, ein Apotheker vergiftet sich durch Blausäure, ein Kupferschmied durch Cyankali, eine Hebamme durch Lysol, oder ein Brauer springt in den Sudkessel.

18. Der Einfluß des Alters auf die Wahl der Selbstmordmittel im Deutschen Reich.

Von je 100 Selbstmördern der einzelnen Altersstufen des Jahres 1927 begingen Selbstmord auf nachbezeichnete Art

durch		unter 15 Jahren	15—30 Jahre	30—60 Jahre	60—70 Jahre	70 u. m. Jahre
Feste und flüssige Gifte und ätzende Mittel	männl.	—	2,7	4,2	1,6	1,3
	weibl.	—	11,9	9,6	5,2	3,4
Leucht- und Kochgas . . .	männl.	5,6	6,5	11,1	6,9	6,2
	weibl.	—	22,0	23,5	22,0	24,1
Sonstige giftige Gase . . .	männl.	—	0,2	0,2	—	0,1
	weibl.	—	0,6	0,5	0,3	0,5
Erhängen und Erdrosseln .	männl.	59,6	29,9	48,6	62,9	65,6
	weibl.	28,6	14,4	31,9	42,9	38,9
Ertrinken	männl.	10,1	12,0	10,2	12,4	12,7
	weibl.	57,2	33,4	20,3	21,0	26,5
Erschießen	männl.	7,9	36,9	19,4	10,8	8,7
	weibl.	7,1	7,8	3,4	0,7	—
Schnitt oder Stich	männl.	1,1	0,6	1,9	2,2	2,5
	weibl.	—	0,5	2,8	2,2	1,8
Sturz aus der Höhe . . .	männl.	—	1,2	1,2	1,3	1,6
	weibl.	7,1	2,8	5,3	3,3	4,8
Überfahrenlassen	männl.	14,6	9,2	2,7	1,5	1,0
	weibl.	—	6,1	1,8	1,9	—

Häufig wirken auch Standesanschauungen und Standesvorurteile auf die Wahl der Selbstmordmittel ein. So würden Offiziere, höhere Beamte, Ärzte, Rechtsanwälte sowie Angehörige anderer akademischen Berufe, ebenso Studenten, die z. B. durch den Strick ihrem Leben ein Ende bereiten würden, von ihren Gesellschaftsschichten abfällig beurteilt werden, weil sie nicht zur Schußwaffe gegriffen haben. Das weibliche Geschlecht wiederum meidet in vielen Fällen aus Eitelkeit solche Todesarten, durch die der Körper verunstaltet wird. Die Frauen wählen daher solche, die das Äußere ihres Körpers nicht verändern, wie Gift und Wasser. (Ist für das Letztere nicht vielleicht ein Beispiel die „Inconnue de la Seine"?)

16. Ein für die Erforschung der Selbstmörderpsyche besonders wichtiges, aber ebenso schwieriges Aufgabengebiet ist die stati-

Die Arten des Selbstmordes in den einzelnen Altersklassen im Deutschen Reich.

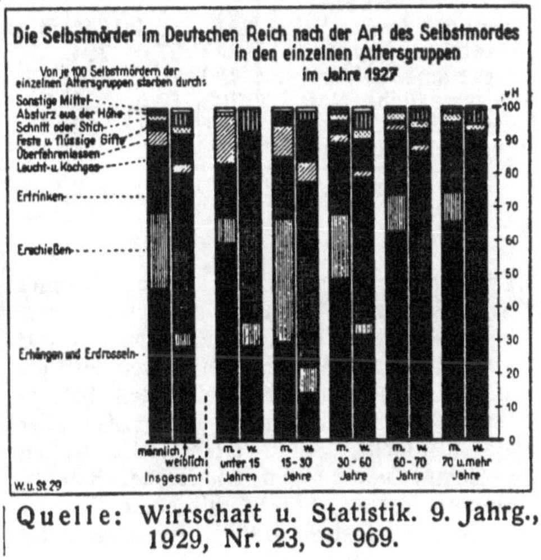

Quelle: Wirtschaft u. Statistik. 9. Jahrg., 1929, Nr. 23, S. 969.

stische Beobachtung der wahren Beweggründe oder Motive, die den Selbstmörder zum freiwilligen Austritt aus dem Leben veranlaßt haben. Das Haupthindernis, das einer exakten und für wissenschaftliche Zwecke brauchbaren zahlenmäßigen Motivenfeststellung entgegensteht, ist in dem Umstand begründet, daß sehr häufig die wirklichen Motive überhaupt nicht oder nur in subjektiv gefärbter Darstellung der Hinterbliebenen zur behördlichen Kenntnis gelangen.

Krose hat diese Schwierigkeiten durch folgende Sätze treffend gekennzeichnet (a. a. O. II, S. 59):

„Nur in den wenigsten Fällen hinterlassen die Selbstmörder eine Aufzeichnung über die Beweggründe ihrer Handlungsweise, und selbst diesen Angaben ist nicht immer zu trauen. Oft sind derartige Schriftstücke geradezu in der Absicht abgefaßt, die mit der Nachforschung beauftragten Personen über die wahren Motive zu täuschen. Man sollte es nicht für möglich halten, daß der Ehrgeiz Menschen, die unmittelbar vor der Ausführung eines solchen Entschlusses stehen, zu dem Versuche verleiten kann, durch eine lügnerische Angabe sich eine gewisse Berühmtheit zu verschaffen, und doch ist das eine Tatsache, die gar nicht selten vorkommt. In anderen Fällen ist es der Wunsch, die Angehörigen vor Nachteil und Schande zu bewahren, oder aber im Gegenteil die Begierde, noch im letzten Augenblick einem verhaßten Gegner eine Verlegenheit zu bereiten, welche die Selbstmörder zu falschen Angaben veranlassen.

Noch schwieriger ist die Feststellung der Motive, wenn jede Aufzeichnung von seiten des Täters fehlt. Man denke nur, wie viele Leichen von Selbstmördern im Wasser oder in entlegenen Gehölzen gefunden werden, bei denen es kaum möglich ist, den Namen oder Herkunftsort zu ermitteln. Das größte Hindernis für eine zuverlässige Feststellung der Motive liegt aber darin, daß die zur Erteilung der Auskunft in erster Linie Befähigten und Berufenen, also in der Regel die Angehörigen des Selbstmörders, sehr häufig ein Interesse daran haben, die wahren Beweggründe zu verschleiern.“

Trotz dieser verschiedenen Faktoren, die eine genaue statistische Beobachtung der Motive beeinträchtigen, wird in einer Reihe von Staaten im Rahmen der Selbstmordstatistik den Beweggründen Beachtung geschenkt. Daneben bietet auch die Städtestatistik des In- und Auslandes — nicht selten in Kombination mit individuellen und sozialen Merkmalen der Selbstmörder — Daten über die Motive zur Tat.

So wurde bis vor kurzem in Preußen eine Statistik der Beweggründe bearbeitet. Ihre Ergebnissse für die letzten Erhebungsjahre (die Veröffentlichung wurde 1929 eingestellt) sind in der Tabelle 19 dargestellt.

19. Die Ursachen der Selbstmorde in Preußen.

Art der Ursachen	1927						1928					
	männl.		weibl.		Summe		männl.		weibl.		Summe	
	insges.	%	insges.	%	insges.	%	insges.	%	insges.	%	insges.	%
Geistes- u. Nervenkrankheiten	2243	33,4	1245	45,1	3488	36,8	2244	33,5	1344	47,3	3588	37,6
Gemütsbewegungen .	1848	27,6	704	25,5	2552	26,9	1805	27,0	687	24,2	2492	26,1
Körperliche Leiden .	720	10,7	347	12,5	1067	11,3	790	11,8	357	12,6	1147	12,0
Wirtschaftliche Not .	703	10,5	126	4,6	829	8,8	665	9,9	103	3,6	768	8,1
Lebensüberdruß . . .	181	2,7	56	2,0	237	2,5	185	2,8	52	1,8	237	2,6
Unbekannte Ursachen	1012	15,1	285	10,3	1297	13,7	1001	15,0	297	10,5	1298	13,6
Insgesamt	6707	100,0	2763	100,0	9470	100,0	6690	100,0	2840	100,0	9530	100,0

Sie zeigen zunächst, daß die Zahl der Männer die der Frauen bei allen Beweggründen überwiegt, weiterhin, daß der Hauptanteil auf die Geistes- und Nervenkrankheiten entfällt und daß dieser bei den weiblichen Selbstmördern wiederum beinahe die Hälfte aller Fälle ausmacht. An zweiter Stelle stehen die Gemütsbewegungen wie Reue, Scham, Kummer, Trauer, Furcht mit einem Viertel der Gesamtselbstmordfälle. Es folgen an dritter Stelle körperliche Leiden, wobei ebenfalls das weibliche Geschlecht stärker beteiligt ist als das männliche. Als weitere Motive sind wirtschaftliche Not, Nahrungssorgen und Arbeitslosigkeit zu nennen, die in der Berichtsperiode und in der Folgezeit von Jahr zu Jahr bis zur Machtübernahme durch die nationalsozialistische Regierung immer größere Opfer forderten. Eine bedeutende Rolle spielt bei den männlichen

Selbstmördern der Alkoholismus als Beweggrund. Der bekannte Medizinalstatistiker Prinzing hat in einem Aufsatz: „Statistisches zum Selbstmordproblem" (vgl. Medizinische Welt, Jahrg. 1929, Nr. 49, S. 1775) nachgewiesen, daß beim männlichen Geschlecht mehr als der vierte Teil und in vollem Mannesalter ein Drittel der Selbstmorde durch Alkoholismus herbeigeführt wird.

Die Gemütsbewegungen als Ursache zum Selbstmord sind für das Jahr 1928 von der preußischen Selbstmordstatistik noch u. a. in folgende Unterarten gegliedert worden:

Ursachen	männl.	weibl.	insgesamt
Liebeskummer . .	296	233	529
Familienzwist . .	267	147	414
Strafbare Handlungen	386	47	433
Gekränktes Ehrgefühl	32	9	41
Tod eines Familienmitgliedes . . .	43	43	86
Alimentenzahlungen	30	—	30
Außereheliche Schwangerschaft	—	42	42

Dem Alter nach, das ebenso wie das Geschlecht auf die Beweggründe einen maßgebenden Einfluß ausübt, ergibt sich für diese an Hand der statistischen Daten von Preußen während der letzten Zeit (1926/28) folgende Häufigkeit:

Lebensüberdruß besonders in höherem Alter. Körperliche Leiden, die den Menschen das ganze Leben hindurch begleiten, in allen Altersklassen, desgleichen Geistes- und Nervenkrankheiten. Wirtschaftliche Not, vom 20. Lebensjahr an aufsteigend. Gemütsbewegungen die meisten Fälle von 15—40 Jahren, in der Folgezeit langsam abfallend.

Liebeskummer bei den Selbstmörderinnen besonders in den Altersjahren von 15—25, Familienzwistigkeiten 20—40, strafbare Handlungen 15—20, Tod eines Familienangehörigen besonders in vorgerücktem Alter, außereheliche Schwangerschaft vorwiegend im Alter von 15—25.

Im Rahmen der Ausführungen über die Selbstmordmotive sind noch diejenigen Fälle zu erwähnen, in denen — meist bei Familientragödien, Eifersuchtstaten und Ähnlichem — der Täter nach Vollbringung eines Mordes oder Totschlags — häufig aus Verzweiflung — seinem Opfer freiwillig in den Tod folgt. Aufschluß hierüber gibt z. B. für Preußen der „Wegweiser durch die Polizei":

20. Selbstmorde von Mördern und Totschlägern in Preußen nach der Tat.

Jahre	Gesamtzahl der Fälle	davon Selbsttötung des Täters in Fällen insgesamt	%
		Mord	
1927	322	113	35,1
1928	298	111	37,2
1929	260	91	35,0
1930	295	97	32,9
1931	316	95	30,1
		Totschlag	
1927	193	24	12,4
1928	182	23	12,6
1929	155	26	16,8
1930	189	18	9,5
1931	171	26	14,8
		Mordversuch	
1927	176	—	—
1928	161	7	4,3
1929	170	5	2,9
1930	154	2	1,3
1931	176	2	1,1
		Totschlagsversuch	
1927	75	1	1,3
1928	104	1	0,96
1929	73	1	1,4
1930	98	3	3,0
1931	102	—	—

Im Durchschnitt der Jahre 1927/31 erfolgte danach bei Morden in 34 % der Fälle, bei Mordversuchen in 13 %, bei Totschlägen und Totschlagversuchen, dagegen nur in 1,9 % bzw. 1,3 % der Fälle Selbsttötung des Täters. Für diese äußerst bemerkenswerte Erscheinung gibt Sauer folgende Erklärung:

„Wie die Mörder jenes reinen Typs sehr häufig selbst bei ruhigem Nachdenken oder bei ethischer Belehrung, der sie selbst bekanntlich meist sehr zugänglich sind, ihre Tat auffassen und wie eindringlich ihnen dann selbst das Ungeheuerliche der Tat in das Bewußtsein tritt, beweist die Erfahrungstatsache, daß sie — im Gegensatz zu den Totschlägern — so oft Selbstmord begehen oder nach ihm verlangen. Das ist sicher nicht Feigheit, nicht Furcht vor Strafe; es ist vielmehr meist Erkenntnis ihrer Schwäche, ist Verzweiflung an dem eigenen Ich, bitterste Reue, Selbstvergeltung und Selbstsühne. Unter den „reinen Mördern" befinden sich nicht selten Idealisten, die in ihrer „Reinheit" (im Doppelsinn des Wortes) nie einen Verrat, nie einen Betrug begehen würden.

Dem reinen Mordtyp gegenüber erscheint selbst der Totschlag als verwerflicher, denn dort steht der Täter mit dem eigenen Ich für seine Tat ein, während hier weit mehr Zufall, Leichtsinn und Rücksichtslosigkeit entscheiden." (Vgl. „Kriminalsoziologie", Berlin-Grunewald 1933, II, 218.)

Im Ausland wird augenblicklich eine reich gegliederte Motivenstatistik von Frankreich geführt, die wegen ihrer Kombination mit dem Beruf der Selbstmörder besonders lehrreich ist, ferner von Bulgarien, Estland, Lettland, den Niederlanden, Spanien, Ungarn und Mexiko. Ein internationaler Vergleich der Motivenstatistik ist allerdings wegen der verschiedenen Bezeichnung und Gliederung der Motive oder Ursachen in den einzelnen Ländern nicht möglich, im Gegensatz zu der internationalen Vergleichsmöglichkeit der individuellen und sozialen Eigenschaften der Selbstmörder und der einzelnen Merkmale ihrer Tat, sofern diese auf Grund der nach einer internationalen Nomenklatur bearbeiteten Todesursachenstatistik gewonnen sind.

17. Zum Abschluß dieses äußerst umfangreichen und vielseitigen Gebietes der Selbstmordstatistik und ihrer praktischen Ergebnisse sind noch kurz die Selbstmordversuche zu behandeln, deren statistische Erfassung nicht minder bedeutsam ist als die der vollendeten Selbstmorde. Ihre exakte und zuverlässige Durchführung ist jedoch mit noch größeren Schwierigkeiten als die Methode der eigentlichen Selbstmordstatistik verknüpft, weil die mißlungenen Selbstmordversuche, namentlich wenn — wenigstens zunächst — der selbstmörderische Wille seitens des Täters aufgegeben ist, hernach noch leichter unter Mitwirkung der Angaben des Täters als harmlose Unglücksfälle dargestellt werden, als es bei einem gelungenen Selbstmord der Fall ist. Die methodischen Schwierigkeiten bestehen weiterhin darin, daß viele den Selbstmordversuch hauptsächlich in Straf- oder Erziehungsanstalten fingieren, um dadurch eine bessere und leichtere Behandlung zu erhalten, andere wiederum, um dadurch die Aufmerksamkeit oder das Mitleid ihrer Umwelt auf sich zu lenken.

Die Statistik der Selbstmordversuche ist jedenfalls noch sehr wenig entwickelt. Nachweise über die Selbstmordversuche finden sich zur Zeit in der Statistik von Ägypten, Bulgarien, England, Estland, Spanien und Ungarn, ferner in den Polizeistatistiken einer Reihe von in- und ausländischen Haupt- oder Großstädten.

Die Kriminalstatistik von England und Wales, wo der Selbstmordversuch noch strafrechtlich verfolgt wird, verzeichnet hierüber folgende Ergebnisse. Es wurden der Polizei Selbstmordversuche bekannt im Durchschnitt:

Jahre	absolut	auf 1 Mill. Einwohner
1900—09	2331	69,3
1910—14	2426	66,8
1915—19	1213	36,0
1920—24	1585	41,5
1925—29	2560	65,2
1930	3053	76,7
1931	3115	77,9
1932	3299	82,1

Nimmt man die Zahl der vollendeten Selbstmorde mit je 100 an, so entfallen hierauf nach dem vorliegenden Material Selbstmordversuche in Budapest 392 (1925/28), Mailand 328 (1921/25), Wien 189 (1930/33), Ägypten 161 (1929/31), Tokio 73 (1922/27), Mexiko 62 (1927/31), Berlin 60 (1930/33), England und Wales 52 (1925/32), Paris 36 (1925/28), Bulgarien 35 (1929/31), Estland 24 (1923/32) und Spanien 19 (1906/29). Es sind also bedeutende Unterschiede, die sich bei diesen Verhältnisziffern ergeben.

Nachweisungen über Selbstmordversuche enthalten weiterhin einige Spezialstatistiken, so z. B. die in einem der obigen Abschnitte (14b α) erwähnte Statistik über die „Gefangenenanstalten der Justizverwaltung in Preußen". Danach wurden in den preußischen Strafanstalten begangen

Rechnungsjahre	Selbstmordversuche			
	ernstlich gemeinte von		nicht ernstlich gemeinte von	
	Männern	Frauen	Männern	Frauen
1925/26	98	15	212	17
1926/27	113	11	231	40
1928/29	111	11	203	21
1928/29	78	8	210	14
1929/30	85	9	234	24

Es steht wohl außer Zweifel, daß die nicht ernstlich gemeinten Selbstmordversuche von den Gefangenen in den meisten Fällen begangen werden, um gewisse Vorteile im Strafvollzuge zu erzielen, wie etwa Kostvergünstigungen, Arbeitswechsel, Verlegung, oder um auf dem Wege über das Krankenhaus in die Freiheit zu kommen.

Ferner finden sich — was deutsche Verhältnisse anbetrifft — Angaben über Selbstmordversuche von Militärpersonen und Polizeibeamten in den gleichfalls schon genannten „Sanitätsberichten für das Reichsheer und die Reichsmarine" sowie im „Wegweiser durch die Polizei".

Schrifttum:

J. P. Süßmilch, Die göttliche Ordnung in den Veränderungen des menschlichen Geschlechts, 4. Aufl., Berlin 1775. — A. Quetelet, Sur l'homme et le développement de ses facultés ou essai de physique sociale, Paris 1835. Deutsche Ausgabe von A. V. Riecke, Stuttgart 1838. — E. Lisle, Du suicide statistique, médecine, histoire et législation, Paris 1856. — A. Wagner, Die Gesetzmäßigkeit in den scheinbar willkührlichen menschlichen Handlungen vom Standpunkt der Statistik, Hamburg 1864. Zweiter Teil, Statistik willkührlicher Handlungen, I. Statistik der Selbstmorde. — A. Brierre de Boismont, Du suicide et de la folie suicide, Paris 1865, 2 ed. — O. Hausner, Vergleichende Statistik von Europa, Lemberg 1865, I. Bd., Selbstmorde, S. 171ff. — M. W. Drobisch, Die moralische Statistik und die menschliche Willensfreiheit, Leipzig 1867. — C. H., Die Selbstmorde in Preußen im IV. Quartal 1868 und im Jahre 1869. Zeitschrift des Königlich Preußischen Statistischen Bureaus, Berlin 1871, 11. Jahrg., S. 41, insbesondere § 4, Übersicht der amtlich veröffentlichten Nachweisungen über Selbstmord in den verschiedenen Staaten Europas, S. 51ff. — Bonomi, Statistische Betrachtungen über den Selbstmord, Zeitschrift für schweizerische Statistik, 7. Jahrg., 1871, S. 250. — E. Morselli, Il suicidio. Saggio di statistica morale comparata, Milano 1879. Eine deutsche, autorisierte Ausgabe von H. v. Scheel ist als Band der „Internationalen wissenschaftlichen Bibliothek", erschienen unter dem Titel „Der Selbstmord. Ein Kapitel aus der Moralstatistik", Leipzig 1881. — A. Legoyt, Le suicide ancien et moderne, étude historique, philosophique, morale et statistique, Paris 1881. — Th. G. Masaryk, Der Selbstmord als soziale Massenerscheinung der modernen Zivilisation, Wien 1881. — M. Haushofer, Lehr- und Handbuch der Statistik, Wien 1882, III. Kapitel, § 230, Der Selbstmord, S. 474ff. — A. v. Oettingen, Die Moralstatistik in ihrer Bedeutung für eine Sozialethik, 3. Aufl., Erlangen 1882. — A. Corre, Crime et suicide, Paris 1891. — K. Becker, Die Jahresschwankungen in der Häufigkeit verschiedener bevölkerungs- und moralstatistischer Erscheinungen. Allgemeines Statistisches Archiv, Tübingen 1891/92, 2. Jahrg., S. 22ff. — R. Rehfisch, Der Selbstmord, Berlin 1893. — L. Bodio, Movimento della popolazione in alcuni stati d'Europa e d'America, Parte II. Statistica delle morti negli anni 1874—1894, Bulletin de l'Institut International de Statistique, Tome X, 1, Roma 1897, S. XXXIVff. — E. Durkheim, Le suicide, étude de sociologie, Paris 1897. — H. A. Krose, I. Der Selbstmord im 19. Jahrhundert nach seiner Verteilung auf Staaten und Verwaltungsbezirke, Freiburg i. Br. 1906. — Derselbe, II. Die Ursachen der Selbstmordhäufigkeit, ebenda 1906. — R. Gaupp, Über den Selbstmord, 2. Aufl., München 1910. — O. v. Schjerning, Sanitätsstatistische Betrachtungen über Volk und Heer, Bibliothek v. Coler-v. Schjerning, Bd. 28, Berlin 1910. — F. Prinzing, Handbuch der medizinischen Statistik, Jena 1906, 2. Aufl., 1931. — F. Brachelli-F. v. Juraschek, Die Staaten Europas, Leipzig 1907, 4. Abschn., 5. Kap., Die Selbstmorde, S. 363ff. — E. Tarnowski, Le suicide et la criminalité au Japon, Arch. d'Anthropologie criminelle, Jahrg. 1907, Nr. 168. — J. R. B. de Roos, Inleiding tot de beoefening der crimineele aetiologie met gebruikmaking van Nederlandsche gegevens, Haarlem 1908, Hoofdstuck III, § 2, Zelfmoord, S. 72ff. — G. v. Mayr, I. Selbstmordstatistik, Handwörterbuch der Staatswissenschaften, 3. Aufl., Jena 1911, Bd. VII. — Derselbe, Statistik und Gesellschaftslehre, 3. Bd., Moralstatistik mit Einschluß der Kriminalstatistik, Tübingen 1917, III. Abschn., 2. Kap. Selbstmordstatistik, S. 258ff. — G. Füllkrug, I. Der Selbstmord. Eine moralstatistische und volkspsychologische Untersuchung, Schwerin i. M. 1919. — Derselbe, II. Der Selbstmord in der Kriegs- und Nachkriegszeit, Schwerin i. M. 1927. — E. Ferri, I. Un secolo di omicidii e di suicidii in Europa, Bulletin de l'Institut International de Statistique, Roma 1926, Tome XXII, 3, S. 418ff. — Derselbe, II. L'omicidio-suicidio, Torino 1926. — F. Zahn, I. Selbstmordstatistik, Handwörterbuch der Staatswissenschaften, Jena 1925, 4. Aufl., Bd. VII. — Derselbe, II. Internationale Kulturstatistik, Bulletin de l'Institut International de Statistique, Roma 1926, Tome XXII, 3, S. 28ff. — M. N. Gernet, Prestopnostj i Samoubijstwa wo wremja woini i posle neje (Verbrechen und Selbstmord während und nach dem Kriege), Moskau 1927. — M. Grünewald, Über Selbstmordstatistik, Monatsschr. für Kriminalpsychologie und Strafrechtsreform, Heidelberg 1927, 18. Jahrg., S. 41. — H. Rost, I. Bibliographie des Selbstmordes, Augsburg 1927. (In diesem über 400 Seiten starkem Werk ist die gesamte Literatur über den Selbstmord — nach Sachgebieten geordnet und mit eingehenden textlichen Erläuterungen versehen — zusammengetragen.) — Derselbe, II. Der Selbstmord im Lichte der Statistik, Soziale Revue, Zeitschr. für die sozialen Fragen der Gegenwart, Essen 1904, 4. Jahrg., S. 30, 259, 345ff. — Derselbe, III. Der Selbstmord als internationales Kulturproblem, Neue Zürcher Ztg. vom 25. XI. 1933. — Derselbe, IV. Selbstmord als internationale Erscheinung, Kölnische Volksztg. vom 14. III. 1931. — Derselbe, V. Der Selbstmord als sozialstatistische Erscheinung, Köln 1905. — F. Tönnies, Der Selbstmord in Schleswig-Holstein, Breslau 1927. — H. Albrecht,

Selbstmord und Wirtschaftskrise, Monatsschr. für Kriminalpsychologie und Strafrechtsreform, Heidelberg 1931, 22. Jahrg., S. 567. — A. Busch, Der Zug des Selbstmordes, Monatsschr. für Kriminalpsychologie und Strafrechtsreform, Heidelberg 1931, 24. Jahrg., S. 218ff. — H. Dornedden, Der Selbstmord in Deutschland, Deutsche Medizinische Wochenschr., Jahrg. 1931, Nr. 41. — D. Wessinger, Über den Selbstmord bei Frauen in den ersten zehn Jahren nach dem Kriege, Veröffentlichungen aus dem Gebiete der Medizinalverwaltung, Berlin 1933, XL. Bd., 2. Heft (der ganzen Sammlung 351. Heft).

Ernst Roesner.

Selbstschutz.

A. Rechtsschutz des Volkes.

1. Bei dem Schutz der Allgemeinheit vor verbrecherischen Taten kann das Publikum durch Achtsamkeit mithelfen. Zur Achtsamkeit gehört, wenn sie erfolgreich sein soll, eine gewisse Kenntnis von den typischen Schlichen und Kniffen, die zum Schaden Ehrlicher und Ahnungsloser von Gaunern und Übeltätern angewandt zu werden pflegen. Häufig genug kann namentlich dem „Gelegenheits"-Verbrecher die Tat vereitelt werden, wenn man ihm die Gelegenheit nicht bietet. So hat man nicht mit Unrecht, eingedenk des Sprichworts „Gelegenheit macht Diebe", von Eigentümern und Besitzern verlangt, daß sie ihre Wertsachen nicht gerade vor unbekannten Fremden oder vor ihren Hausangestellten so liegen oder sehen lassen, daß ein Anreiz zur Begehung des Diebstahls geboten wird. In gleicher Richtung liegt die Pflicht der Einrichtung technischer Sicherungen, die unten zu B. (S. 577ff.) im einzelnen erörtert werden.

Notwendig erscheint eine Aufklärung in weitestem Sinne, und es ist neuerdings von der preußischen Justizverwaltung als eine Aufgabe der Justiz — neben den vielseitig vorbeugenden Aufgaben der Polizei — angesehen worden, daß — nach einer Anordnung des Preußischen Justizministers vom 15. V. 1934 (Die Justiz, 1934, S. 634) — die Justiz „das ihre tun muß, um die ehrliche arbeitende Bevölkerung rechtzeitig vor ihr drohenden Angriffen asozialer Elemente zu warnen, um sie rechtzeitig auf besonders gefährliche Mittel und Wege des Verbrechertums und die Geschäftspraktiken unlauterer Elemente aufmerksam zu machen. Die aufmerksam gewordene schaffende Bevölkerung wird dann vielfach schon durch ihre Aufmerksamkeit dem Verbrechertum das Handwerk erschweren und sich selbst vor Schaden bewahren können". Der Preußische Justizminister hat daher in seinem Ministerium ein Referat für diese Aufgaben in engster Zusammenarbeit mit dem Pressereferat errichtet und hat angeordnet, daß in jedem Oberlandesgerichtsbezirk ein oder mehrere Richter oder Staatsanwälte mit der Aufgabe betraut werden, alle im Bezirk beobachteten, zur Schädigung des schaffenden Volkes besonders gefährlichen Mittel und Wege asozialer Elemente zu sammeln und jeweils alsbald dem Ministerium mitzuteilen. Die Erfahrungen der Richter, Staatsanwälte, Rechtsanwälte und Notare sollen dieser Aufgabe dienstbar gemacht werden, und die Zeitschrift „Deutsche Justiz" hat bereits damit begonnen, solche Erfahrungen und Warnungen zu veröffentlichen mit dem ausdrücklichen Wunsch, daß diese amtlichen Kundgebungen, Warnungen und Hinweise unter Quellenangabe nachgedruckt werden, damit sie dadurch ihre aufklärende Wirkung im Volke tun können.

2. Dort ist bereits ausführlich die Rede von dem Darlehns- und Hypotheken-Vermittlungsschwindel („Deutsche Justiz", 1934, S. 664), der von gerissenen und redegewandten Leuten ausgeübt wird, die durch Inserate darlehnsbedürftige Personen suchen, diesen aber nur Provisionen und Bearbeitungsgebühren oder auch Inseratkosten entlocken, ohne ihnen jemals ein Darlehen vermitteln zu können oder überhaupt zu wollen; weiter von dem Heiratsvermittlungs-Schwindel („Deutsche Justiz", 1934, S. 762, s. a. d. Art. Heiratsschwindel oben Bd. I S. 661) der — neben durchaus redlichen Unternehmungen des Ehevermittlungsgewerbes — es nur auf den „Vorschuß" abgesehen hat und mit betrügerischen Mitteln arbeitet (auf Grund des § 421 StGB. kann die künftige Ausübung des Berufs verboten werden); weiter von der Wahrsagerei („Deutsche Justiz", 1934, S. 992), die, sofern sie überhaupt mit geldlicher Entlohnung arbeitet, dadurch von vorn herein ihre betrügerische Einstellung verrät. In dem Kampfe gegen den Wahrsageschwindel (s. d. Art. Wahrsagen) ist mancherlei gesetzliche Handhabe bereits gegeben (§ 360 Ziff. 11 StGB., § 4 UnlWG., § 148 Ziff. 7 GewO., daneben landesrechtliche und ortspolizeiliche Verbote).

Bei der zu erwartenden Fortsetzung dieser Warnungsstimmen zum Rechtsschutz des Volkes mit Hilfe der Justiz wird die Öffentlichkeit vermutlich noch mancherlei von dem Inseratschwindel überhaupt erfahren, bei welchem getarnte, für den Eingeweihten verständliche, für den Ahnungslosen irreführenden Zeitungsanzeigen (s. d. Art.) eine Rolle spielen, sei es daß es sich um unzüchtige

Dinge handelt, sei es daß Geldprellereien aller Art damit bezweckt werden.

Auch der Kautionsschwindel verdient ernsteste Beachtung; häufig hat es der die Kaution Verlangende nur auf diese abgesehen.

Ein besonderes Kapitel ist das — jetzt durch den Werberat und die Polizeiverwaltungen bereits energisch bekämpfte — Unwesen der wettbewerblichen Preisausschreibungen, sofern es sich dabei nicht um echte Auslobungen oder lautere Reklamemaßnahmen, sondern um ein Mittel handelt, auf solchem Wege Warenproben als bezahlte Waren abzusetzen oder sich durch eine Fülle kleiner „Unkostenbeiträge" zu bereichern. Der Fall, wo in einem sonst ganz leichten Rätsel einige Stellen vorkommen, die überhaupt nur (aber dann ganz sicher) gelöst werden können, wenn man in einem einschlägigen Geschäft sich eine Packung der betreffenden Ware kauft, liegt schon stark auf der Grenze des unredlichen Preisausschreibens; noch deutlicher wurde die unsachliche, lediglich auf Gelderwerb unmittelbar durch das Preisausschreiben bedachte Methode, als eine Zahnpasta-Gesellschaft — die anscheinend hernach den Betrieb überhaupt nicht regulär geführt hat — ein sehr verlockendes Preisangebot mit einem raffiniert ausgeklügelten Silbenrätsel erlassen hatte, bei welchem ein paar mehrdeutige Punkte als Fallen benutzt waren, damit möglichst niemand die „allein richtige" Lösung finden konnte (vgl. Näheres in meinem Aufsatz „Wettbewerbliche Preisausschreiben — Ausspielung oder Auslobung?" in Jur. Rdsch., 1933, S. 211 ff.).

3. Handelte es sich in allen bisher erwähnten Gruppen und Beispielen um den Schutz des Volkes vor betrügerischen Maßnahmen, so gehört zu dem gesamten Schutz vor dem Verbrechen weiter auch die Warnung — namentlich für Kinder und halbwüchsige Mädchen —, mit unbekannten Männern auf einsame Wege oder in Wohnungen und Lokale zu gehen, bei Reisebekanntschaften stets die nötige Vorsicht walten zu lassen, übel beleumundete Gaststätten zu meiden, sich nicht mit fremden Personen an den Spieltisch zu setzen, Unbekannten nicht unbedachterweise Einlaß in die Wohnung zu gewähren, Industrie- und Geschäftsgeheimnisse nur erprobten Angestellten anzuvertrauen, namentlich auch Hausangestellte vor den mancherlei Gefahren zu warnen, denen sie sich und den Haushalt durch zu große sachliche und persönliche Vertrauensseligkeit aussetzen, und vieles andere mehr. Denn der Verbrecher geht zumeist auf Umwegen zum Ziel und sucht die Stelle des geringsten Widerstandes. Die Massenmörder der letzten Jahrzehnte fanden ihre Opfer, indem sie Obdachlosen Arbeit oder Unterkunft anboten oder Ahnungslose in einsame Gegenden geleiteten oder in fremde Behausungen lockten. Auch der bessere Schutz der Kassenboten und Geldbriefträger gehört in den Umkreis dieser Fragen, bei denen durch Aufklärung und Warnung Aller, auch des zunächst unbeteiligten Publikums, der vorbeugende Schutz gegen die Verbrecher gefördert werden muß.

Alexander Elster.

B. Technischer Selbstschutz, insbesondere gegen Diebstahl und Einbruch.

1. Neben der Pflicht, strafbare Handlungen aufzuklären, hat die Polizei auch die Aufgabe, vorbeugend zu wirken. In den Zeiten gesteigerter Kriminalität, wie sie hinter uns liegen, reichten die Kräfte der Polizei jedoch nicht aus, um jedem Bürger den erwünschten Schutz für sein Eigentum angedeihen zu lassen. Der Bürger mußte daher selbst Maßnahmen ergreifen, um sich und sein Eigentum gegen unberechtigte Eingriffe zu schützen. Es entstand der Leitsatz: Selbstschutz ist staatsbürgerliche Pflicht.

Um diesen Gedanken weiter zu entwickeln und die Selbstschutzmaßnahmen zu fördern, entstanden nach dem Weltkriege vereinzelt private Einrichtungen, die es sich zur Aufgabe gemacht hatten, die Bevölkerung über zweckmäßige Schutzmaßnahmen zur Verhütung von Diebstählen zu beraten.

Diese privaten Stellen mußten aber bald ihre Tätigkeit wieder aufgeben, da sie mehr oder weniger auf Erwerb eingestellt waren und die für eine Beratungstätigkeit erforderliche Unabhängigkeit kaum besaßen.

Im Jahre 1921 wurde auf Anordnung des Preußischen Ministeriums des Innern beim Polizeipräsidium Berlin eine amtliche Beratungsstelle zum Schutz gegen Einbruch und Diebstahl ins Leben gerufen.

Aufgabe der Dienststelle sollte es sein, die an den Einbruchstatorten gemachten Erfahrungen zu sammeln und auszuwerten. Die ratsuchende Bevölkerung sollte dann die Möglichkeit haben, von Kriminalbeamten, welche gleichzeitig eine abgeschlossene handwerkliche Ausbildung hatten, über die jeweils zweckmäßig erscheinenden Verhütungsmaßnahmen aufgeklärt zu werden.

Da die an den Tatorten gesammelten Erfahrungen auch erkennen ließen, welche Fehler den einzelnen technischen Vorrichtungen anhafteten, war es weiter möglich, den Herstellern von Sicherungseinrichtungen Verbesserungsvorschläge zu machen. Schließlich führte das enge Zusammenarbeiten mit den Dienststellen, welche mit der Aufklärung von Einbruchsdiebstählen befaßt sind, dazu, daß in vielen Fällen an Hand der technischen Arbeit, welche am Tatort vorgefunden wurde, Schlüsse auf bestimmte Täterkreise gezogen werden konnten.

Auch die Feststellung, mit welchen technischen Mitteln und auf welche Weise die Täter vorhandene Sicherungsvorrichtungen überwunden hatten, konnte häufig durch Untersuchung der Türen und Schlösser getroffen werden.

Es entwickelte sich so im Laufe der Jahre eine technische Hilfsarbeit, wie sie in ähnlicher Form der Erkennungsdienst in bezug auf die Spurensicherung durchführt.

Die Einzelheiten über den Aufgabenkreis der Beratungsstelle sind aus dem nachfolgenden Arbeitsplan ersichtlich.

Arbeitsplan.

I. Aufgabenkreis.

A. Erteilung von Ratschlägen und Auskünften über Verhütung strafbarer Handlungen 1. allgemein durch a) Veröffentlichungen in der Presse, b) Vorträge (und Filme), c) Herausgabe von Merkblättern, 2. in Einzelfällen durch Beratung a) von Behörden und Beamten, b) von Privatpersonen.

B. Organisatorische Maßnahmen. 1. Heranbildung geeigneter Beamten für den Beratungsdienst, 2. Beaufsichtigung und Gewährleistung der Beratungstätigkeit nach einheitlichen Grundsätzen, 3. Mitwirkung bei Einrichtung weiterer Kriminalberatungsstellen.

II. Innere Einrichtung.

A. Sammlung und Auswertung von Erfahrungen, Wahrnehmungen und Vorschlägen, welche bei Bekämpfung strafbarer Handlungen durch vorbeugende Maßnahmen gemacht worden sind, 1. von anderen Dienststellen und Behörden, 2. von Privatpersonen.

B. Einrichtung einer Registratur und Erledigung des Schriftverkehrs (gemäß Absatz A), insbesondere Beurteilung (nicht Begutachtung) neuer Erfindungen, Ideen und Anregungen.

C. Anlegung von Materialsammlungen und Führung von Karteien 1. über bestimmte Systeme von Sicherungsanlagen gegen Einbruchsdiebstähle, besonders a) für öffentliche Gebäude, b) Banken, c) Privathäuser, d) Wohnungen, e) Geschäfte, f) Lagerräume usw.; 2. über die verschiedenen Arten des Eindringens bei Einbruchsdiebstählen z. B. a) Einsteigediebe (Fassadenkletterer), b) Nachschlüsseldiebe, c) Einschleichdiebe; 3. über Gewohnheiten und Tricks von Verbrechern, a) von Dieben und Einbrechern (Räubern), b) Brandstiftern, c) Betrügern, d) Urkundenfälschern, e) Sittlichkeitsverbrechern usw.; 4. über Straftaten und versuchte Straftaten, die durch vorbeugende Maßnahmen verhindert bzw. rechtzeitig entdeckt worden sind.

D. Beschaffung, Sammlung und Beurteilung des technischen Materials (Muster, Anpreisungen, Beschreibungen, Begutachtungen) zum Schutze gegen strafbare Handlungen in bezug auf 1. Einbruch und Diebstahl (Raub), 2. Betrug, 3. Urkundenfälschung.

E. Beschaffung von Modellen und Bildern von besonders lehrreichen Fällen.

F. Weiterbildung der Beamten in der Kriminalberatungsstelle 1. durch ständige Fühlung mit den Sachbearbeitern der Sonderdienststellen, 2. durch Besichtigung von Tatorten und Werkzeugen in wichtigen Fällen, 3. durch Besichtigung von Musteranlagen und Schutzeinrichtungen an Ort und Stelle, 4. durch Beschaffung und Auswertung geeigneter Literatur.

Die Einrichtung der Beratungsstelle fand in allen beteiligten Kreisen Anklang. Die Besucherzahlen wurden immer größer, die Erzeugnisse der inzwischen entstandenen Sicherungsindustrie wurden immer zahlreicher und in ihrem Sicherheitswert höher.

Auf Grund der in Berlin gemachten Erfahrungen entstanden allmählich bei allen Preußischen Staatlichen Polizeiverwaltungen und auch bei den Polizeiverwaltungen vieler anderer deutscher Länder Beratungsstellen nach dem Berliner Muster.

Als die strafbaren Handlungen auch auf dem Gebiete des Betruges einen immer größeren Umfang annahmen, erweiterte die Beratungsstelle ihre Tätigkeit auch auf dieses Gebiet. Dies war erforderlich geworden, da Preisrätselschwindel, Kautionsschwindel, Vermittlungsschwindel u. a. gerade bei den ärmeren Bevölkerungsschichten erheblichen Schaden verursachte.

2. Bei den vorbeugenden Maßnahmen zum Schutz gegen Einbruch und Diebstahl ist zu unterscheiden zwischen organisatorischen und technischen Maßnahmen. Allgemein gültige Regeln lassen sich hierfür nicht aufstellen. Es muß vielmehr von Fall zu Fall geprüft werden, welche Maßnahmen für das zu schützende Objekt am zweckmäßigsten erscheinen.

Als organisatorische Maßnahmen kommen in Frage Ausarbeitung von Verhaltungsmaßregeln für das Personal im Gefahrenfalle, Einrichtung eines zweckmäßigen Bewachungsdienstes sowie die Kontrollmöglichkeit desselben, Anordnungen betreffend die Aufbewahrung von Werten während der Betriebsruhe, die Unterweisung des Personals in der Bedienung vorhandener Sicherungsanlagen sowie über die Möglichkeit, auf schnellstem Wege Hilfe von außen herbeizurufen u. dgl.

Als technische Vorbeugungsmaßnahmen stehen mechanische und elektrische Sicherungen zur Verfügung.

Mechanische Sicherungen sind:

1. Schlösser und Verschlüsse,
2. Gitter,
3. Kassetten, Geldschränke und Tresore.

Die Schlösser kann man, abgesehen von ihrem Sicherheitswert, nach verschiedenen Gesichtspunkten einteilen. Je nach der Anbringungsart unterscheidet man Einsteckschlösser, Kastenschlösser und Hangschlösser. Einsteckschlösser sind Schlösser, welche in die Tür hineingesteckt werden, Kastenschlösser werden auf die Tür aufgeschraubt, Hangschlösser sichern die Tür mittels Kramme und Überwurf.

Bei den weiteren Ausführungen sollen die sogenannten einfachen Schlösser unberücksichtigt bleiben, da ihr Sicherheitswert nur gering ist.

Wenn die nachfolgend beschriebenen Schlösser als „Sicherheitsschlösser" bezeichnet werden, so muß man sich jedoch darüber klar sein, daß der Begriff „Sicherheitsschloß" kein feststehender ist. Er hat sich im Laufe der Jahre erheblich gewandelt, d. h. die Anforderungen, die an ein Sicherheitsschloß gestellt werden, sind entsprechend der technischen Fertigkeit der Einbrecher gestiegen.

Der Sicherheitswert eines Schlosses hängt ab von der Zahl und der Anordnung der Zuhaltungen, der Genauigkeit der inneren Einrichtung (des Eingerichtes), von der Stärke und dem Hub des Riegels sowie von der Art und Bearbeitung des zur Herstellung verwendeten Materials.

Nach der Art der Betätigung unterscheidet man bei den heute hauptsächlich gebräuchlichen Sicherheitsschlössern zwei Gruppen, nämlich die Drehschlüsselschlösser und die Stechschlüsselschlösser. Bei einem Drehschlüsselschloß werden die im Schloß befindlichen Zuhaltungen erst durch das Drehen des Schlüssels so eingestellt, daß sie den Schließriegel freigeben. Beim Stechschlüsselschloß dagegen bewirkt schon das Hineinstecken des Schlüssels in das Schloß die richtige Einstellung der Zuhaltungen.

Von der Gruppe der Drehschlüsselschlösser ist zweifellos das Chubbschloß am gebräuchlichsten und bekanntesten. Es wurde im Jahre 1778 in England erfunden und patentiert. Das Schloß ist kenntlich durch seinen Schlüssel, welcher einen Bart mit stufenförmigen Einschnitten besitzt. In der Regel entspricht jede Stufe einer im Schloß befindlichen Zuhaltung. Die Zuhaltungen sind kleine Metallplatten, gewöhnlich aus Stahl oder Messing, welche um einen Stift drehbar im Schloßkasten angebracht sind. In der Ruhelage halten sie den Schließriegel fest. Beim Schließen werden die Zuhaltungen durch die verschieden hohen Einschnitte im Schlüsselbart so weit gehoben, daß sie das Verschieben des Schließriegels ermöglichen. Nach den jetzigen Erfahrungen soll ein gutes Chubbschloß mindestens 8—10 unsymmetrisch angeordnete Zuhaltungen besitzen. Der Schlüssel zeigt dann die entsprechende Zahl von unsymmetrisch angeordneten Einschnitten. Derartige Schlösser lassen sich im allgemeinen von beiden Seiten nicht mit demselben Schlüssel schließen. Zur Betätigung des Schlosses von der Innenseite wird gewöhnlich ein zweiter kürzerer Schlüssel geliefert, dessen Barteinschnitte die umgekehrte Reihenfolge zeigen.

Für besondere Zwecke sind Chubbschlösser schon mit bis zu 32 Zuhaltungen versehen worden. Diese Schlösser werden dann mit Doppelbart- oder sogar mit Vierbartschlüsseln betätigt.

Chubbschlösser sind im allgemeinen zweitourig, d. h. der Schlüssel muß im Schloß zweimal um 360 Grad gedreht werden, um den Riegel voll auszuschließen. Es gibt auch eintourige und dreitourige Chubbschlösser. Neuerdings werden aber auch Schlösser hergestellt, welche bei einer Tour den Riegel so weit bewegen, wie es sonst bei anderen Schlössern durch zwei Touren geschieht. Diese Riegelbewegung nennt man Hub.

Nur wenige Jahre nach der Erfindung des Chubbschlosses wurde im Jahre 1784 das erste Stechschlüsselschloß bekannt. Es ist das nach seinem Erfinder benannte Brahmaschloß. Auch dieses Schloß ist an seinem Schlüssel erkenntlich. Der Schlüssel hat keinen eigentlichen Bart, sondern nur einen kleinen Bartansatz. Am Schlüsselende befinden sich meist sternförmig angeordnete Einschnitte oder Erhebungen, welche verschieden groß und verschieden geformt sind. Sie greifen beim Einführen des Schlüssels in die Zuhaltungen ein und drücken diese in die entsprechende Schließstellung. Im Schloß sollen mindestens fünf Zuhaltungen vorhanden sein.

Brahmaschlösser fanden früher fast ausschließlich zum Verschluß von Geldschränken Anwendung. Heute wird jedoch die reine Brahmakonstruktion kaum noch benutzt. Sofern Türschlösser in Frage kommen, sind sie so weit entwickelt worden, daß man nur noch von einer brahmaähnlichen Konstruktion sprechen kann.

Etwa Mitte des vorigen Jahrhunderts erfand der Amerikaner Yale ein weiteres Stechschlüsselschloß, welches in der Zwischenzeit große Verbreitung gefunden hat, das Zylinderschloß. Es besteht aus einem festangebrachten Außenzylinder und einem in diesem drehbaren Innenzylinder. In beiden Zylindern befinden sich Bohrlöcher, welche genau auf einander passen. Die Bohrlöcher nehmen die Zuhaltungen auf, welche die Form von Stiften haben. Es werden heute mindestens fünf solcher Stiftzuhaltungen für erforderlich gehalten. Durch die Einführung des Schlüssels werden die Stiftzuhaltungen so eingestellt, daß sie die Drehung des inneren Zylinders ermöglichen. Der Schlüssel des Zylinderschlosses ist ein Flachschlüssel und zeigt sägezahnartige Ausfräsungen.

Um die Sicherheit eines Schlosses zu erhöhen, hat man auch Schlösser konstruiert, bei denen die Einrichtungen des Drehschlüsselschlosses und des Stechschlüsselschlosses vereinigt sind. Diese Schlösser bezeichnet man als kombinierte Sicherheitsschlösser.

Mit diesen Schlössern darf man die Kombinationsschlösser nicht verwechseln. Zur Bedienung dieser Schlösser sind keine Schlüssel erforderlich, sie werden vielmehr dadurch betätigt, daß durch Drehen einer oder mehrerer Scheiben oder Ringe bestimmte Zahlen- oder Buchstabengruppen eingestellt werden, wodurch die Sperrung des Schließriegels aufgehoben wird.

In vielen Fällen ist die Sicherung mit Hilfe der üblichen Sicherheitsschlösser nicht ausreichend, da diese nur einen Riegel besitzen und der Tür dementsprechend auch nur an einer Stelle Halt geben. Kommen zweiflügelige Türen in Frage oder handelt es sich um den Schutz erheblicher Werte, erscheint es notwendig, Verriegelungen anzubringen, welche über ein Sicherheitsschloß zu betätigen sind. Derartige Verriegelungen schließen nach zwei Seiten, also nach oben und unten, nach drei Seiten usw. Wichtig ist, daß die Riegelstangen bis in das Mauerwerk hineingehen oder die Schließkolben im Mauerwerk verankert sind.

3. Die bisher beschriebenen Vorrichtungen werden im allgemeinen zur Sicherung der üblichen Eingänge benutzt. Für die sonst noch vorhandenen Maueröffnungen des zu sichernden Raumes (Fenster, Luken usw.) werden vielfach Gitter angebracht. Feste Gitter werden zweckmäßig tief in die Mauerwand eingelassen. Sofern das Gitter von einem Rahmen umgeben ist, muß dieser im Mauerwerk verankert werden. Verwendung guten Materials, kräftiger Stäbe, möglichst geringe Entfernung der Stäbe von einander und möglichst innige Verbindung der Querstäbe mit den Längsstäben ist unbedingt zu fordern.

Räume, in denen feste Gitter als störend empfunden würden, werden häufig mit beweglichen Gittern gesichert. Diese Gitter können so ausgeführt sein, daß sie während der Tageszeit abgenommen und beiseite gestellt werden können. Man trifft auch Ausführungen, bei welchen einzelne Teile drehbar angeordnet sind und wie Fensterflügel herumgeklappt werden können.

Während der Nachtzeit werden diese Gitter oder Läden durch eine oder mehrere Vorlegestangen festgehalten, welche im Mauerwerk verankert und durch Schlösser oder Verschraubungen gesichert sind.

Da derartige Gitter verhältnismäßig unhandlich sind, auch namentlich in Wohnräumen unschön wirken, ist man vielfach dazu übergegangen, Gitter herzustellen, welche sich auf ein Mindestmaß zusammenschieben oder zusammenrollen lassen. Bekannt sind die Bostwick-Scherengitter als Gitter, welche sich seitlich verschieben lassen und die Rollgitter, welche nach oben oder unten aufrollbar sind. Auch hier ist Verwendung einwandfreien Materials und möglichst geringe Entfernung der Gitterstäbe von einander neben der sachgemäßen Anbringung Hauptbedingung.

Als besonders wichtig muß noch die Verwendung eines guten Schlosses als Verschluß des Gitters sowie der sachgemäße Einbau desselben in die Verschlußleiste erwähnt werden.

Bewegliche Gitter bringt man zweckmäßig an der Innenseite des Fensters bzw. des Türeinganges an. Einmal sind die Gitter dann nicht so der Witterung ausgesetzt, sie halten also länger, zum andern ist es nicht so leicht möglich, daß einzelne Stäbe von Einbrechern bei passender Gelegenheit schon so vorbereitet werden können, daß bei einem Einbruch nur noch ein geringer Widerstand zu überwinden ist.

Innerhalb gesicherter Räume pflegt man Bargeld, Schmucksachen und sonstige Wertgegenstände in besonders gesicherten Behältnissen aufzubewahren, sofern man es nicht vorzieht, derartige Werte im Tresor einer Bank oder Sparkasse zu hinterlegen. Kassetten, die den heutigen Ansprüchen genügen, müssen aus bestem Material, z. B. Siemens-Martin-Stahl in genügender Stärke hergestellt sein. Es empfiehlt sich auch nicht, Kassetten frei herumstehen zu lassen, es ist vielmehr zweckmäßig, sie an einem geeigneten Ort zu verstecken und den Aufbewahrungsort öfter zu wechseln. Verschiedene Konstruktionen geben die Möglichkeit, Kassetten in Schränken oder an Fußböden festzuschrauben.

Eine weitere Aufbewahrungsart für Wertstücke nicht zu großen Umfanges bietet der Einmauerschrank. Er besteht im allgemeinen ganz aus Metall und soll so untergebracht sein, daß er nicht gleich für jeden erkennbar ist. Es gibt eine ganze Reihe von Möglichkeiten, den Mauerschrank durch geeignete Wandbehänge, Zimmerschmuck usw. den Blicken Unberufener zu entziehen. Zur Aufbewahrung von Büromaschinen und Akten hat die Industrie eiserne Panzerschränke herausgebracht. Sie sind teils mit Flügeltüren, teils mit Schiebetüren, teils mit Rolltüren versehen.

Für die Aufbewahrung größerer Werte ist der Geldschrank bestimmt. An ihn werden heute ganz bestimmte Forderungen gestellt: Er soll diebes- und einbruchsicher, spreng- und schmelzsicher sein.

Die einzelnen im Geldschrankbau führenden Firmen haben auf Grund ihrer langjährigen Erfahrungen ganz bestimmte Konstruktionen entwickelt, die dem Stande der derzeitigen Einbruchstechnik Rechnung tragen. Auch haben sich im Laufe der Zeit bestimmte Normen herausgebildet, welche heute für die Herstellung bestimmter Arten von Geldschränken maßgebend sind. Die Verschlüsse für die Geldschranktüren werden entweder von den Geldschrankfabriken selbst hergestellt oder von Spezialfabriken bezogen.

Für den Bau und die Einrichtung moderner Tresoranlagen sind bestimmte Richtlinien ausgearbeitet worden. Wände, Decken und Fußböden sollen eine vorgeschriebene Mindeststärke haben und eine entsprechende Panzerung aus Stahlmaterial (Schienen verschiedenen Profils) aufweisen. Besonderer Wert wird auf die Gewölbetür gelegt. Türen von einem Gewicht bis zu mehreren 100 Zentnern sind heute keine Seltenheit mehr. Nach Möglichkeit wird darauf gesehen, daß Wände und Decken des Tresors von außen begangen oder beobachtet werden können. Es wird so vermieden, daß der Tresor von Nachbarräumen aus angegriffen werden kann, ohne daß dies bemerkt wird.

4. Elektrische Sicherungen finden vielfach da Anwendung, wo vorhandene mechanische Sicherungen nicht stärker ausgebaut werden sollen oder können. Sie bilden dann eine gute Ergänzung der bereits bestehenden Anlagen, da mit ihrer Hilfe auch Decken, Wände und Fußböden in Wohn- und Geschäftsräumen gesichert werden können, welche infolge ihrer verhältnismäßig geringen Stärke dem Einbrecher nur wenig Widerstand entgegensetzen. Dies wird durch Bespannung der Flächen, durch Belegen der Flächen mit Sperrholzplatten, in denen stromführende Drähte eingebettet sind, oder durch Behängen mit „Gardinen" erreicht.

Weitere Kontaktmöglichkeiten sind die in Tür und Fenster eingebauten Einlaßkontakte, Tür- und Fensterbespannungen, Diebesfallen, kontaktführende Teppiche und Läufer u. ä. Außer den Kontakten gehören zu einer elektrischen Anlage noch der Alarmgeber, die Stromquelle und die Verbindungsleitungen. Als Alarmgeber dienen elektrische Glocken, Hupen, Sirenen, Lichtzeichen usw. Die Alarmgeber werden im allgemeinen in der Nähe des gesicherten Raumes angebracht. In diesem Falle spricht man von einer lokalen Alarmanlage. Darüber hinaus besteht die Möglichkeit, örtliche Sicherungsanlagen bestimmter Ausführung an eine bei der Polizei (Überfallkommando) befindliche Zentrale anzuschließen (Notruf- oder Polizeirufanlage).

Die Auslösung eines Alarms geschieht entweder durch die Unterbrechung eines ständig in den Leitungen fließenden Stromes (Ruhestromanlage) oder durch Einschalten eines Stromes (Arbeitsstromanlage). Auch eine Verbindung dieser beiden Schaltungen ist häufig anzutreffen. Vielfach findet man auch Anlagen, bei denen der Alarm dadurch entsteht, daß durch irgend einen unberufenen Eingriff das Gleichgewicht mehrerer Stromkreise aufgehoben wird.

In letzter Zeit haben auch die lichtempfindlichen Zellen bei der Anlage elektrischer Sicherungen Verwendung gefunden. Sogar die Luft hat man für Sicherungszwecke nutzbar gemacht dadurch, daß man in dem zu sichernden Raum einen Über- oder Unterdruck zur Außenluft schafft, der z. B. durch einen Ventilator hervorgerufen wird. Sobald dieser veränderte Druck durch das Herstellen einer Öffnung in der Umwandung des gesicherten Raumes die Möglichkeit hat, sich mit der Außenluft auszugleichen, wird Alarm ausgelöst. Elektrische Sicherungsanlagen können auch mit Feuermeldeanlagen und Wächterkontrolleinrichtungen verbunden werden.

5. Die steigende Zahl der Kraftfahrzeugdiebstähle hat dazu geführt, besondere Sicherungen für diesen Verwendungszweck herzustellen. Auch hier sind sowohl mechanische als auch elektrische Sicherungen sowie Verbindungen von beiden Sicherungsarten im Gebrauch. Zur Verhütung von Fahrraddiebstählen sind in letzter Zeit eine Reihe brauchbarer mechanischer Sicherungen herausgebracht worden.

Die Beratungstätigkeit zum Schutze gegen Betrug hält sich im Rahmen der gesetzlichen Bestimmungen. Auskunft über Vorstrafen, Leumund und wirtschaftliche Verhältnisse werden nicht erteilt. Die Beantwortung von Anfragen geschieht durch die für den Ratsuchenden zuständige örtliche Polizeiverwaltung, der die erforderlichen Unterlagen übersandt werden.

Schrifttum:
Weyel, Die neuzeitlichen Sicherheitsschlösser, Leipzig. — Kollatz, Selbsttätige elektrische Feuer- und Einbruchsmelder, Berlin 1922. — Schneickert-Geißel, Einbruch und Diebstahl und ihre Verhütung, Berlin 1923. — Kriminalistik im Zahlungsverkehr, Berlin 1934.

Hermann Kähne.

Sexualsoziologie

(in ihren Beziehungen zur Kriminologie).

Auf dem Gesamtgebiet der Kriminalsoziologie nimmt auch die Sexualsoziologie einen wichtigen Platz ein, obwohl naturgemäß nur ein Teil von ihr kriminalsoziologisch von unmittelbarer Bedeutung ist. Um aber diesen kriminologisch sehr wichtigen Teil zu verstehen, ist es geboten, sich in großen Zügen ein Bild von den Beziehungen zwischen Sozialleben und Sexualleben zu machen. Diese Beziehungen sind für unsere Betrachtung um so wichtiger, als es hier gilt, Verflechtungen zu erkennen, die zumeist nicht deutlich sichtbar an der Oberfläche des sozialen Lebens liegen, es aber von innen heraus maßgebend beeinflussen.

Während über Einzelheiten unter zahlreichen anderen Stichwörtern dieses Werkes gesprochen wird — ich nenne nur beispielsweise die Artikel Prostitution, Sittlichkeitsverbrecher, Blutschande, Ehe und Kriminalität, Perversion, Masochismus, Sadismus, Homosexualität, Transvestiten, Konkubinat, Sittenpolizei, Weibliche Kriminalität —, soll hier ein nach theoretischen und praktischen Gesichtspunkten orientierter Überblick über die Beziehungen des Liebeslebens zur sozialen Ordnung gegeben werden, wobei die Bedeutung dieser Beziehungen in kriminologischer Hinsicht teils folgeweise oder implicite sich ergibt, teils unmittelbar sichtbar zu erkennen ist.

I. Soziale Bedeutung des Liebeslebens.

A. Soziologisch-organisatorische Grundtatsachen. Für den Lebensprozeß der Rasse und Gesellschaft und der durch Gesetze geschützten sozialen Ordnung ist neben dem Problem der Verteilung der Nahrungsmittel das Problem der sexuellen Betätigung von je her das wichtigste gewesen. Unermeßliches Ringen — mit Opferhekatomben — bezeichnet den Weg, den die Menschheit hier durchlaufen ist, um die auf Naturgesetzen beruhende soziale Ordnung des Sexuallebens gegenüber störenden Einflüssen der stets bereiten Libido ungefährdet zu erhalten und namentlich die schwersten Gefährdungen dieser Ordnung — die sogenannten Sittlichkeitsdelikte aller Art — unter Strafe zu stellen. Für eine tiefer zu erfassende Kriminalpolitik liegen also — ebenso wie im Hungermotiv — auch im Sexualmotiv dynamische Grundtatsachen. Diese sind teilweise opportunistischer, teilweise rein ethischer Natur. Aber gerade auf dem Gebiet der Sexualordnung ist auch das, was man unschwer als opportunistische Lösung von Schwierigkeiten und Konflikten erkennen kann, als eine ethische Forderung jeweils gekennzeichnet worden. Als Ergebnis sind ein Aufeinanderabstimmen der Geschlechter (über den Kampf der Geschlechter ist später noch eingehender zu sprechen) und ein Ausgleich zwischen hemmungslosem Trieb und hemmendem Schamgefühl die Größen geworden, die, wie sie am Anfang der Entwicklung standen, auch heute noch das soziale Gleichgewicht bestimmen und es gegen antisoziale Schwankungen festhalten müssen.

Es wird schwer zu entscheiden sein, wie weit die opportunistische Sexualordnung durch das Schamgefühl mitbestimmt worden ist oder wie weit umgekehrt die spezielle Entwicklung des Schamgefühls ein Ergebnis der z. T. auf opportunistische Erwägungen zurückgehenden jeweiligen Sexualordnung ist. Sicher dürfte sein, daß nicht lediglich die kühle Überlegung der Zweckmäßigkeit, sondern auch das auf dem seelisch geleiteten Triebe beruhende ethische Gefühl wegbereitend war. So bringt erst diese Beziehung zwischen Trieb, Zweckmäßigkeit und Schamgefühl die wirklich menschliche Stufe der Sexualität mit sich. Dies anerkennen heißt zugleich der Dynamik der Sexualordnung gegenüber der „verbrecherischen" Störung dienen, ihren Sätzen eine von Willkür freie überragende Gewalt geben. Wären die sexualsittlichen Regeln nicht wenigstens teilweise seelisch immanent und schlechthin ethisch bedingt, dann könnte man sie lediglich als den Ausfluß der zufälligen jeweiligen sozialen Ordnung ansehen, also als bloßes Ergebnis sexualfremder Ursachen, statt die Begründung in dem naturgegebenen Sexualleben selbst zu suchen. Letzteres scheint aber nach alledem das richtigere. Das auf solche Weise entstandene Schamgefühl ist es, das den an sich so starken Trieb unter die bewertende Herrschaft des Geistes und der Seele bringt und die Betätigung somit erst als Gegenstand hütender und strafender Gesetzgebung brauchbar macht, über die Art einer bloßen Zweckmäßigkeitsregelung hinaus. Das religiöse Moment hat von je her hier ganz besonders stark mitgesprochen, sei es im begeisternden, sei es im lähmenden Sinne.

Das derzeitige Ergebnis dieses ewigen Kampfes zwischen einem — vom Erhabenen bis zum Gemeinen gehenden — Trieb und der das Schamgefühl erziehenden Zweckordnung ist ein Kompromiß, das in der Ehe seine normale und einzige gesetzliche Anerkennung gefunden hat. Daneben gibt es auch andere ‚soziale' Formen sexueller Beziehungen, von denen nur einzelne typische Gestaltungen als kriminell oder als unbedingt antisozial angesehen werden. Warum jeweils die Grenze zwischen erlaubt, geduldet und verboten so und nicht anders läuft, das beruht mehr auf geschichtlicher Entwicklung und tatsächlichem Machtwort (positivem Recht) als etwa auf rein logischen oder immer eugenischen Grundsätzen (s. den Art. Eugenik). Diese Erkenntnis schwächt in den Grenzfällen die Kraft strafrechtlichen Einschreitens, zumal auf sexualsozialem Gebiet leicht eine unsichtbare Welt neben der offiziellen sichtbaren besteht.

Die geschichtliche Entwicklung von Sitte und Herkommen, festgelegt in den Gesetzen des Staates und den Forderungen der Kirche, bestimmt jeweils die Grenze des Erlaubten gegenüber dem bloß Unschicklichen und weiter dem Strafbaren. Mag man die Ansicht vertreten, daß die Menschen die Phase der Panmixie und Promiskuität, dann die Phase des Mutterrechts, dann die der Polygynie nach einander durchlaufen haben, bevor als Abschluß dieser Versuche die Einehe sich als die beste Regelung erwies — oder mag man die Auffassung verteidigen, daß schon vor der Menschwerdung die (nach Tieranalogieen mindestens als möglich anzunehmende) Einehe instinktiv und naturgegeben sich durchgesetzt hatte, dann aber nach dem Erwachen der sexuellen Differenzierung (Erotik, Liebe) die Selbstkritik an diesem Liebessystem auftrat, die Wünsche mannigfaltigerer Gestaltung sich regten, Versuche (zum Teil atavistischer Art!) zu ihrer besseren Verwirklichung gemacht wurden, — in beiden Fällen zeigt sich die Einehe als ein bewußtes Kompromiß nach den Versuchen mit anderen Formen, aber mit dem Anspruch der einzig zutreffenden Lösung. Die Tatsachen, daß auch das Mutterrecht mit Einehe und Vaterherrschaft verknüpft vorgekommen ist, weiter, daß bei Vielweiberei zwischen Kebsweib und Hauptweib, zwischen Lieblingsfrau und Nebenfrauen unterschieden wird, und daß selbst im Stadium einer gewissen Promiskuität eine bevorzugte Zusammengehörigkeit der „Gesellschaft zu zweien" vorherrschte, — diese Tatsachen sind mit beiden Auffassungen vereinbar und sprechen letzten Endes, ebenso wie die heutigen Erfahrungen über das außereheliche Liebesleben, dafür, daß hier dauernd und schwer um die beste Ausgleichung zwischen sexuellen Wünschen und sozialen Pflichten, zwischen Naturtrieb und geselligem Milieu gerungen worden ist.

Dabei ist es auch für die Beurteilung der strafrechtlichen Hilfsmittel nicht gleichgültig, welche der beiden Größen wir als die allgemein wie auch im Einzelfall ausschlaggebende berücksichtigen wollen: Die biologische (die Macht des Triebes), bei der namentlich der begutachtende Mediziner die Entlastungsmomente des Falles heraussucht, oder die soziale (die Forderung der Gesellschaft), die dem einschränkenden Gesetz und der richterlichen Einstellung zu Grunde liegt. Es heißt also bei der Bewertung der Grundtatsachen zu fragen: Sollen Triebe als gegeben unterstellt und mit ihnen das denkbar Beste in den sozialen Verhältnissen zu erreichen gesucht werden? Oder sollen soziale Verhältnisse als gegeben unterstellt und in ihnen das denkbar Beste für die sexuellen Verhältnisse zu erreichen gesucht werden? Die Antwort ist eine rechtspolitische, deren Ziel die möglichst gute Vereinigung einer sexuellen Eubiotik mit der sozialen Eubiotik ist. Denn Geschlechtstrieb ist ein sozialer Trieb; er verlangt nach Betätigung durch Altruismus, der sich hier mit dem Egoismus aufs engste verbindet; er bedarf der sozialen Gemeinschaft, so sehr er sie bei der unmittelbaren Erreichung seines Zwecks wieder auszuschalten oder auf ein einzelnes Individuum zu beschränken sucht; er reiht sich in seinen physiologischen und familiären Folgen erneut in die soziale Gemeinschaft ein, ja er kann und soll, über seinem egoistischen Charakter, schließlich nur der Gemeinschaft, dem Staate und der Zukunft der Rasse dienen. Wie er dies dann speziell beeinflußt und wandelt, das hängt von allem ab: Klima, Technik, Reichtum, Überlieferung, Kraftunterschied zwischen Mann und Weib; insbesondere aber sind Staatsauffassung, Gemeinsinn und religiöse Ethik die wesentlich bestimmenden Momente, denen sich der Trieb, mag es einem Einzelnen auch manchmal schwer werden, unterzuordnen hat, sei es durch Enthaltung, sei es durch Förderung im bevölkerungspolitischen Sinne. Fast alle Elemente der Kultur tragen hier zu einem Ergebnis bei, das alle Stadien durchlaufen kann von der noch fast instinktmäßigen Herden-, Horden- und Familienbindung auf Grund des Geschlechtstriebes bis zum fein differenzierten, auf Gesetzesparagraphen, Moral und Etikette beruhenden Wahrheits- oder Lügenspiel der sexuellen Zivilisation. Dabei verdient bedacht zu werden, daß der Zeitraum der Menschengeschichte, den wir vergleichend zu überblicken vermögen, im Verhältnis zu dem Alter der Menschheit und zu ihren ursprünglichen sexualsoziologischen Verhältnissen sehr kurz ist.

Daß die geltende Gesetzgebung diesem Ziel in jeder Weise entspreche, kann nicht behauptet werden. Die sexualrechtlichen Bestimmungen entsprechen auch in den Strafgesetzentwürfen von 1925 und 1927 nicht allen berechtigten Wünschen, während die Zukunft vielleicht in dieser Hinsicht Bedeutsameres bringen wird.

Daß der Staat überhaupt in seinem Strafgesetz Handlungen straft, lediglich weil sie sexuellen Charakters sind, hat seinen soziologischen Grund in der Furcht vor Überwucherung des Geschlechtstriebes, dessen Einschränkung zu den sittlich-gesundheitlichen, also zu den sozialbiologischen Forderungen gehört. Die Praxis widerstreitet, auch wo es nicht zur Schädigung eines Mitmenschen führt, oft dem staatlich festgelegten Ideal von der Unterordnung des Triebes unter bindende Normen, die einem Durchschnittsverlangen entsprechen. Die gesellige Ordnung wird durch diese starke Bindung des Geschlechtstriebes unter solche Durchschnittsnormen ganz wesentlich bestimmt. Die mit Strafe bedrohten sexuellen Handlungen (z. B. Päderastie) an sich sind natürlich nicht zu verwechseln mit Straftaten aus sexuellen Motiven (Verführung, Lustmord usw.). Durch die Auffassung, daß eine Straftat schon in einer Reihe von Fällen sexueller Betätigung schlechthin (ohne daß einem schutzwürdigen anderen Lebensinteresse entgegen gehandelt wird) bestehen kann, ist die Sexualität in eine gesellschaftliche Sphäre erhöhter Anfechtbarkeit gekommen. Dies ist im wesentlichen auf die Kirche als stark gesellschaftsbildenden und sozialen Faktor zurückzuführen. Der Staat wirkt hier in engem Bunde mit der Kirche. Die Kirche als strenge Hüterin einer Sexualordnung beruft sich dabei auf die Religion. Aber während jede Religion sich mit dem Problem des sexuellen Lebens auseinandersetzt und die Bekenner ihres Glaubens zu einem bestimmten Ideal verpflichtet, ist es doch die Kirche — bzw. die geistliche Macht überhaupt —, die für die Verwirklichung dieses Ideals im Leben der Gesellschaft sorgt, also ausgesprochenermaßen sexualsoziologisch wirkt. Die religiöse Ordnung der hierher gehörigen Dinge bedeutet dann die gesteigerte, heiligende Festlegung dessen, was psychische Art und Erfahrung als gut und nützlich erwiesen haben. Namentlich die Rücksicht auf eugenische, arterhaltende und artverbessernde Regeln hat dabei von je her mitgespielt, nicht nur in unseren wissenschaftlich arbeitenden Zeiten, sondern schon in Zeiten und bei Völkern, deren Führer (Häuptlinge, Könige und Priester) empirisch die Vererbungslehren kannten, nämlich infolge familienforschender Beobachtung und natursichtiger Erkenntnis. Denn jede Sexualsoziologie ist völkisch und rassisch bedingt.

Solange aber an den Strafgesetzen in dieser Hinsicht eine auf beachtenswerte Argumente sich stützende Kritik möglich ist, ist der rechte Ausgleich der beiden großen und z. T. gegensätzlichen Forderungen von sexueller und sozialer Eubiotik nicht erreicht und es liegt in diesem Zustand eine Gefahr für die Durchführung der Gesetze. Von grundsätzlicher und unerschütterlicher Bedeutung aber bleibt, gerade auch für die Beurteilung der Kriminalität sexueller Entgleisungen, daß in Konfliktsfällen sich das Triebleben dem Sozialleben und seiner durch Gesetz und Sitte festgelegten Ordnung unterzuordnen hat, weil der Mensch sein Triebleben zu beherrschen verpflichtet ist. Diese Unterordnung des Trieblebens unter staatliche und gesellschaftliche Gesetze wird in erster Linie gewahrt durch die Forderung der ehelichen Treue, Brandmarkung des Ehebruchs, Festsetzung einer ehelichen Pflicht des Beiwohnens, Verantwortung für die erzeugten Kinder, Verbot der Fruchtabtreibung; die Gesunderhaltung des eigenen wie des fremden Lebens durch die Pflicht der gegenseitigen Fürsorge in der Ehe, der Gemeinsamkeit von Tisch und Bett und durch den physiologisch nachgewiesenen günstigen Einfluß der Ehe auf Lebensdauer und Gesundheit, insbesondere auch durch ziemlich weitgehende Behütung vor der Ansteckung mit Geschlechtskrankheiten, ferner durch die Forderung, auch in nichtehelichen Sexualbeziehungen, soweit diese nicht überhaupt verboten sind, Leben, Gesundheit, Wohlergehen und Ehre des Partners zu achten und nicht zu verletzen.

B. Der Einfluß des Soziallebens auf das Sexualleben. Haben wir in den zu A. gezeichneten Grundtatsachen im wesentlichen den Aufbau der sozialen Ordnung unter dem Einfluß und der notwendigen Einschränkung des Sexualtriebes besprochen, so zeigt der Einfluß des Soziallebens nun auf die Betätigung und die Einschränkung des Sexualtriebes ein etwas anderes Bild auch in kriminologischer Hinsicht. Die soziale Forderung geht auf Verdrängung und auf Veredlung des Geschlechtstriebes; deshalb ist die soziale Pflicht aufgerichtet, für die Betätigung des Geschlechtstriebes wirtschaftlich und moralisch einzustehen, die Frau und die Kinder zu ernähren, den Ehegatten und die

Kinder zu pflegen, die empfangene Frucht nicht abzutreiben, Alimente zu zahlen usw. Die sozialen *Umstände* aber, die unbewußten Verhältnisse, wirken unsystematisch: keineswegs immer auf Einschränkung, selten nur auf Veredlung des Geschlechtstriebes, meist brutal, oft zufällig durch Gelegenheitsmacherei, Behinderung u. dgl. und geben jeweils individuelle sexualpsychische Probleme dem einzelnen Betroffenen auf. Ohne Zweifel wirkt ein hoher Kulturstand (nicht bloß geschniegelte Zivilisation) auf eine gewisse Veredlung des Geschlechtstriebes, und ein glückliches Gesellschaftsleben mit wirtschaftlicher Zufriedenheit müßte auch in sexueller Hinsicht ein Ideal schaffen. Aber eben nur ein Ideal, das (vielleicht!) in primitiven Zeiten und Ländern noch annähernd vorhanden ist, bei differenzierter werdendem Sozialleben aber notwendigerweise in weite Ferne rückt. Denn sobald soziale *Klassen* sich bilden, hört die ruhige Auswirkung eines geordneten Geschlechtslebens vielfach auf, es treten Reibungen zwischen den Klassen durch Connubium und Promiskuität an die Stelle der ruhigen Ordnung, Konflikte entstehen, die statt Veredelung entweder eine Verdrängung des Geschlechtstriebes oder seine Verunedlung durch wirtschaftliche Beeinflussung mit sich bringen. Mißheirat, Geldheirat, Verhältnis, Prostitution sind die typischen Ergebnisse dieser Einwirkung der Klassenbildung auf das sexuelle Leben. Das Idealinstitut der Ehe wird also auf solche Weise entweder vergewaltigt und mißbraucht oder umgangen und entthront. So müßte also auch in dieser Hinsicht eine Rückbildung des Klassenstaates zu einem wirklich sozialen Einheitsstaat von segensreichster Wirkung sein.

Hiernach erscheinen etwa folgende *Typen sexuell-soziologischer Einzelbeziehungen*, weil sozial bedenklich, für eine gewisse Kriminogenität beachtlich: Die *Geschäfts- und Standesehe*, die die Rücksicht auf Erotik und sexuelles Verstehen *hinter* dem Geschäfts- oder Standesinteresse zurücktreten läßt; Unterarten: die Altersversorgungsehe; die Einheirat; die Mitarbeiterehe (in kommerziellen oder studierten Berufen); die Nebeneinanderehe, wie sie vorwiegend für die Standesehe typisch ist; die *tragische Ehe*, in der ein Konflikt zwischen Sexualität und Sexualität oder zwischen Sexualität und Moral oder zwischen Sexualität und Sozialwirtschaft zum Ausbruch kommt und die Staatsordnung, die Sittenordnung wie die Rechtsordnung dann beschäftigt; die *freie Liebe*: Konkubinat, Verhältnis, Gelegenheitsliebesleben, wie die vorher genannten ehelichen Verbindungen auf sozialen Einflüssen und der wirtschaftlichen Lage beruhend. Hier ist bereits der Anschluß an das asoziale Einzeldasein der Prostituierten gegeben. Zu den bedenklichen Einflüssen des Soziallebens gehören also die Tatsachen der Klassenschichtung. Dazu können bei Rassenverschiedenheit leicht sozial bedenkliche Mischehen kommen.

Als sexualsoziale Typen treten die folgenden auf: 1. Der feudale Charakter strenger Etikette neben verschwiegener Freiheit außerhalb der Etikette; 2. der geistige Charakter mit dem Versuch der Veredlung der sexuellen Beziehungen durch eine feinsinnige Auffassung des Lebens; 3. die Übertreibung des sub 2 genannten Charakters in Künstlerkreisen bis zum Bohèmeleben und der unbedingten Anerkennung der freien Liebe; 4. der bürgerlich-wohlanständige Charakter, der, wie bei 1., aber nur seltener und noch vorsichtiger, sein Liebesleben gelegentlich in andere Gesellschaftsschichten trägt; 5. der naive, gradlinige Charakter des sexuellen Zusammenseins in Bauern- und Arbeiterkreisen, bei denen die Offenheit der (vorehelichen) Beziehungen nicht zur Ausstoßung und Entehrung führt; 6. der proletarisch-asoziale Charakter des Liebeslebens, eine Kopie des sub 3 genannten in schlechterer Gestalt; 7. der perverse Charakter des Sexuallebens sowohl innerhalb wie außerhalb der Wahrung der sozialen Haltung, was von der Art und Stärke der Perversion und von dem für die Perversion gefundenen Partner abhängt. Es gibt da völlige Festhaltung selbst hoher gesellschaftlicher Ordnung ebenso wie völligen Untergang im Elend und in der Kriminalität.

Macht und Geld auf der einen Seite, Unterschiede der physisch-psychischen Gestalt und ein Ausgleichen durch Körperpflege veranlassen eine Durcheinanderwürfelung der Schichten, die durchaus nicht immer von Vorteil ist. Herabsinken oder materieller Aufstieg machen sogar vorhandene, auf Treue gestellte Verbindungen nachträglich zu schanden und bringen sexuelles und soziales Leid. Denn in der überwiegenden Mehrzahl der Fälle hängt sexuelle Zufriedenheit eng mit dem Lebensstandard zusammen, und zumal bei schwindendem Reiz der Neuheit ergeben sich um so schwerere Belastungsproben, je empfindlicher die sozialen Verhältnisse sind. An Ethik und Willensstärke werden große Anforderungen gestellt, wenn Klassenlockungen nach oben oder unten auftreten, wobei intressanter Weise der auf das Herrschen eingestellte Mann leichter sich in untere Klassen sexuell verliert, während die Frau leichter durch die mit höherer Macht und größeren Mitteln ausgestattete Sozialklasse verführt wird. Gerade hierin liegt ja der Kernpunkt aller sexuellsozialen Tragik der in der Neuzeit der „bürgerlichen Moral" herrschenden (und aller ähnlichen) Kulturstufen. Die Schädigungen des sexualsozialen Lebens erkennen wir also deutlich als ein Ergebnis der Klassenbildung.

Andererseits trägt eine gute soziale Schichtung dazu bei, sexuelle und überhaupt produktive Kräfte zu fördern. Die sexuelle Euphorie wird zweifellos durch die wechselvollen Erscheinungen des Lebens im Berufsstand gesteigert. Es reizt den Menschen, der starke sexuelle Werte besitzt, sie zum sozialen Aufstieg zu verwenden, wobei nicht so sehr die reale Betätigung als vielmehr der ideale Reiz (sex appeal) gemeint ist. Manche Bühnenkünstlerin ist so auf die Höhen des sozialen Lebens gelangt. Zugleich aber steigert die Aussicht auf sexuelle Wunscherfüllung auch die Anspannung der Arbeits- und Geisteskraft und somit die Produktivität. Und hier tritt wiederum eine Wechselwirkung ein. Gesteigerte Arbeitsanspannung und Produktivität lassen abwechslungsreichere sexuelle Wünsche aufsteigen, fordern stärkere Reize. So ist das außerordentliche Raffinement der sexualbetonten Vergnügungen ein Ergebnis des bis aufs äußerste angespannten Arbeitstempos einer materialistischen Sozialwirtschaft. Auf dem Lande, in der freien Natur sowie beim Vorwiegen idealer und sportlicher Arbeit bedarf es weder dieser Reize zur Euphorie noch bedarf es einer so stark differenzierten sexuellen Euphorie. Neben diesem Allgemeinen steht dann das in die praktische Sexualsoziologie übergreifende Spezielle, das hier nur kurz überblickend erwähnt sei: daß der sorgsame Familienvater aus wirtschaftlichen Gründen sich größere Enthaltsamkeit aufzuerlegen hat; daß in engem Wohnungsmilieu der elterliche Beischlaf den Kindern und Schlafburschen nicht verborgen bleibt; daß eine Lockerung der Sitten in der Hütte aus diesem Grunde, in der Villa aus Gründen der Langeweile und Übersättigung sich herleitet; daß der geistig und körperlich von schwerer Arbeit Angestrengte sich vom Sexualgenuß zurückhält; daß der Geistliche sich von all dem Treiben abwendet und dafür ein sorgenfreies Leben im Kloster eintauscht — alles Ergebnisse einer sozialen Schichtung im Hinblick auf das Sexualleben, um es zu differenzieren. Aus dem Komplex dieser Tatsachen ergibt sich dann die Frage, wo und wann im einzelnen Fall die soziale Umwelt oder der Sexualtrieb der stärkere ist — mit anderen Worten: welche sexualpsychische Konstitution sich die soziale Umwelt nach ihren Wünschen modelt und welche sexualpsychische Konstitution dagegen sich von der sozialen Umwelt meistern und umwerfen läßt.

II. Antisoziale Gefahrenpunkte des Sexuallebens.

A. Schon in der Betrachtung des normalen Aufbaus haben sich die Gefahrenpunkte abgehoben, von denen jetzt noch etwas eingehender gesprochen werden muß.

Einmal ist es der Umstand, daß so Mancher nicht nur von der Ehe, sondern auch von einem ihm erwünschten Sexualleben ausgeschlossen erscheint. Das kann auf biologischen Gründen beruhen, beruht aber häufiger auf sozialen Gründen. Nun hat ja freilich die Sexualpsyche eine eigenartige Kraft, sich in solchen Fällen einen Ersatzkomplex zu schaffen, die natürlichen Komplexe zu „verdrängen" und in den Verdrängungen sich nach Möglichkeit glücklich zu fühlen. Aber wenn dies nicht gelingt, so kann ganz naturgemäß der unbefriedigte Trieb in eine antisoziale Richtung gedrängt werden, zum mindesten aber unglückliche, negierende Zustände schaffen, die auch kriminell zu Gefahrenmomenten werden. Denn für außerhalb der Ehe Stehende ist die sozialwirtschaftliche Regelung unvollkommen. Ja, je größer die Segnungen der Ehe für die gegenseitige Hilfe, um so empfindlicher ist das Fehlen dieser Segnungen für die Außenstehenden. Die Kampfstellung, von diesen Außenstehenden immer genährt, greift dann oftmals auch in den Bereich der Ehe über. Bei näherer Betrachtung ergibt sich ein bedenkliches Durcheinander von Askese, Verführung, gegenseitiger Nachsicht oder Betrugs, Betäubung gegen Zwang, Aufbäumen der Freiheit gegen die Gefahren der Sitte und der Gesundheit — zumeist endend mit geheimem statt offenem Krieg oder Flucht in Einsamkeit und Arbeit. Offen sichtbar bleiben allein die Prostitution und das uneheliche Kind.

Aber auch die Ehe selbst wird, wenn sie besonders unglücklich wird, zu einem solchen Gefahrenmoment. Wie häufig ergibt sich das antisoziale Verhalten eines Ehegatten aus den zerrütteten Verhältnissen seiner Ehe! Hierüber bedarf es keiner weiteren Worte; die vor Kriminalität in der Regel bewahrende Funktion der Ehe (s. d. Art. Ehe und Kriminalität) verkehrt sich bei dem zerrütteten Eheleben in ihr Gegenteil. Es ist da der Kampf der Geschlechter aus einem Wettbewerb zu einem Widerstreit geworden, so daß dieser in allen Farben schillernde Kampf der beiden Geschlechter hier als ein besonderes Moment der sozialsexuellen Lage noch mit einigen Worten berührt werden muß.

Die Frage, ob der männliche oder der weibliche Einfluß sich als der stärkere auf die Gestaltung des sozialen und wirtschaftlichen Lebens erweist, wird wohl zu der Antwort gelangen, daß überwiegend der männliche Einfluß der stärkere war und ist. Aber dieser „Sieg“ des Mannes ist nicht leicht gewonnen worden und ist nie unangefochten geblieben. Auch ohne den Hinweis auf die mutterrechtlichen Perioden, auf die Pflege des verwöhnten Weibes der Neuzeit (Amerika!), oder auf den berühmten Amazonenstaat ist dabei noch Folgendes zu erwägen:

α) Die Mutter als die Besitzerin des Kindes und als die Pflegerin der Nachkommenschaft besitzt eine Macht, die nicht unterschätzt werden darf, wenn sich auch die Auswirkung dieser Macht mehr auf stillen, häuslichen, auch unbewußten Bahnen vollzieht. Eine Unterschätzung dieser ethischen Macht der Mutter durch den Mann führt zu den unwürdigsten Formen sozialer Unterdrückung und sozialer Schäden — wie bei der Wöchnerinnen-Industriearbeit, der mangelnden Schonzeit und Fürsorge für Entbundene und Stillende u. dgl. m.

β) Der Mann sah — auch außerhalb masochistischer Einstellung — die Gefahr, daß er einem geliebten Weibe gegenüber infolge seiner eigenen Geschlechtsliebe sozialwirtschaftlich den kürzeren ziehen könnte. Die Erkenntnis also, daß die für die Lebens- und Wirtschaftsführung wertvolle Kraft des Mannes durch die Liebe mehr geschädigt werden kann (vgl. die Sage von Simson und Delila, die ihm die Kraft nahm, ferner Macbeth usw.), als es umgekehrt der Frau durch den Mann geschieht — trotz Mutterschaft und Menstruation —, diese Erkenntnis ließ und läßt den Mann all seine Intelligenz einsetzen, ein männlich-orientiertes Staatswesen aufzubauen, dem ein männlich-orientiertes Gesellschaftsleben entsprechen mußte. Überspannung in dieser Richtung löst naturgemäß Gegentendenzen, also wechselnde Schicksale im mann-weiblichen Geschlechtskampf aus. Daraus folgen dann die frauenfeindlichen Tendenzen des Mannes sowohl wie die männerfeindlichen Tendenzen des Weibes. Wie dies in der Politik, also in der Gestaltung der Verfassung, wie auch in der Sitte eine Rolle spielt, ist bekannt genug (Emanzipationskämpfe in England, die Stellung der Frau in Amerika, die Rechte der Frau im deutschen BGB. und in der Reichsverfassung usw. gegenüber der früheren Einkapselung der Frau ins Haus und ihrer Verehrung als Liebes- und Minnewesen). Als Ursachen der Geschlechterfeindschaft kommen in Betracht: unnormaler Sexualtrieb, Enttäuschungen, Alter, Beruf, Überzeugung. Aus solchen, oftmals ganz verschiedenen und durchaus nicht stets asexuellen, Gründen ergibt sich die — unklare! — Gesamttendenz eines größeren Teils von „Bundesbrüdern“ und „Suffragetten“ gegen das andere Geschlecht.

Zugleich aber folgt aus dem Kampf der Geschlechter, und zwar durch die verständige Einsicht von der Notwendigkeit des grundsätzlichen Friedensschlusses, die besondere Schutzgesetzgebung für das weibliche Geschlecht, die z. T. der Sozialgesetzgebung im engeren Sinne angehört, z. T. aber auch einen ausgesprochenen Frauenschutz gegen Kriminalität geschaffen hat: Schutz des Mädchens unter 16 Jahren, Deflorationsanspruch, Versorgungsansprüche (Alimente), Schutz gegen Vergewaltigung, gegen Mißbrauch eines Vorgesetztenverhältnisses usw. So ist, soweit es möglich schien, ein Schutz gegenüber den Gefahrenpunkten, die aus sexuellsozialer Disharmonie entstehen, zu schaffen versucht worden.

B. Die asoziale Negierung der Sexualordnung. Die asoziale Seite der geschlechtlichen Verbindungen hat zwei Typen: α) die lediglich unsoziale (die keine sozialen Positivwerte aufweist) und β) die antisoziale (kriminelle). Lediglich unsozial (α) sind die Äußerungen des Geschlechtstriebes, die seine normale Hinneigung zur Geselligkeit entweder verneinen (Selbstbefriedigung, damit verbunden Menschenscheu; Narzißmus) oder die eine, wenn auch unnormale, so doch noch gesellige Neigung betätigen (z. B. weite Strecken der Homosexualität, insonderheit der larvierten, denen man keine sozialen Positivwerte nachrühmen kann — was beispielsweise im Griechentum keineswegs bei allen gleichgeschlechtlich betonten Vereinigungen der Fall war). Es kann nicht gesagt werden, daß den unsozialen die antisozialen Sexualtypen immer näher liegen als den von vorn herein sozial angelegten. Es kann auch aus geselligen Sexualtrieben in ihrer Verstärkung und Störung antisoziales, kriminelles Verhalten hervorgehen (bei dauernder Enttäuschung, bei Unbefriedigung, bei Wandlung des sexuellen Ideals, bei Herausbilden von sadistischen Zügen während der Ehe oder dgl., bei Übergang der verlassenen Frau in die Prostitution). Aber näher liegt gewiß der Übergang aus unsozialen Geschlechtstrieben in kriminelle, weil der soziale, d. h. der bindende, heilende Charakter, die Rücksichtnahme auf die Umwelt fehlt (Übergang erträglicher Perversionen in unerträglich-kriminelle).

Es wird gewiß auch eine andere Einteilung der Typen möglich und klärend sein; und ohne Zweifel gibt es so viele Übergänge zwischen den einzelnen Typen, daß die Typisierung überhaupt einen gewissen Grad von Unsicherheit in sich trägt. Von dem hier in den Vordergrund gerückten Gesichtspunkte aus soll sie zeigen, wie weit die äußerliche staatliche Ordnung sowohl von der rein ethischen Einstellung (Liebe und Pflicht) wie von der Anerkennung des wahrhaftigen Naturtriebes sich oft entfernt hat, und wie in diese Schein- und Kompromißordnung das Samenkorn zu Unordnung und Unwahrhaftigkeit gelegt ist. Gerade die sozialwirtschaftlichen Gesichtspunkte geben darüber Klarheit, mit wie ungleichem Maße Reichtum und Standesmacht einerseits, Armut und Untergebenheit andererseits in mancher Staatsordnung behandelt worden sind, wenn einerseits die reine Standesehe mit allen Staatsmitteln geschützt wurde, auch wenn in ihr von einer dauernden sexuellen Treue nicht die Rede sein konnte, andererseits aber das Kind eines echten erotischen, aber unehelichen Verhältnisses nicht als Vaterskind legitimiert und die Alimentzahlung nach der Lebensstellung der Mutter bemessen wurde.

Die asoziale Gefahr macht also nicht unbedingt vor der Ehe Halt. Häusliche Zwiste, späte Heiraten, voreheliche Verhältnisse (mit ihren oft nachhaltigen ethischen und gesundheitlichen Folgen) tragen den Kern asozialer Negierung der normalen Sexualordnung in sich. Oft genug führt der Umstand, daß nicht der Partner und nicht das Sexualglück gefunden wurde, das gewünscht worden war, auch zu Konflikten mit dem Strafgesetz, sei es in direkter Verneinung oder gar Auflehnung gegen den Partner, sei es mittelbar durch den Verlust des festen Bodens unter den Füßen. Sehnsucht nach Änderung und Aufstieg, ebenso wie Gefährdung durch Abstieg sind meist mit polygamem Geschlechtstrieb verbunden. Männer und Frauen, die als Künstler oder in anderer Art aus der Reihe der bürgerlich Feststehenden — in gutem wie in schlechtem Sinne — heraustreten, pflegen bekanntermaßen sexuell variabel zu sein und geben so dem Kulturleben heute wie in früheren Perioden ein farbiges, wenn auch sozial ungünstiges Bild. Das soziale Zusammenleben hat trotz der Regel der bürgerlichen Moral stets diese sexuellen Eigenbrötler vertragen müssen, hat ihrer vielfach sogar bedurft und hat sie mit Ehren und Lohn überhäuft trotz ihrer unbürgerlichen Moral. Sie beeinflussen die Erscheinungen des sozialen Zusammenlebens stärker und nachhaltiger, als man gewöhnlich zugeben will, verändern den Inhalt und die Äußerungen des Schamgefühls, regen auch dort, wo man ihren Auffassungen nicht folgt und Kritik übt, die Produktivität an und bringen grelle Farben in die soziale Ordnung — mit der Gefahr, hie und da die soziale Ordnung zur Unordnung umzufärben. In dem Kampf zwischen Individualismus und Durchschnittsordnung kommt aber auch hier für die Freiheit stets eine Grenze, an der die Sitte oder das Strafgesetz ein Halt gebietet und den die Grenze Überschreitenden aus sexuellen Gründen zu einem Asozialen stempelt. Die Prostitution beiderlei Geschlechts ist nur eines der Beispiele dafür und sie ist ja mit dem Bohèmetum in dessen Niederungen oft so eng verbunden, daß die Grenze flüssig wird. Zeitweise und klassenweise sprengte also der Trieb die soziale Ordnung und schuf in den Prostituierten und in manchen unproduktiven Erwerbsklassen asoziale Körper im sozialen Gesamtrahmen, die geduldet sich freilich in die soziale Ordnung, so gut es eben gehen mag, einzufügen suchten.

In diesem Zusammenhange muß noch des sozialen Moments des öffentlichen Ärgernisses gedacht werden, das vorwiegend als sexuelles Ärgernis verstanden wird. Das beruht auf Grundtatsachen der Sexualsoziologie, auf ihrer offiziellen Normfreudigkeit und dem Bestreben, die eigentlichen Erscheinungen in die Geheimnissphäre des privaten Lebens und Hauses zu verbannen. Vielleicht hängt es mit diesem grundsätzlich privaten Charakter der Betätigung zusammen, daß es nach der Rechtsordnung auch für das öffentliche Ärgernis als Tatbestand genügt, wenn ein in sexueller Hinsicht nicht besonders gesunder Mensch tatsächlich Ärgernis genommen hat (also ein subjektiver Maßstab, der durch den objektiven nur teilweise normiert wird). Der Begriff des Unzüchtigen aber bleibt objektiver Feststellung zugänglich; wichtig ist hierfür die RG.-Entsch. im RGSt. 67, 110, wo (S. 112) mit Recht betont wird, daß „die Allgemeinheit, d. h. die Menge der sittlich anständig Empfindenden“ bei dem Eindruck von der betreffenden mit angesehenen Handlung nicht lediglich „als bloßer Beobachter, sondern als ein Urteilender“ zu werten ist, der durch die äußeren Vorgänge hindurch „Gesinnung und Willensrichtung des Täters“ erkennt (z. B. bei perversen Handlungen).

Wie dann im besonderen aus der Asozialität oder der Antisozialität des Sexuallebens kriminelle Tatbestände werden, das ist in anderen Artikeln dieses Handwörterbuchs dargestellt (vgl. Sittlichkeitsverbrecher und die anderen oben S. 582 genannten Stichwörter).

Schrifttum:

John Lubbock, Die Entstehung der Zivilisation, 5. Aufl. 1890. — Emil Lucka, Die drei Stufen der Erotik, Berlin u. Leipzig 1913. — Heinrich Schurtz, Altersklassen und Männerbünde, Berlin 1902. — Marie-Luise Enckendorf, Realität und Gesetzlichkeit im Geschlechtsleben, Leipzig 1910. — Leopold v. Wiese, Erotik und Kultur, in „Neue Generation", 10. Jahrg., H. 1 (1914). — Die einschlägigen Artikel des „Handwörterbuchs der Sexualwissenschaft" (Marcuse), Bonn 1926 mit weiteren Literaturangaben.

Alexander Elster.

Sicherheitshaft s. Verwahrung, polizeiliche, Sicherheits- und Schutzhaft.

Sichernde Maßnahmen.

I. Theorie und Geschichte. „Sichernde Maßnahmen" sind spezialpräventiv gedachte Maßregeln des Staates gegen chronisch erhöht gefährliche Kriminelle und haben den Zweck, die Volksgemeinschaft vor weiterer verbrecherischer Gefährdung seitens dieser asozialen Elemente zu schützen, entweder durch Anpassung des Einzelnen an die Volksgemeinschaft (erziehende oder bessernde Maßnahmen) oder durch Ausscheidung der Anpassungsunfähigen aus der Volksgemeinschaft (sichernde Maßnahmen in engerem Sinn). Der Begriff der „sichernden Maßnahmen" ist insofern ein enger juristisch-technischer geworden, als das geltende deutsche Recht darunter nur solche sichernde Maßnahmen versteht, die sich gegen eine Person richten, deren Voraussetzung ferner eine mit Strafe bedrohte, d. h. mindestens straftatbestandsmäßig rechtswidrige Tat ist und die deshalb vom Strafgericht verhängt werden. Der Begriff umfaßt also nicht mehr: a) Die kriminalpolitischen Vorbeugungsmaßnahmen der Polizei und anderer Verwaltungs- oder Gerichtsbehörden, die — wie etwa Schutzhaft und Fürsorgeerziehung — auch ohne die Voraussetzung einer strafbedrohten Tat und auch schon gegen nur akut kriminell Gefährliche, d. h. zur Verhütung einer Einzeltat und nicht erst zur Paralysierung einer verbrecherischen „Lebensform" angeordnet werden können; b) die strafgerichtlichen oder polizeilichen Schutzmaßnahmen, die sich als „Einziehung" oder „Unbrauchbarmachung" gegen gefährdende Sachen (instrumenta sceleris) richten (§§ 40 bis 42 StGB.). — Von der Strafe unterscheidet sich die sichernde Maßnahme in der staatlichen Zielsetzung dadurch, daß sie dem Schutz der Volksgemeinschaft ausschließlich durch Spezialprävention dienen soll; die sichernde Maßnahme soll das ersetzen, was der Strafe in dieser Richtung an kriminalpolitischen Wirkungsmöglichkeiten fehlt oder gar fehlen soll. Die sichernde Maßnahme hat also keinen Anteil — jedenfalls in der Zwecksetzung, nicht auch immer in der tatsächlichen Wirkung — an den anderen Zielen, die der Strafe außerdem (oder gar nur) gesetzt werden: Vergeltung der Tat, Sühne, Abschreckung der Allgemeinheit (Generalprävention), Genugtuung für den Verletzten usw. Obschon die sichernde Maßnahme an Eingriffen in die körperliche Unversehrtheit (Kastration!), Freiheit und andere Rechtsgüter des Verurteilten der Strafe kaum nachsteht, ja diese wohl vielfach übertrifft, fehlen ihr vor allem das sozial-ethische Mißbilligungsurteil über den Täter und der bewußte Eingriff in die Ehre des Verurteilten, die nur der Strafe vorbehalten sind. Die Tat ist demgemäß nicht, wie bei der Strafe, Wesensgrund der sichernden Maßnahme, sondern ist nur Anknüpfungspunkt für die Zuständigkeit des Strafgerichts hinsichtlich der sichernden Maßnahme und dient weiterhin im Sinne einer gesetzlichen Beweisregel als unerläßliches Symptom der weiteren sozialen Gefährlichkeit des Täters. Statt zur Schuld muß bei der sichernden Maßnahme die Tat (oder eine Mehrheit von Taten) zur Gefährlichkeit, d. h. einer dauernden gefährlichen kriminellen Disposition des Täters zurechenbar sein, wobei die Größe der Gefahr, d. h. der Wahrscheinlichkeit, daß von dieser Person weitere strafbedrohte Handlungen zu erwarten sind, abhängt von der Größe der Verletzungsmöglichkeit und von der Größe der möglichen Verletzung. Wie dieser Gedanke der Gefährlichkeitszurechnung im geltenden Recht bei den einzelnen sichernden Maßnahmen gesetzgeberisch gefaßt ist, s. unter 2B. Im übrigen s. Exner, Theorie der Sicherungsmittel, 1914.

Da die Strafe im Laufe der Geschichte gegenüber den zurechnungsunfähigen Verbrechern als kriminalpolitisches Mittel völlig ausgeschieden ist, ist die Bekämpfung dieser Kriminellen heute die unbestrittene Domäne der sichernden Maßnahmen. Ein ähnlicher historischer Vorgang hat gegenüber jugendlichen Verbrechern bei den jüngeren Lebensaltern ebenfalls zu einer völligen Verdrängung, bei den älteren aber immer mehr zu einer nur subsidiären Stellung der Strafe gegenüber der bessernden Maßnahme geführt, s. d. Art. Jugendgerichtsgesetz. Umstritten ist vor allem noch die Aufteilung zwischen Strafe und sichernder Maßnahme für die Behandlung der erwachsenen zurechnungsfähigen Verbrecher, namentlich bei folgenden Gruppen: Den vermindert Zurechnungsfähigen, vor allem den schweren Psychopathen; bei den Süchtigen; bei den sogenannten gemeinschädlichen Leuten, wie Vagabunden, Prostituierten u. ä. und bei den gefährlichen Gewohnheitsverbrechern. Seit Jahrhunderten machen diese Gruppen kriminalpolitisch Kopfzerbrechen. Ihre chronische Sozialgefährlichkeit drängt seit je her zu radikalen Sicherungsmaßnahmen seitens des Staates. (Zum Folgenden s. v. Liszt-Schmidt, 26. Aufl., Bd. I, § 56 II.) Das Mittelalter suchte sie mit den ihm eigenen Strafmitteln der Todesstrafen, verstümmelnden Leibesstrafen und der Landesverweisung auf dem Wege des „Übersiebnens" und „Richtens auf Leumund" durchzuführen. Die spätere Zeit entwickelte zum gleichen Zweck auf Grund des Art. 136 der Carolina die Verwahrung auf unbestimmte Zeit, daneben Verdachtsstrafen, Friedensbürgschaft, korrektionelle Nachhaft, sowie Zucht- und Arbeitshaus. Eine scharfe Unterscheidung zwischen Strafe und sichernder Maßnahme wird dabei in dieser Zeit des frühen Polizeistaates nirgends gemacht noch verlangt; sie ist erst ein Produkt des am Ende des 18. Jahrhunderts mit der Hochaufklärung sich herausbildenden liberalen Rechtsstaates. Um diese Zeit stellte der Schöpfer des strafrechtlichen Teiles des preußischen Allgemeinen Landrechts, E. F. Klein, die erste „Theorie der Sicherungsmittel" auf, die zwischen im Urteil nach Art und Maß genau festzusetzenden Strafen, die begrifflich notwendig ein Übel enthalten, und den Maßregeln der Sicherung und Besserung unterschied, welche gemäß der zeitlich unberechenbaren Gefährlichkeit des Täters von unbestimmter Dauer sind und nicht wesensmäßig dem Täter „empfindlich" zu sein brauchen; die sichernde Maßnahme sollte in der Hand des Richters liegen und im Vollzug dem Strafvollzug nachfolgen. Das preußische Strafrecht schloß sich in § 5 II 20 ALR. zunächst diesem Vorschlag der „Zweispurigkeit" an, ging aber mit der ZirkularVO. vom 26. II. 1799 gegenüber den gefährlichen zurechnungsfähigen Verbrechern zur „Einspurigkeit", d. h. zur unbestimmten Sicherungsstrafe über. Unter dem Einfluß Feuerbachs fiel diese unbestimmte Sicherungsstrafe jedoch bald der Forderung der Zeit wieder zum Opfer, die im Interesse des Schutzes des Bürgers gegen Richterwillkür festbestimmte und für jeden Bürger vorher berechenbare Strafen verlangte, von denen man außerdem — in der rationalistisch-mechanistischen Kriminalpsychologie der Zeit befangen — eine besonders hohe generalpräventive Wirkung gerade wegen ihrer für Jedermann möglichen Voraussehbarkeit erwartete (Theorie des psychologischen Zwangs). Die Abneigung der Zeit, dem Staat erzieherische und ähnliche Eingriffe in die Individualsphäre seiner Untertanen zuzugestehen, führte zu einer fast gänzlichen Ausscheidung der Spezialprävention aus dem Bereich der Strafzwecke. Ein Vorgang, der noch durch die ideologische Umdeutung verstärkt wurde, die jenes ursprünglich nüchtern generalpräventiv und liberal-rechtsstaatlich gedachte System fest bestimmter Strafen unter dem Einfluß Hegelscher Dialektik zur sogenannten Vergeltungsstrafe allmählich erfuhr, die abgelöst von aller „unjuristischen" kriminalpolitischen Zwecksetzung immanent gerechte Repression übt, indem sie — Gleiches mit Gleichem in genauer Entsprechung von Einzeltatschuld und Strafe vergeltend — der Wiederherstellung des negierten Rechts und der Befriedigung des Vergeltungsbedürfnisses dient. Seitdem wurde das Problem „Strafe und sichernde Maßnahme" zum Tummelplatz von Rechtspositivismus und Begriffsjurisprudenz: Strafe (als Repression) und sichernde Maßnahme (als Prävention) werden als begrifflich einander absolut ausschließende Einrichtungen normlogisch-theoretisch konstruiert. Wie noch das StGB. von 1871 zeigt, verwies man die sichernde Maßnahme als ein dem Strafrecht wesensmäßig fremdes Institut aus dem Bereich der Strafjustiz in das der Verwaltung, vor allem der Polizei. Wirklichkeitsabgewandt ging die Erkenntnis verloren, daß kriminalpolitisch-teleologisch gesehen beide Institute im praktischen Leben weitgehend gleiche repressive wie präventive Wirkung und gleiche Ausgestaltungsform annehmen und insoweit zur Vermeidung eines kostspieligen Doktrinarismus auch vereinigt werden sollten, sachlich zur „Sicherungsstrafe" oder doch prozessual in der Personalunion des Kriminalrichters.

Erst Franz v. Liszt und seine Schüler nahmen den Kampf gegen diese von der sogenannten klassischen Strafrechtsschule vertretene Position unter der Devise der kriminalpolitischen „Schutzstrafe" auf. Sie forderten — zuerst im Marburger Programm 1883 — auf Grund des kriminalpolitischen Mißerfolges dieses künstlich auf die Generalprävention beschränkten sogenannten Vergeltungsstrafrechts im Namen von Staat und Gesellschaft die stärkere Berücksichtigung auch der Besserungs- und Sicherungsmöglichkeiten, die in der Strafe enthalten sind, und nur, so weit die Strafe diese nicht erreichen kann, Ergänzung durch strafrichterliche Maßregeln der Sicherung und Besserung, wie Heil- und Pflegeanstalt, Trinkerheilanstalt usw., deren Vollzug aber weitgehend mit dem Strafvollzug sollte vikariieren können. Die wichtigste Forderung war die zeitlich unbestimmte Sicherungsstrafe gegen das zunehmende Gewohnheitsverbrechertum. Sie stieß auf erbitterten Widerspruch seitens der klassischen Strafrechtsschule, die v. Liszts Vorschlag als „brutal", als einen Verstoß gegen den strafrechtlichen Grundsatz „keine Strafe ohne Schuld und jede Strafe nur nach Maß der Schuld" sowie als eine Bedrohung der Rechtsgarantieen des Bürgers ablehnte (dazu v. Wedel, Franz v. Liszt und der Positivismus, Schweiz. Z. f. Strafrecht, Jahrg. 1933, S. 324ff.). Die beiden Richtungen fanden sich schließlich in dem von Stooß zuerst im Schweizerischen Vorentwurf 1893 gesetzgeberisch formulierten Kompromiß der strafrichterlichen Kumulation von fest bestimmter Strafe (nach Maß der Einzeltatschuld) und unbestimmter Sicherungsverwahrung (nach Maß der Gefährlichkeit) gegen den Gewohnheitsverbrecher. Der erste Staat, der diese Zweispurigkeit zum Gesetz erhob, war England in der Prevention of Crime Act von 1908. In Deutschland blieb bis zum November 1934 die gleiche Regelung nur Entwurf; es bedurfte erst des Durchbruchs nationalsozialistischen Staatsdenkens, um die individualistischen Bedenken gegen die vorgeschlagenen, tief eingreifenden unbestimmten Sicherungsmaßregeln der deutschen Strafgesetzentwürfe zu überwinden. Mit dem G. vom 24. XI. 1933 (s. unten) hat v. Liszt in der Sache gesiegt, in der Form der zweispurigen Durchführung die klassische Schule. Viele Anzeichen sprechen dafür, daß die jetzige Form überwunden werden wird durch die einheitliche Sicherungsstrafe gegenüber dem gefährlichen Gewohnheitsverbrecher. Die nunmehr 25jährige englische Praxis mit dem zweispurigen System hat gezeigt, daß in der Wirklichkeit kaum ein wesentlicher Unterschied im Vollzug von Zuchthausstrafe und Sicherungsverwahrung gemacht werden kann, daß die Gefangenen, wie das Volk, die Sicherungsverwahrung gerade wegen ihrer Unbestimmtheit als eine sehr viel härtere Strafe empfinden als die zuvor verbüßte zeitliche Freiheitsstrafe und daß aus dem gleichen Grunde die Sicherungsverwahrung stärkste generalpräventive Wirkung entfaltet; England ist im Begriff, zur „Einspurigkeit" mit relativ unbestimmtem Strafurteil überzugehen (s. Report on persistent offenders, May 1932). Die neuere Rechtsdogmatik (Grünhut, Eb. Schmidt, Erik Wolf, Bohne u. a.); vgl. v. Liszt-Schmidt, 26. Aufl., Bd. I, § 36 IV 1) aber ist auf gutem Wege, nachzuweisen, daß Gefährlichkeit bei zurechnungsfähigen Verbrechern ein Schuldmoment bedeutet (wie § 20a StGB. mit seiner Strafschärfung für Rückfall zeigt) und daß die Zweispurigkeit in der Behandlung des Gewohnheitsverbrechers die Begriffe der liberal-rechtsstaatlichen Vergeltungsstrafe und der individual-ethischen Einzeltatschuld des 19. Jahrhunderts voraussetzt, die für den nationalsozialistischen Staat nicht mehr verbindlich sein können (vgl. dazu die viel zu wenig beachteten zusammenfassenden Ausführungen von Eberhard Schmidt, „Zur Theorie des unbestimmten Strafurteils", Schweizerische Zeitschr. f. Strafrecht, Jahrg. 1931, Heft 2).

II. Das geltende deutsche Reichsstrafrecht kennt ein ausgebautes System von Maßregeln der Sicherung und Besserung seit 1923 zunächst im Jugendstrafrecht in den sogenannten Erziehungsmaßregeln des JGG. § 7. S. darüber Art. Jugendgerichtsgesetz. Die entsprechenden Maßnahmen für erwachsene Verbrecher fügte erst das „G. gegen gefährliche Gewohnheitsverbrecher und Maßregeln der Sicherung und Besserung" vom 24. XI. 1933 (RGBl. I, 995) mit dem neuen Abschnitt 1a „Maßregeln der Sicherung und Besserung" in den 1. Teil des StGB. ein. Ein Ausführungsgesetz vom gleichen Tage (RGBl. I, 1000) paßte das Gerichtsverfassungsgesetz, die Strafprozeßordnung, das Jugendgerichtsgesetz und andere strafrechtliche Nebengesetze der neuen Reform an. Den Vollzug der Maßregeln der Sicherung und Besserung, so weit sie mit Freiheitsentziehung verbunden sind, regelt eine VO. des Reichsjustizministers vom 14. V. 1934 (RGBl. I, 383), Art. 3 (SichVollzVO.). Nach diesen 3 Gesetzen gilt der folgende am 1. I. 1934 in Kraft getretene Rechtszustand:

A. Allgemeines: § 42a StGB. zählt 6 Maßregeln auf:

1. Heil- oder Pflegeanstalt; 2. Trinkerheil- oder Entziehungsanstalt; 3. Arbeitshaus; 4. Sicherungsverwahrung; 5. Entmannung; 6. Untersagung der Berufsausübung. Anfänglich war noch als 7. Maßregel die Reichsverweisung von Ausländern in §§ 42a Nr. 7, 42m eingefügt; durch das G. über Reichsverweisung vom 23. III. 1934 (RGBl. I, 213) ist diese Vorschrift seit dem 1. VI. 1934 als strafrichterliche Maßnahme wieder beseitigt. Dagegen ist die sichernde Maßnahme der Polizeiaufsicht, wie schon seit 1871 in §§ 38, 39 StGB. geregelt war, beibehalten. Die Regelung der in den Entwürfen vorgesehenen sichernden Maßnahme der Schutzaufsicht ist der Gesamtstrafrechtsreform überlassen worden. Die in anderen Staaten eingeführten sichernden Maßnahmen der Friedensbürgschaft und des Wirtshausverbots sind dagegen nicht übernommen. — Von den 6 Maßregeln des § 42a sind die ersten 4 mit Freiheitsentziehung verbunden, von denen keine an eine Mindestzeit und drei (Nr. 1, 4, und bei wiederholter Unterbringung auch Nr. 3) an keine

Höchstzeit gebunden sind. Mit Ausnahme der Unterbringung in einer Trinkerheil- und Entziehungsanstalt, die in erster Linie der Heilung des Untergebrachten dienen soll, stellt bei den übrigen 5 Maßnahmen die Sicherung zum mindesten den überwiegenden Zweck dar. — Mit Ausnahme des Arbeitshauses sind Maßregeln der Besserung und Sicherung nur bei Verbrechen und Vergehen zulässig. — Aus dem Gedanken der reinen Gefährlichkeitszurechnung (s. oben) folgt grundsätzlich fünferlei:

a) Die Anordnung der Maßregel hat zu unterbleiben, wenn auch gelindere Mittel gleich gut zum Ziele führen oder die Zweckerreichung bereits anderweitig, etwa durch gleichwertige Maßnahmen der Verwaltungsbehörden, sichergestellt ist.

b) Besteht über die Frage, ob gegen einen Täter eine Maßregel angeordnet werden soll, Zweifel, so ist nicht zu Gunsten des Täters, sondern zu Gunsten der vom Täter gefährdeten Allgemeinheit zu entscheiden (in dubio contra reum).

c) Sind seit Rechtskraft des Urteils — uneingerechnet der Zeit eines etwaigen zwangsweisen Anstaltsaufenthaltes — 3 Jahre verstrichen, ohne daß mit dem Vollzug einer Unterbringungsmaßnahme begonnen worden ist, so bedarf es zum Vollzug einer nochmaligen Anordnung des Gerichts nach erneuter Prüfung, ob der Zweck die Maßregel noch erfordert (§ 42g StGB.).

d) Bei einer Gesetzesänderung zwischen der Tat und der Aburteilung ist im Gegensatz zur Strafe bei den Maßregeln der Sicherung und Besserung stets nach dem Gesetz zu entscheiden, das zur Zeit der Entscheidung gilt (§ 2a StGB.). In den Übergangsvorschriften ist sogar der Grundsatz der Rechtskraft durchbrochen, indem die nachträgliche Anordnung von Sicherungsverwahrung und Entmannung auch für Personen zugelassen ist, die vor dem 1. I. 1934 bereits rechtskräftig abgeurteilt waren und an diesem Datum noch ihre Freiheitsstrafe verbüßten (Art. 14 AusfG.).

e) Die Entlassung ist bei einer freiheitsentziehenden Maßregel vorzunehmen, sowie der Zweck erreicht ist, d. h. der Täter keine Gefahr mehr für die Allgemeinheit bedeutet. Nach § 42h StGB. ist die Entlassung jedoch stets nur bedingt; das Gericht kann bei der Entlassung oder auch nachträglich dem Untergebrachten besondere Pflichten, z. B. Unterstellung unter Schutzaufsicht auferlegen; zeigt der Entlassene durch sein Verhalten in der Freiheit, daß der Zweck der Maßregel seine erneute Unterbringung erfordert, und ist die Vollstreckung noch nicht verjährt, so widerruft das Gericht die Entlassung.

Auf Maßregeln der Sicherung und Besserung ist, abgesehen von der Unterbringung Zurechnungsunfähiger in einer Heilanstalt, stets neben der Strafe zu erkennen. Treffen Freiheitsstrafe und freiheitentziehende Maßregel zusammen, so ist grundsätzlich die Strafe zuerst zu vollstrecken; umgekehrter Vollzug ist ganz oder teilweise nur bei Unterbringung in einer Heil- oder Pflegeanstalt sowie in einer Trinkerheil- oder Entziehungsanstalt zulässig (§ 456b StPO.). Ein Vikariieren zwischen Strafe und sichernder Maßnahme ist nicht zulässig; das ist doktrinär, etwa im Hinblick auf Haft und Arbeitshaus, und häufig unpraktisch, etwa im Hinblick auf Heilanstalt und Strafvollzug bei vermindert Zurechnungsfähigen, weil hier ein nachträglicher Strafvollzug die Heilerfolge der Heilanstalt nur zu leicht wieder völlig in Frage stellen kann (s. d. Art. Haftpsychologie 3b, 4). Im übrigen können nach § 42n die verschiedenen Maßregeln der Sicherung und Besserung auch neben einander angeordnet werden, um den Vollzugsbehörden möglichst großen Bewegungsspielraum in den Behandlungsmethoden gegenüber dem Verurteilten zu lassen. — Eine bedingte Aussetzung der Maßregel ist nicht zugelassen.

Die Anordnung der Maßregeln der Sicherung und Besserung ist den Strafgerichten im Strafverfahren übertragen. Da die Anordnung für den Betroffenen eine sehr einschneidende Maßnahme ist, sind in das Verfahren besondere Sicherungen gegen irrige und mißbräuchliche Anwendungen eingebaut:

Grundsätzliche Zuständigkeit der Kollegialgerichte, vor allem also der Schöffengerichte an Stelle des Amtseinzelrichters (§ 26a GVG., § 270 Abs. 1 Satz 2, 5a StPO.); notwendige Verteidigung, wenn Anordnung von Heil- oder Pflegeanstalt, Sicherungsverwahrung, Entmannung oder Untersagung der Berufsausübung zu erwarten ist (§§ 140 Abs. 2, 145 StPO.); Ausdehnung der Ermittlungen der Staatsanwaltschaft im Vorverfahren auf die für die Anordnung bedeutsamen Umstände (§ 160 Abs. 3 StPO.); Heranziehung von Sachverständigen möglichst schon im Vorverfahren, wenn Anordnung von Heil- oder Pflegeanstalt, Trinkerheil- oder Entziehungsanstalt oder Entmannung zu erwarten ist (§§ 80a, 246a StPO.); Hinweis auf Veränderung des rechtlichen Gesichtspunktes und notfalls Aussetzung der Verhandlung bei ungenügender Vorbereitung der Verteidigung, wenn erst während der Verhandlung die Möglichkeit der Anordnung von sichernden Maßnahmen auftaucht (§ 265 Abs. 2 StPO.); Ausschluß der Anordnung von Maßregeln der

Sicherung und Besserung im Privatklageverfahren auf dem Wege des Strafbefehls und bei Abwesenheit des Angeklagten (§§ 384 Abs. 1 S. 2, 407 Abs. 3, 233a StPO.); Erfordernis der $^2/_3$-Mehrheit im Kollegialgericht (§ 263 StPO.)

Die Anordnung der Maßregeln der Sicherung und Besserung ist im Urteilstenor auszusprechen und in den Urteilsgründen zu rechtfertigen (§§ 260 Abs. 1, 2, 267 Abs. 6 StPO.). Die Anordnung ist mit den gleichen Rechtsmitteln anfechtbar wie die Strafe. Das Verbot der reformatio in peius gilt ebenfalls, jedoch nicht bei den auf eine Heilung abzielenden Maßregeln der Heil- oder Pflegeanstalt und Trinkerheil- oder Entziehungsanstalt (§§ 331 Abs. 2, 358 Abs. 2, 373 Abs. 2 StPO.). Auch Wiederaufnahme des Verfahrens ist im Rahmen der §§ 359 Abs. 2, 363 Abs. 1, 371 Abs. 3 StPO. im gleichen Umfang wie bei der Strafe möglich; auch eine Entschädigung bei Aufhebung einer Maßregel im Wiederaufnahmeverfahren ist nach Art. 5 AusfG. vorgesehen.

Die Anordnung von Maßregeln der Sicherung und Besserung wird in das Strafregister eingetragen, vgl. §§ 5a, 7a, 9a Strafregister-VO. vom 17. II. 1934 (RGBl. I, 140); §§ 1 Abs. 3, 6, 7 G. für beschränkte Auskunft aus dem Strafregister und die Tilgung von Strafvermerken vom 9. IV. 1920 (zuletzt geändert durch AusfG. vom 24. XI. 1933).

Auf die Vollstreckung von Maßregeln der Sicherung und Besserung finden die Vorschriften über Strafvollstreckung §§ 449ff. StPO. sinngemäß Anwendung, soweit nichts anderes bestimmt ist (§ 463a StPO.). Strafvollstreckungsbehörde ist also die Staatsanwaltschaft, u. U. auch der Amtsrichter. Gemäß StPO. § 455 (wegen Krankheit) und § 456 (wegen erheblicher Nachteile für die Familie usw.) kann die Vollstreckungsbehörde auch den sofortigen Vollzug einer Maßregel aufschieben; jedoch ist § 455 nicht auf den Aufschub der Unterbringung in einer Heil- oder Pflegeanstalt und § 456 nicht auf den Aufschub der Sicherungsverwahrung anwendbar (§ 463 Abs. 2 StPO.). Hinsichtlich Aufschub des Berufsausübungsverbots (§ 456d StPO.) s. unten B 6. Gegenüber Ausländern kann die Vollstreckungsbehörde von der Vollstreckung auch einer Maßregel der Sicherung und Besserung absehen, wenn der Verurteilte wegen einer anderen Tat einer ausländischen Regierung ausgeliefert oder wenn er auf Grund eines Strafurteils aus dem Reichsgebiet verwiesen wird; kehrt der Verurteilte ins Inland zurück, so kann die Vollstreckung gemäß § 42g StGB. nachgeholt werden (§ 456a StPO.). — Über Einwendungen gegen die Entscheidungen der Vollstreckungsbehörde in den Fällen der §§ 455, 456, 456d StPO. sowie über die Entlassung bei freiheitentziehenden Maßregeln entscheidet das Vollstreckungsgericht, d. i. das Gericht I. Instanz in der für Entscheidungen außerhalb der Hauptverhandlung vorgeschriebenen Besetzung; eine mündliche Verhandlung findet nicht statt; mit der Entlassung befaßt sich das Vollstreckungsgericht entweder von Amts wegen oder auf Antrag des Untergebrachten oder der Vollzugsbehörde. Gegen die Beschlüsse des Vollstreckungsgerichts ist sofortige Beschwerde zulässig, die aber den Vollzug der Beschlüsse nicht zu hemmen vermag, vgl. §§ 463a Abs. 3, 462, 307 Abs. 1, 2 StPO.

Über die Durchführung des Vollzuges der freiheitentziehenden Maßregeln bestimmt die SichVollzVO. allgemein: Frauen sind von Männern getrennt in besonderen Abteilungen oder Anstalten unterzubringen; jede Anstalt muß einen Vorsteher und die zur Durchführung des Anstaltszwecks erforderliche Anzahl von Beamten und Angestellten haben; für die Aufnahme, Entlassung, Entlassenenfürsorge und das Beschwerderecht gelten die Grundsätze der „VO. über den Vollzug von Freiheitsstrafen“ vom 14. V. 1934 entsprechend, jedoch entscheidet über Beschwerden von in nicht öffentlichen Anstalten Untergebrachten statt des Vorstehers die Aufsichtsbehörde, vgl. §§ 2—4 SichVollzVO.

Die Befugnis, auf Grund einer Tat Maßregeln der Sicherung und Besserung anzuordnen, erlischt mit der Verjährung der Strafverfolgung (§ 67 Abs. 5 StGB.). Die Vollstreckung einer rechtskräftig verordneten Maßregel verjährt in 10 Jahren, jedoch die Unterbringung in einer Trinkerheilanstalt, einer Entziehungsanstalt und der erstmaligen Unterbringung in einem Arbeitshaus sowie der Entmannung in 5 Jahren (§ 70 Abs. 2 StGB.); ist daneben auf eine Strafe erkannt, so verjährt die Vollstreckung der Strafe nicht früher als die der Maßregeln und umgekehrt (§ 71 StGB.).

Völlige oder teilweise Vereitelung der Vollstreckung oder des Vollzuges einer Maßregel der Sicherung und Besserung ist in ihren verschiedenen Formen in §§ 257a, 122a, b, 120, 121, 122, 347 Abs. 3 StGB. unter Strafe gestellt; unzulässige Vollstreckung oder Nichtvollstreckung in §§ 345, 346 StGB.

B. **Die einzelnen Maßnahmen im besonderen:**

1. Die Unterbringung in einer **Heil- oder Pflegeanstalt** muß vom Strafrichter gemäß § 42b StGB. gegenüber Zurechnungsunfähigen und — neben der Strafe — auch gegenüber vermindert Zurechnungsfähigen angeordnet werden, wenn sie für die öffentliche Sicherheit gefährlich sind. Die Unter-

bringung ist an keine Frist gebunden, doch muß das Gericht mindestens alle 3 Jahre prüfen, ob der Zweck der Unterbringung erreicht ist (§§ 42f Abs. 3—5). Die Maßnahme ist auch gegenüber Jugendlichen anwendbar (§ 9 Abs. 5 JGG.). Die Anstalt soll möglichst von einem Facharzt geleitet werden; in erster Linie ist sicherzustellen, daß die Untergebrachten nicht entweichen; daneben sind sie, soweit möglich, zu heilen und zu erziehen, vgl. §§ 3 Satz 2, 5, 6, 7 SichVollzVO. Die Untergebrachten können innerhalb und außerhalb der Anstalt auf eine ihren Fähigkeiten und Verhältnissen angemessene Weise beschäftigt werden (§ 421 Abs. 2 StGB.); im Rahmen der Anstalt zweckvolle Selbstbeschäftigung kann gestattet werden. Der Arbeitsertrag fließt in die Anstaltskasse (§ 6 SichVollzVO.).

Bereits im Ermittlungsverfahren der Staatsanwaltschaft kann sich herausstellen, daß der Täter die Tat im Zustand der Zurechnungsunfähigkeit begangen hat. Dann kann die Staatsanwaltschaft den Antrag stellen, die Unterbringung des Beschuldigten in einer Heilanstalt selbständig anzuordnen. Für dieses in § 429 a—d StPO. geregelte sogenannte Sicherungsverfahren gelten sinngemäß die Vorschriften des Strafverfahrens, doch ist an Stelle des Volksgerichtshofs, Oberlandesgerichts I. Instanz und Schwurgerichts die große Strafkammer zuständig. Auch ist eine Hauptverhandlung ohne den Beschuldigten in erweitertem Maße möglich. An Stelle des Haftbefehls tritt der sogenannte Unterbringungsbefehl, der aber nicht nur prozessualen, sondern auch Zwecken der Verhütung weiterer Verbrechen dient (§ 126a StPO.). Ergibt sich im Sicherungsverfahren, daß der Beschuldigte doch zurechnungsfähig ist, so ergeht gegebenenfalls Beschluß auf Unzuständigkeit und Überweisung an das zuständige Gericht.

Neben den Befugnissen des Strafrichters aus § 42b StGB. bleibt konkurrierend die irrenrechtliche Zuständigkeit der Verwaltungsbehörden gegenüber gemeingefährlichen Geisteskranken, insbesondere solchen, die noch keine Straftat begangen, aber diese befürchten lassen, oder gegen welche die Staatsanwaltschaft kein Sicherungsverfahren beantragt hat, im bisherigen Umfang bestehen. Für Preußen vgl. MinErl. vom 21. I. u. 25. IV. 1932; 3. VIII. 1933 (MinBliV. 1932, S. 89, 777; 1933, S. 969). Im übrigen s. d. Art. Geisteskranke Verbrecher und verbrecherische Geisteskranke B.

2. Die Unterbringung in einer Trinkerheilanstalt oder Entziehungsanstalt muß nach § 42c StGB. neben der Strafe vom Gericht angeordnet werden, wenn Jemand a) gewohnheitsmäßig im Übermaß geistige Getränke oder andere berauschende Mittel (Morphium, Opium, Kokain usw.) zu sich nimmt; b) wegen eines Verbrechens oder Vergehens, das er im Rausch begangen hat oder das mit einer solchen Gewöhnung in ursächlichem Zusammenhang steht, oder wegen Volltrunkenheit (§ 330a StGB.) zu einer Strafe verurteilt wird und c) die Unterbringung erforderlich ist, um ihn an ein gesetzmäßiges und geordnetes Leben zu gewöhnen.

Die Unterbringung kann auch gegenüber Jugendlichen angewendet werden (§ 9 Abs. 5 JGG.). Die Unterbringung dauert höchstens 2 Jahre (§ 42f Abs. 2); frühere Entlassung erfolgt nur bedingt (§ 42h Abs. 1 u. 2). Die Anstalt soll möglichst von einem Facharzt geleitet werden; Ziel der Behandlung ist Heilung von der Sucht und Gewöhnung an ein sozial einwandfreies Leben. Zucht- und Sicherungsmittel sind in gewissem Umfange zugelassen; bei Privatanstalten dürfen sie nur von der Aufsichtsbehörde verhängt werden. Die Arbeitsfrage ist wie bei der Heilanstalt geregelt (s. oben), vgl. §§ 3 Satz 2, 8—12 SichVollzVO. — Die Zwecke der Heil- oder Pflegeanstalt und Trinkerheil- oder Entziehungsanstalten sind jetzt auch durch die neuen Strafbestimmungen §§ 330a, b StGB. gesichert. S. im übrigen die Art. Alkoholismus und Rauschgifte.

3. Die Unterbringung in einem Arbeitshaus muß vom Gericht gemäß § 42d StGB. neben der Strafe gegenüber Personen angeordnet werden, welche a) nach § 361 Nr. 3—8 StGB. (Landstreicherei, Bettelei, Verwahrlosung, Prostitution, Arbeitsscheu, Obdachlosigkeit) zur Haftstrafe verurteilt sind und b) deren Unterbringung erforderlich ist, um sie zur Arbeit anzuhalten und an ein gesetzmäßiges und geordnetes Leben zu gewöhnen. Besserungsfähigkeit ist also nicht erforderlich. Wegen Bettelns ist die Anordnung nur zulässig, wenn der Täter aus Arbeitsscheu oder Liederlichkeit oder gewerbsmäßig gebettelt hat. Arbeitsunfähige können statt in einem Arbeitshaus in einem Asyl untergebracht werden. Gegen Jugendliche darf Arbeitshaus nicht angeordnet werden (§ 9 Abs. 5 JGG.). — Die Dauer des Arbeitshausaufenthaltes darf bei erstmaliger Unterbringung nicht länger als 2 Jahre dauern. Die wiederholte Unterbringung ist dagegen an keine Frist gebunden, doch muß das Vollstreckungsgericht mindestens alle 2 Jahre nachprüfen, ob der Zweck der Unterbringung erreicht ist (§ 42f Abs. 2). Arbeitshäuser dürfen Strafanstalten angegliedert werden, sofern für räumliche Trennung beider Anstalten gesorgt wird. Den Arbeitshäuslern „dürfen nur die Beschränkungen auferlegt werden,

die der Zweck der Maßregel und die Sicherheit oder Ordnung der Anstalt erfordern"; jedoch ist sowohl das Sicherungsmaßnahmen- und Hausstrafensystem als auch die Arbeitsregelung der Strafanstalten entsprechend anzuwenden. Vgl. §§ 1 Abs. 3, 13—15 SichVollVO. Auch die Arbeitshäusler sind in der Anstalt zu den eingeführten Arbeiten anzuhalten; sie können auch zu Arbeiten außerhalb der Anstalt verwendet werden, müssen aber dabei von freien Arbeitern getrennt sein. Selbstbeschäftigung während der Arbeitszeit ist verboten (§ 42i Abs. 1 StGB., § 14 SichVollzVO.). Ein wesentlicher Unterschied zwischen Strafvollzug und Arbeitshaus besteht denn auch praktisch nirgends; wegen seiner unbestimmten Dauer wird das Arbeitshaus von den Häftlingen wie in der Volkswertung im Gegenteil häufig als eine besonders zu fürchtende Strafe empfunden. — Verfahrensrechtlich ist für die Anordnung des Arbeitshauses auch im Wiederholungsfalle der Amtsrichter allein zuständig (§ 25 Nr. 1 StPO.). Er kann wegen Übertretungen, auf welche hin Arbeitshaus angeordnet werden kann, Haftbefehl erlassen (§ 113 StPO.). Der Arbeitshauskandidat genießt von allen Kriminellen, denen zeitlich unbestimmte Freiheitsentziehung droht, die geringsten verfahrensrechtlichen Garantieen, nicht einmal den Schutz der notwendigen Verteidigung.

Dieser neue Rechtszustand hinsichtlich des Arbeitshauses unterscheidet sich von dem früheren Zustand, wie er noch im HdK. I, 144f. dargestellt ist, dadurch, daß nunmehr das Strafgericht unmittelbar diese Maßregel anordnet, statt sie, wie bisher, der Landespolizeibehörde zu überlassen. Ferner ist neu, daß die wiederholte Unterbringung im Arbeitshaus fristlos ist, also u. U. lebenslang dauert, und daß gegen Zuhälter und Glücksspieler nicht mehr auf Arbeitshaus erkannt werden kann (§§ 181a, 285a StGB.). S. im übrigen die Art. Arbeitsscheu, Besserungs- und Bewahrungsanstalten, Obdachlose, Landstreicher, Prostitution.

4. Die Sicherungsverwahrung muß gemäß § 42e StGB. vom Gericht neben der Strafe angeordnet werden, wenn Jemand a) nach § 20a StGB. als ein gefährlicher Gewohnheitsverbrecher verurteilt wird und b) die öffentliche Sicherheit die Verwahrung erfordert. § 20a aber ordnet an: obligatorische Strafschärfung, wenn Jemand a) mindestens zweimal wegen vorsätzlichen Verbrechens oder Vergehens zu Todesstrafe, Zuchthaus oder Gefängnis rechtskräftig verurteilt war, b) durch eine neue vorsätzliche Tat eine Freiheitsstrafe verwirkt hat und c) die Gesamtwürdigung der Taten ergibt, daß er ein gefährlicher Gewohnheitsverbrecher ist; fakultative Strafschärfung, wenn Jemand a) mindestens 3 vorsätzliche Taten begangen hat und b) die Gesamtwürdigung der Taten ergibt, daß er ein gefährlicher Gewohnheitsverbrecher ist. Frühere Taten oder Verurteilungen kommen nicht in Betracht, wenn — uneingerechnet der Zeit eines Anstaltsaufenthaltes — zwischen der Tat oder zwischen Eintritt der Rechtskraft und der folgenden Tat mehr als 5 Jahre verstrichen sind (sogenannte Rückfallfverjährung). — In einem Fall kann auch ohne vorherige Verurteilung aus § 20a StGB. Sicherungsverwahrung angeordnet werden: § 429e StPO. ermöglicht in einem sogenannten nachträglichen Sicherungsverfahren die nachträgliche Sicherungsverwahrung eines im Ausland verurteilten Gewohnheitsverbrechers deutscher Staatsangehörigkeit. — Gegen Jugendliche darf auf Sicherungsverwahrung nicht erkannt werden (§ 9 Abs. 5 JGG.), wohl aber gegen vermindert Zurechnungsfähige. — Die Sicherungsverwahrung ist an keine Frist gebunden, also u. U. lebenslang; das Vollstreckungsgericht muß jedoch mindestens alle 3 Jahre prüfen, ob der Zweck erreicht ist (§ 42f. Abs. 3). — Die Sicherungsverwahrung ist in Anstalten der Justizverwaltung zu vollziehen; diese dürfen an Strafanstalten angegliedert werden, sofern für räumliche Trennung von Gebäuden und Insassen gesorgt ist (§§ 1, 2 SichVollzVO.). In der Sicherungsverwahrungsanstalt ist „das Ziel der unbedingten Sicherheit der Verwahrung und der Verhütung des Entweichens unter besonderer Berücksichtigung der besonderen Gefährlichkeit des Verurteilten rücksichtslos durchzuführen" (§ 16 SichVollzVO.). Die Arbeitsverpflichtung ist genau wie beim Arbeitshaus (s. oben) geregelt (§ 42i StGB.; § 20 SichVollzVO.). Im übrigen genießt der Sicherungshäftling gegenüber dem Sträfling nur eine kleine Anzahl sparsam gehaltener Vergünstigungen in bezug auf Zusatznahrungsmittel, Tabakgenuß, Bücherlesen, Zeitschriftenbezug, Besuchs- und Briefempfang (§§ 18—23 SichVollzVO.) — Vergünstigungen, die kaum ausreichen, um einen wesentlichen praktischen Unterschied zu dem zuvor verbüßten Zuchthausvollzug feststellen zu können. — Im übrigen s. den besonderen Art. Sicherungsverwahrung sowie den Art. Berufsverbrecher.

5. Die Entmannung von über 21 jährigen Sittlichkeitsverbrechern kann vom Gericht neben der Strafe als Verbrechensprävention, nicht also als eugenische Maßnahme unter den Voraussetzungen des § 42k StGB., § 456c StPO. angeordnet werden. Näheres s. die Art. Kastration und Sterilisation.

6. Die Berufsausübung kann vom

Gericht nach § 421 StGB. auf bestimmte Zeit (mindestens 1, höchstens 5 Jahre) untersagt werden, wenn Jemand a) wegen eines Verbrechens oder Vergehens zu Freiheitsstrafe von mindestens 3 Monaten verurteilt wird, b) diese Tat unter vorsätzlichem Mißbrauch seines Berufes oder Gewerbes oder unter grober Verletzung der ihm kraft seines Berufes oder Gewerbes obliegenden Pflichten begangen hat und c) die Untersagung erforderlich ist, um die Allgemeinheit vor weiterer Gefährdung zu schützen. Solange die Untersagung, die mit Rechtskraft des Urteils eintritt, wirksam ist, darf der Verurteilte den Beruf auch nicht für oder durch einen anderen ausüben. Zuwiderhandlungen sind strafbar nach § 145c StGB. Doch kann das Gericht bei Erlaß des Urteils und später auch die Vollstreckungsbehörde mit Einwilligung des Verurteilten oder seines gesetzlichen Vertreters das Inkrafttreten des Berufsausübungsverbots aufschieben, wenn das sofortige Inkrafttreten des Verbots für den Verurteilten oder seine Angehörigen eine erhebliche, außerhalb seines Zwecks liegende, durch späteres Inkrafttreten vermeidbare Härte bedeuten würde (§ 456d StPO.).

Neben § 421 bleiben die Verbote der Ausübung bestimmter Berufe oder Gewerbe oder die Befugnisse zur Schließung von Betrieben in vollem Umfang bestehen, die in zahlreichen Gesetzen und Verordnungen aus gewerbepolizeilichen und ständischen Gründen meist den Verwaltungsbehörden, vereinzelt aber auch Gerichten übertragen sind (s. das Verzeichnis bei L. Schäfer, Strafgesetzbuch, 3. Aufl., Berlin 1934, S. 35ff.).

7. Über die richterliche Anordnung der Zulässigkeit von Polizeiaufsicht §§ 38, 39 StGB. s. d. Art. Polizeiaufsicht.

Schrifttum:

Über die umfangreiche Literatur bis zum G. vom 24. XI. 1933: s. die Angaben bei v. Liszt-Schmidt, Lehrbuch des deutschen Strafrechts, 26. Aufl., Bd. I, §§ 56, 64, 65, Berlin-Leipzig 1932. Wichtigste Monographieen: Exner, Die Theorie der Sicherungsmittel, Berlin 1914. — Röling, De wetgeving tegen de zoogenaamde beroepsen gewoontemisdadigers, Den Haag 1933 (enthält im Anhang alle bis Januar 1933 erschienenen Gesetze und Gesetzentwürfe der Welt zur Bekämpfung des Gewohnheitsverbrechertums und der Sittlichkeitsverbrecher. Meist in der Originalsprache!). Aus neuerer Zeit ferner: Flandrak, Die persönlichen Sicherungsmittel im Strafrecht und Strafverfahren, Wien 1932. — Fraeb u. Wolff, Die straf- u. zivilrechtliche Stellungnahme gegen den Rauschgiftmißbrauch, Leipzig 1927. — Lavanchy, Les mesures de sureté, Chateau d'Oex 1931. — Metzdorf, Der gemeingefährliche Geisteskranke im heutigen Verwaltungs- und künftigen Strafrecht, Berlin 1930. — Peters, Die kriminalpolitische Stellung des Strafrichters bei der Bestimmung der Straffolgen, Berlin 1932. — Ploß, Das Arbeitshaus nach dem Reichsstrafgesetzbuche, den Strafgesetzentwürfen und dem Entwurf eines Strafvollzugsgesetzes, mit besonderer Berücksichtigung der Verhältnisse in Sachsen, Leipzig 1928. — Steigertahl, Grundriß der Anstaltsfürsorge, Berlin 1933. — Thelin, Nature et régime juridique des mesures de sureté, Lausanne 1931. — Zum internationalen Stand des Problems der sichernden Maßnahme s. auch die Actes du Congrès pénal et pénitentiaire international de Prague 1930, Vol. Ia, S. 32ff., 457ff.; II, 1ff. — Sehr wichtig über die englische Sicherungsverwahrungspraxis: Report of the Departmental Committee on Persistent Offenders, May 1932, Cmd. 4090, London 1932. Dazu Sieverts, Zeitschr. f. d. ges. Strafrechtswissenschaft, 53, 676ff. — Zum G. vom 24. XI. 1933 s. amtliche Begründung im Deutschen Reichsanzeiger vom 27. XI. 1933, Nr. 277, die zur Ergänzung auch auf die Begründungen zu den Entwürfen eines ADStGB. vom Jahre 1925 u. 1927 und eines Einführungsgesetzes zum ADStGB. von 1929 u. 1930 verweist. — Kommentare: Lobe, Nachtrag zum Leipziger Kommentar des Reichsstrafgesetzbuchs, 5. Aufl., Bd. I, Berlin-Leipzig 1934. — L. Schäfer, O. Wagner, J. Schafheutle, Gesetz gegen gefährliche Gewohnheitsverbrecher usw. nebst Ausführungsgesetz, Berlin 1934 (Ministerialkommentar!). — Weitere Literatur: Bohne, Dtsch. Juristenztg., 1934, S. 18ff. — Exner, Zeitschr. f. d. ges. Strafrechtswissenschaft, 53 (1933), 629ff. — Gürtner, Arch. f. Kriminologie, 53, S. 197ff. — R. v. Hippel, Blätter für Gefängniskunde, 65 (1934), 1ff. — Leppmann, Monatsschr. f. Kriminalpsychologie, 25. Jahrg. (1934), S. 382. — Mezger, Deutsches Strafrecht, Jahrg. 1934, S. 125ff., 145ff. — Derselbe, 50. Jahrb. der Gefängnisgesellschaft f. d. Provinz Sachsen u. Anhalt, 1934, S. 39—51. — Rietsch, Deutsche Justiz, 1933, S. 746ff. — Röling, Monatsschr. f. Kriminalpsychologie, Jahrg. 25 (1934), S. 15ff. — Siegert, Grundzüge des Strafrechts im neuen Staat, Tübingen 1934, § 10. — v. Weber, Zeitschr. f. d. ges. Strafrechtswissenschaft, 53 (1933), 656ff. — Über die Gestaltung der Maßregeln der Sicherung und Besserung bei der künftigen nationalsoz. Gesamtreform des Strafrechts s. die Denkschriften des preuß. Justizministers „Nationalsozial. Strafrecht", 1933, S. 114f., 138ff.; des Reichsjustizministers Gürtner, „Das kommende deutsche Strafrecht", 1934, S. 85ff.; der Akademie für deutsches Recht, „Grundzüge eines allgemeinen deutschen Strafrechts", 1934,

S. 90ff. Hinsichtlich der Bekämpfung des Gewohnheitsverbrechers vertritt die preuß. Denkschr. die „Einspurigkeit"; die Denkschrift des Reichsjustizministers will es im wesentlichen bei der Regelung des G. vom 24. XI. 1933 belassen, hält aber das letzte Wort darüber noch nicht für gesprochen; in der Akademie-Denkschrift vertritt Schoetensack die Doktrin der Klassiker wieder in ursprünglicher, kompromißloser Reinheit. Nicht nur „Zweispurigkeit", sondern sogar Herausnahme der sichernden Maßnahmen aus dem Strafgesetzbuch in ein besonderes nichtstrafrechtliches Gesetz und Übertragung der Anordnung der sichernden Maßnahmen vom Strafrichter auf einen Richter der freiwilligen Gerichtsbarkeit. — Ferner Schaffstein, Zeitschr. f. d. ges. Strafrechtswissenschaft, 53 (1934), 614ff.

Rudolf Sieverts.

Sicherungsverwahrung.

I. Die Sicherungsverwahrung ist eine in Freiheitsentziehung bestehende sichernde Maßnahme, die zum Schutz der Allgemeinheit gegen gemeingefährliche Verbrecher verhängt wird und ihrer Unschädlichmachung dient. In dem System der in das moderne Strafrecht eingeführten sichernden und bessernden Maßnahmen stellt sie bei weitem die wichtigste und kriminalpolitisch umstrittenste Maßregel dar. Das Problem der Sicherungsverwahrung gemeingefährlicher Verbrecher ist seit dem Auftreten der modernen Strafrechtsschulen viel erörtert und in den meisten neueren Strafgesetzentwürfen und Strafgesetzen des In- und Auslandes angepackt worden. In Deutschland hat das Gesetz gegen gefährliche Gewohnheitsverbrecher und über Maßregeln der Sicherung und Besserung vom 24. XI. 1933 (RGBl. I, 995) die Sicherungsverwahrung seit dem 1. I. 1934 zu einer Einrichtung des geltenden Rechts gemacht.

II. Die Theorie der Sicherungsverwahrung. Es ist die Aufgabe des Strafrechts, durch seine Machtmittel zur Gewährleistung des Bestandes der Gesellschaft und der Rechtsordnung beizutragen. Der Wert eines Strafgesetzbuchs ist um so größer, je mehr es ihm, ohne den Boden der Gerechtigkeit zu verlassen, gelingt, Verbrechen zu verhüten und insbesondere die schwere Kriminalität einzudämmen. Seit langem hat sich die Erkenntnis durchgesetzt, daß das System eines starren Vergeltungsstrafrechts bei der Bekämpfung des Rückfalls, des gewerbs- und gewohnheitsmäßigen Verbrechertums versagt hat. Es gibt eine große Zahl von Verbrechern, die von den Gerichten auf Grund der Normen eines an dem reinen Vergeltungsgrundsatz orientierten Strafgesetzbuchs in der sicheren Überzeugung zu Freiheitsstrafe verurteilt worden sind, daß der Verurteilte durch den Strafvollzug weder abgeschreckt noch gebessert und nach seiner Entlassung alsbald wieder rückfällig werde. Diese Erkenntnis zwang dazu, nach Mitteln und Wegen für eine bessere Lösung zu suchen. Das kriminalpolitische Programm der modernen Strafrechtsschulen hat den Gedanken der Spezialprävention in den Vordergrund gestellt. Sie forderten, daß die Strafe von der Vergeltungs- zur Zweckstrafe ausgebaut und daß Art und Maß der Strafe der Eigenart des Verbrechers angepaßt werde. Seitdem v. Liszt in dem Marburger Programm von 1882 nicht nur die Besserung der Besserungsfähigen, sondern auch die Unschädlichmachung der unverbesserlichen Verbrecher gefordert hatte, stand das Problem der Bekämpfung des gemeingefährlichen Verbrechertums im Brennpunkt der spezialpräventiven Bestrebungen. Theoretisch ergaben sich drei Lösungsmöglichkeiten: 1. die Ergänzung der Strafe durch eine dem Sicherungszweck dienende Maßregel ohne Strafcharakter (System der Zweispurigkeit), 2. die Bekämpfung gefährlicher Verbrecher durch eine einheitliche Maßnahme (System der Einspurigkeit), nämlich a) durch eine Strafe, in deren Vollzug die Sicherungsfunktion einbezogen wird, oder b) durch die zum Zweck der Unschädlichmachung erfolgende Sicherungsverwahrung ohne Strafcharakter, um derentwillen auf die Verhängung oder den Vollzug einer Freiheitsstrafe verzichtet wird.

1. Das System der Zweispurigkeit. Als dualistisches System oder System der Zweispurigkeit wird diejenige Lösung bezeichnet, die gegenüber dem gemeingefährlichen Verbrechertum den Zweck der Sühne und Vergeltung und die generalpräventiven Wirkungen durch eine nach dem Maß der Schuld bemessene Freiheitsstrafe, den Sicherungszweck durch die nach dem Maß der Gefährlichkeit bemessene Sicherungsverwahrung zu erreichen sucht. Diese Lösung ergibt sich aus der Einsicht, daß die Strafe, wenn sie den Charakter der Sühne und Vergeltung nicht abstreifen soll, der spezialpräventiven Aufgabe der Sicherung der Gesellschaft vor dem Rechtsbrecher nur beschränkt dienstbar gemacht werden kann. Soll die Strafe nach dem Maß der Schuld und der Schwere der Tat Sühne und Vergeltung sein, so muß sie nach Art und Maß zur Tat in angemessenem Verhältnis stehen. Ein über die Grenzen gerechter Vergeltung hinausgehendes Sicherungsbedürfnis muß nach dem System der Zweispurigkeit durch eine sichernde Maßnahme befriedigt werden, die des Strafcharakters

entbehrt und demgemäß vollzogen wird. Gegenüber dem gemeingefährlichen, zurechnungsfähigen Verbrecher ist dies die Sicherungsverwahrung, die grundsätzlich als selbständige, an dem Gedanken der Spezialprävention orientierte Maßregel neben die Strafe tritt. Carl Stooß hat im Schweizer Vorentwurf von 1893 diesen Weg gewiesen, indem er das Strafensystem durch ein System von Maßregeln der Besserung und Sicherung ergänzte, wobei allerdings die Verwahrung rückfälliger Verbrecher im Vollzug an die Stelle der Strafe treten sollte (siehe unten II 2b). Der von v. Liszt mitverfaßte Gegenentwurf zum Vorentwurf eines deutschen Strafgesetzbuchs von 1911 ging von einer Ergänzung der Strafe durch anschließende Sicherungsverwahrung aus. An ihn knüpften die folgenden deutschen Entwürfe an, die stets Strafe und Sicherungsverwahrung von einander geschieden und die Sicherungsverwahrung als eine die Strafe ergänzende Maßnahme geregelt haben. Die Deutsche strafrechtliche Gesellschaft erhob 1925 die Trennung von Strafe und Sicherungsverwahrung nach dem dualistischen System zu einem ihrer Programmpunkte. Dem System der Zweispurigkeit ist das geltende Recht gefolgt (siehe unten IV).

2. Das System der Einspurigkeit oder Einheitssystem geht demgegenüber davon aus, daß die Sicherung der Gesellschaft und die Generalprävention durch eine einheitliche Maßnahme zu bewirken sei. Von den Vertretern dieses Systems wollen die einen die Sicherungsfunktion gegenüber gefährlichen Verbrechern ausschließlich der Strafe übertragen, die dadurch zur Sicherungsstrafe wird, während die anderen die ausschließliche Verhängung einer sichernden Maßnahme ohne Strafcharakter in der Form der Sicherungsverwahrung befürworten.

a) Die Sicherungsstrafe. In dem Maße, in dem der Gedanke der Spezialprävention in den Vordergrund der Betrachtung der Strafzwecke rückte, gewann unter den Anhängern der modernen Schulen die Überzeugung an Boden, daß ohne Rücksicht auf den Grundsatz der Verhältnismäßigkeit von Tat und Strafe Art und Maß der Strafe nach dem Täterprinzip zu bestimmen sei. Zahlreiche Vertreter der modernen Richtung gelangten zu der Auffassung, daß gegenüber dem gemeingefährlichen Verbrecher die Gefährlichkeit des Täters zum Bestimmungsgrund der Strafe werden müsse, daß die Strafe also unter Zurückstellung anderer Strafzwecke vor allem der Sicherungsfunktion dienstbar zu machen sei. Allerdings kann bei gefährlichen Verbrechern das Sicherungsbedürfnis durch Strafen von festbestimmter Dauer nicht befriedigt werden. Da die Sicherungsfunktion eine Erfassung der Täterpersönlichkeit verlangt, die im Zeitpunkt der Urteilsfällung in aller Regel nur unvollkommen möglich ist, fordern die Anhänger der Sicherungsstrafe daher zugleich gegenüber dem gefährlichen Verbrechertum das unbestimmte Strafurteil, das die Dauer der Freiheitsstrafe entweder überhaupt nicht oder nur innerhalb eines Höchst- und Mindestmaßes bestimmt und die endgültige Strafdauer der Festsetzung durch ein späteres strafrichterliches Urteil oder durch ein Strafvollzugsamt überläßt. Ihnen soll es obliegen, bei der endgültigen Bemessung der Strafe die Beobachtungen des Strafvollzugs zu berücksichtigen. Durch das unbestimmte Strafurteil soll die Sicherungsstrafe zu einer Einrichtung ausgestaltet werden, die die Sicherungsfunktion ebenso vollkommen erfüllt wie im System der Zweispurigkeit die Verkoppelung von Strafe und Sicherungsverwahrung. Die Scheidung von Strafe und Sicherungsverwahrung aber betrachten die Anhänger der Sicherungsstrafe als eine Angelegenheit unfruchtbarer Theorie und als eine Etikettenfrage ohne innere Berechtigung, da der Verbrecher die Sicherungsverwahrung ebenso wie die Strafe als Übel empfinde und ihr Vollzug nicht wesentlich anders gestaltet werden könne als der Vollzug der Freiheitsstrafe. Zudem machen sie geltend, daß die Scheidung von Strafe und Sicherungsverwahrung nur bei Errichtung besonderer Sicherungsverwahrungsanstalten zweckvoll sei und diese Belastung des Volksvermögens durch die Sicherungsstrafe gespart werden könne. Verfechter der Sicherungsstrafe und des unbestimmten Strafurteils gegenüber dem gemeingefährlichen Verbrechertum ist vor allem die IKV., deren deutsche Landesgruppe auf den Tagungen in Göttingen (1922) und Essen (1931) beschlußmäßig ihre Einführung gefordert und auf der Tagung von Innsbruck (1925) das Problem zu Gunsten der Sicherungsstrafe erörtert hat. Auf der Tagung der IKV. in Karlsruhe (1927) wurde nur aus praktischen Erwägungen die als grundsätzliche Überzeugung der IKV. bezeichnete Forderung zurückgestellt, daß gegen gemeingefährliche Gewohnheitsverbrecher das unbestimmte Strafurteil die geeignetste Maßnahme darstelle. Der Deutsche Juristentag Bamberg (1921) und der internationale Gefängniskongreß London (1925) haben sich gleichfalls für die unbestimmte Verurteilung gemeingefährlicher Verbrecher eingesetzt. Auch die Preußische Denkschrift über nationalsozialistisches Strafrecht (1933) hat sich für das System der Einspurigkeit ausgesprochen.

b) Die Sicherungsverwahrung unter Verzicht auf Strafe. Die Sicherungsverwahrung gefährlicher Verbrecher ohne Verhängung oder Vollzug einer die Tat vergeltenden Strafe liegt in der Richtung jener Strafrechtssysteme, die die Vergeltungsstrafe verwerfen, dem Gedanken der Sühne die Anerkennung versagen und an die Stelle der Strafe soziale Maßnahmen zum Schutz der Gesellschaft setzen wollen. Ferri, der zu den Anhängern dieser Anschauung gehört, hat in dem italienischen Entwurf von 1921 für die Gewohnheitsverbrecher als „Sanktion" eine Verwahrung von unbestimmter Dauer vorgesehen. Auch Radbruch hat den Gedanken der Einheitsverwahrung befürwortet. Carl Stooß, der vielfach als Begründer des dualistischen Systems angeführt wird, hat sich selbst als Anhänger des Systems der ausschließlichen Verwahrung rückfälliger Verbrecher bezeichnet.

Die praktische Bedeutung des theoretischen Gegensatzes zwischen den Systemen der Einspurigkeit und der Zweispurigkeit darf nicht überschätzt werden. Es ist unverkennbar, daß die Sicherungsstrafe praktisch dasselbe zu leisten vermag wie die mit der Strafe verkoppelte oder die unter Verzicht auf Strafe vollzogene Sicherungsverwahrung. Die praktische Brauchbarkeit der verschiedenen Lösungen hängt ganz und gar von der gesetzlichen Regelung im einzelnen und von der Ausgestaltung des Vollzugs ab. Welche Lösung gewählt wird, ist hiernach weniger eine praktische als vielmehr eine grundsätzliche Frage, für deren Beantwortung die Auffassung von Sinn und Zweck der Strafe entscheidend ist. Wie Kohlrausch gesagt hat, bedeutet die gesetzliche Festlegung des Dualismus eine gesetzliche Anerkennung der Vergeltungs- und Sühnestrafe. Es ist nicht zu bestreiten, daß die Sicherungsfunktion durch eine Strafe, die Sühne und Vergeltung für schuldhaftes Handeln sein soll, nur bis zu einer gewissen Grenze erfüllt werden kann. Die Überschreitung dieser Grenze würde nur mit einem ausschließlich auf dem Gedanken der Spezialprävention aufgebauten Strafrecht vereinbar sein. Mit dieser Feststellung stimmt überein, daß überwiegend die Vertreter des Systems der Einspurigkeit dem Sühne- und Vergeltungscharakter der Strafe zweifelnd, wenn nicht ablehnend gegenüberstehen. Im natürlichen Gerechtigkeitsempfinden des Volkes ist aber die Auffassung von der Strafe als Sühne und Vergeltung tief verwurzelt. Ein Strafrechtssystem, das die Volksüberzeugung von Recht und Sitte als maßgebenden Faktor für die Gestaltung des Strafrechts betrachtet, kann daher nicht auf den Vergeltungs- und Sühnecharakter der Strafe verzichten. So ergibt sich für das Strafrecht des neuen Reiches, das nicht nur die gesunde Volksanschauung als Richtschnur der Strafrechtsgestaltung ansieht, sondern der Strafrechtspflege als Hauptaufgabe den Schutz der Volksgemeinschaft vor dem gemeingefährlichen Verbrechertum zuweist, die Verbindung der das Unwerturteil der Gesellschaft über die Tat aussprechenden sühnenden Strafe mit der den Schutz der Volksgemeinschaft verbürgenden Sicherungsverwahrung, mithin das System der Zweispurigkeit, als die Lösung der Frage, nach welchen theoretischen Gesichtspunkten der Kampf gegen das gemeingefährliche Verbrechertum zu führen sei. Die amtliche Strafrechtskommission hat nach ihrem Bericht von 1934 in Aussicht genommen, das System der Zweispurigkeit zu übernehmen.

III. Einzelfragen. 1. Die von der Sicherungsverwahrung betroffenen Verbrechertypen. Von den Problemen der Sicherungsverwahrung ist eines der bedeutsamsten die Frage, welche Kategorieen der Verbrecher der Sicherungsverwahrung unterworfen werden sollen. Aus dem Zweck der Maßregel ergibt sich, daß sie gegenüber jenen Verbrechern angewandt werden soll, bei denen das Maß der Schuld nur eine zeitige Freiheitsstrafe rechtfertigt, der Schutz der Gesellschaft wegen ihrer Gefährlichkeit aber durch eine solche Strafe nicht gewährleistet wird. Der Gesetzgeber wird hier vor die Aufgabe gestellt, eine Tatfolge, nämlich die Sicherungsverwahrung, nicht auf die besonderen Merkmale der Tat, sondern auf die besonderen Eigenschaften des Täters abzustellen. Dies aber macht die Einordnung der Verbrecher, die der Sicherungsverwahrung unterworfen werden sollen, in bestimmte Kategorieen erforderlich. Die Bemühungen, diese Verbrecher typenmäßig zu kennzeichnen und von anderen Verbrechertypen abzugrenzen, haben zu einer allgemein befriedigenden und anerkannten Lösung noch nicht geführt (vgl. die Art. Berufsverbrecher, Gewohnheitsverbrecher).

Als Objekte der Unschädlichmachung hatte v. Liszt die „Zustandsverbrecher" bezeichnet, bei denen das Verbrechen bei geringfügigem äußerem Anlaß aus der dauernden Eigenart und einer tiefgewurzelten Anlage des Verbrechers erwächst. Die Straftaten der Zustandsverbrecher hatte er als chronische Kriminalität von der akuten Kriminalität der Gelegenheits- oder Augenblicksverbrecher geschieden. Innerhalb der Zustandsverbrecher hatte v. Liszt die besserungsfähigen von den unverbesserlichen getrennt und für die besserungsfähigen Zustandsverbrecher die Besserung durch eine eindringliche Strafe gefordert, so daß für die Dauerverwahrung nur die unverbesserlichen Zustandsverbrecher in Frage kamen. Diese Bezeichnung der Objekte der Sicherungsverwahrung hat sich aber nicht nur als zu eng, sondern auch gesetzestechnisch nicht als brauchbar erwiesen, da die Unverbesserlichkeit allenfalls am Schluß, nicht aber zu Beginn oder bei der Verhängung der Maßnahme festgestellt werden kann. Die Anordnung der Sicherungsverwahrung gegen Rückfällige vorzusehen, ist gleichfalls nicht bedenkenfrei. Denn der Rückfall ist kein unbedingt zuverlässiges Anzeichen für die der Persönlichkeit des Täters immanente Gefährlichkeit. Die Tatsache der wiederholten Begehung von Straftaten kann in äußeren ungünstigen Verhältnissen, etwa in einer schweren Notlage, ihren Grund haben. Rückfälle aber, die lediglich auf äußere Umstände zurückzuführen sind, können nicht dazu beitragen, den Täter als gefährlichen Verbrecher zu charakterisieren, weshalb der Rückfall als solcher kein entscheidendes Merkmal für die Kennzeichnung der der Sicherungsverwahrung zu unterwerfenden Verbrecher liefert. Heindl hat vorgeschlagen, nur die Berufsverbrecher der Sicherungsverwahrung zu unterwerfen. Nach dem Sprachgebrauch umfaßt dieser Begriff aber vorwiegend jene aktiven Verbrechertypen, die die Begehung von Verbrechen zum Schwerpunkt ihrer Lebenstätigkeit machen und ihre wirtschaftliche Existenz ausschließlich oder hauptsächlich auf sie gründen. Von Berufsverbrechern kann nach dem gewöhnlichen Sprachgebrauch nur gesprochen werden, wenn der Hang des Täters zum Verbrechen auf dem Willen beruht, durch die Begehung von Straftaten den Lebensunterhalt zu bestreiten. Der Begriff deckt nicht andere Formen des chronischen Verbrechertums wie die Gewalttätigkeits- und die Sittlichkeitsverbrecher, zu deren Bekämpfung auf die Sicherungsverwahrung nicht verzichtet werden kann. Die Bemühungen, das gesamte chronische Verbrechertum durch den Ausdruck „Berufsverbrecher" zusammenzufassen und in ihn insbesondere auch die Gewalttätigkeits- und Sittlichkeitsverbrecher einzubeziehen, haben sich bisher nicht durchgesetzt. Die IKV. hat auf der Tagung von Essen 1931 beschlossen, von der Verwendung des Begriffs des Berufsverbrechers im Strafgesetzbuch abzuraten. Umstritten ist auch die Bezeichnung des der Sicherungsverwahrung zu unterwerfenden Tätertypus als Gewohnheitsverbrecher (vgl. den Art. Berufsverbrecher, oben Bd. I, S. 134). Dieser Ausdruck erweckt zunächst allerdings die Vorstellung, daß es sich um willensschwache, passive Elemente handelt, die aus Schwäche und Haltlosigkeit immer wieder entgleisen und das Opfer jeder neuen Versuchung werden. Würde der Begriff des Gewohnheitsverbrechers in diesem Sinne verstanden, so wäre er allerdings zur Charakterisierung der für die Sicherungsverwahrung bestimmten Verbrechergruppen untauglich. Denn die Sicherungsverwahrung darf sich nicht nur gegen die willensschwachen und passiven Verbrechernaturen richten, sondern muß vor allem auch jene aktiven Verbrechertypen erfassen, die als zielbewußte Kampfnaturen entschlossen sind, den Weg des Verbrechens zu beschreiten. Wenn der Begriff des Gewohnheitsverbrechers die Funktion erfüllen soll, die Kandidaten der Sicherungsverwahrung zu kennzeichnen, so muß er in seinem weitesten, die gesamte chronische Kriminalität umfassenden Sinn verstanden werden. Das wesentliche Merkmal des Gewohnheitsverbrechers in diesem Sinn ist der Hang zum Verbrechen, die in der Persönlichkeit des Täters verwurzelte innere verbrecherische Einstellung, aus der stets von neuem seine Bereitschaft zu verbrecherischer Betätigung erwächst. Der durch dieses Merkmal gekennzeichnete Typus des Gewohnheitsverbrechers umfaßt nicht nur die passiven Naturen, deren Taten nach dem herkömmlichen Sprachgebrauch „gewohnheitsmäßig" begangen sind, sondern auch die gewerbsmäßigen Verbrecher und die Berufsverbrecher. Im Zusammenhang hiermit steht die Frage, ob nur voll zurechnungsfähige oder auch vermindert zurechnungsfähige Täter der Sicherungsverwahrung zugeführt werden sollen. Es ist unzweifelhaft, daß die Mehrzahl der rückfälligen, gewerbs- und gewohnheitsmäßigen Verbrecher den vermindert Zurechnungsfähigen zuzuzählen und als Psychopathen anzusehen sind, also jenem Personenkreis angehören, der zwischen dem Geistesgesunden und den Geisteskranken steht und seelisch abnorm veranlagt ist. Es wäre kriminalpolitisch verfehlt, die anlagemäßig vermindert Zurechnungsfähigen der Sicherungsverwahrung zu entziehen und sie durchweg anderen sichernden Maßnahmen, etwa der Heil- oder Pflegeanstalt, zuzuführen. Für eine große Zahl psychopathischer Gewohnheitsverbrecher, die einer dauernden psychiatrischen Überwachung nicht bedürfen, ist nicht die Unterbringung in einer Heil- oder Pflegeanstalt, sondern die Sicherungsverwahrung die geeignetste Verwahrungsart.

In der Gesetzgebung werden die Tätertypen, die durch die Sicherungsverwahrung getroffen werden sollen, sehr verschieden bezeichnet. In Deutschland sprachen der

Gegenentwurf von 1911 und die Entwürfe 1913 und 1919 von gewerbs- und gewohnheitsmäßigen und für die Rechtssicherheit gefährlichen Verbrechern, die Entwürfe 1925 bis 1930 von für die öffentliche Sicherheit gefährlichen Gewohnheitsverbrechern. Das geltende Recht in Deutschland und Danzig verwendet den Ausdruck „gefährliche Gewohnheitsverbrecher". Belgien (Gesetz von 1930) verwahrt récidivistes und délinquants d'habitude, Dänemark (Gesetz von 1930) Gewerbs- und Gewohnheitsverbrecher (erhvervs = eller vanemaeßig Forbryder), England (Gesetz von 1908) habitual criminals, Frankreich (Gesetz von 1885) récidivistes (ebenso der Entwurf des Code pénal 1932), Italien (Codice penale von 1930) delinquenti abituali, professionali o per tendenza, Holland (Gesetz von 1929) Berufs- und Gewohnheitsverbrecher (beroeps = en gewoontemisdadigers), Polen (Gesetz von 1932) rückfällige, Berufs- und Gewohnheitsverbrecher, Spanien (Gesetz von 1928) delincuentes habituales o incorregibles, Schweden förminskat tillräkneliga förbrytare, återfallsförbrytare (vermindert zurechnungsfähige Verbrecher, Rückfallsverbrecher), Neu-Süd-Wales (Gesetz von 1905), Queensland (Gesetz von 1914) und Südaustralien (Gesetz von 1907) habitual criminals, Neu-Seeland (Gesetze von 1908 und 1910) habitual criminals and offenders. Die Schweiz spricht in den Vorentwürfen 1893 bis 1903 von rückfälligen Verbrechern, in den Vorentwürfen von 1908, 1916 und 1918 von Gewohnheitsverbrechern.

2. Die Voraussetzungen der Sicherungsverwahrung. Der Gesetzgeber sieht sich bei der Formulierung der Voraussetzungen der Sicherungsverwahrung vor verschiedenen Möglichkeiten. Er kann die Sicherungsverwahrung von dem Vorliegen subjektiver oder objektiver Erfordernisse abhängig machen oder subjektive und objektive Voraussetzungen mit einander verbinden. Lediglich subjektive Voraussetzung wäre z. B. die Eigenschaft des Betroffenen als Gewohnheits- oder Berufsverbrecher oder als chronisch Gefährlicher. Die Gefährlichkeit des Täters ist eine der wichtigsten subjektiven Voraussetzungen, an die die Sicherungsverwahrung geknüpft zu werden pflegt. Sie lenkt das Augenmerk der über die Maßregel entscheidenden Gerichte auf dasjenige Erfordernis, das die Sicherungsverwahrung allein rechtfertigt, nämlich die in der Persönlichkeit des Täters steckende Gefahr der künftigen Begehung von Verbrechen, vor denen die Allgemeinheit durch die Verwahrung des Täters geschützt werden muß. Der Kreis der chronisch Kriminellen kann nicht in seinem ganzen Umfang der Sicherungsverwahrung überwiesen werden. Die Schwere dieser Maßnahme und die mit ihrem Vollzug verbundenen Kosten zwingen dazu, sie auf diejenigen Fälle zu beschränken, in denen die Sicherungsverwahrung in angemessenem Verhältnis zu der Größe der von dem Verbrecher drohenden Gefahr steht. Es hieße der Strafrechtspflege eine unerfüllbare Aufgabe stellen, wollte man von ihr fordern, jede geringfügige Straftat mit spezialpräventiven Mitteln zu verhüten. Deshalb pflegen die Gesetze als Voraussetzung der Sicherungsverwahrung ein besonderes Maß von Gefährlichkeit zu fordern, das in der Schwere oder der Häufung oder der raschen Folge der bereits begangenen Taten, in der Hartnäckigkeit und Stärke des verbrecherischen Willens oder der Art der angewandten verbrecherischen Mittel zum Ausdruck kommen kann. Als objektive Voraussetzungen kommen Straftaten von bestimmter Zahl und Schwere in Frage, die der Betroffene bereits begangen haben muß. Wo bestimmte Taten als Voraussetzung gefordert werden, steht die Tat zur Sicherungsverwahrung in einem anderen Verhältnis als zur Strafe. Während die Strafe ein wegen der Tat auferlegtes Übel ist, hat die Sicherungsverwahrung ihren Rechtsgrund in der Gefährlichkeit des Täters, die auch ohne vorausgegangene Tat bestehen kann. Ist die Sicherungsverwahrung abhängig von der Begehung bestimmter Straftaten, so sieht das Gesetz in den Taten Mittel zur Erkenntnis der Gefährlichkeit. Die Tat wird zum Symptom für die vom Täter ausgehende Gefahr. Als weiteres objektives Erfordernis kommt die Verbüßung früherer Freiheitsstrafen vor Begehung einer neuen Tat in Betracht. Sie würde als Symptom dafür geeignet sein, daß der Vollzug von Strafen auf den Täter wirkungslos geblieben ist und daß der Schutz der öffentlichen Sicherheit andere Maßnahmen erfordert. Es ist nicht unbestritten, ob es sinnvoll ist, die Sicherungsverwahrung an derartige objektive Voraussetzungen zu binden. Nach Foltin soll die Feststellung der chronischen erhöhten Gefährlichkeit eines Menschen ohne gesetzliche Bindung an bestimmte objektive Symptome der Gefährlichkeit dem freien Ermessen der damit betrauten Behörde überlassen werden. Die Verwendung lediglich subjektiver oder lediglich objektiver Merkmale bei der Umschreibung der Voraussetzungen der Sicherungsverwahrung ist bedenklich. Das Urteil über die Gefährlichkeit eines Menschen sollte zur Vermeidung von Fehlgriffen auf einen objektiven Sachverhalt als Mittel zur Erkenntnis der Gefährlichkeit gestützt werden.

Andererseits aber sollte aus bestimmten Taten nur dann auf die Notwendigkeit der Sicherungsverwahrung geschlossen werden, wenn das Gesamtbild der Persönlichkeit des Täters diesen Schluß rechtfertigt. So ergibt sich die Verbindung objektiver und subjektiver Erfordernisse als die zweckmäßigste Methode, die in der Gesetzgebung denn auch in der Regel verwendet wird.

Im einzelnen ist die Regelung der Voraussetzungen der Sicherungsverwahrung überaus mannigfaltig. Meist wird eine bestimmte Mindestzahl von Vortaten oder Vorverurteilungen gefordert, von einer Vortat bis zu sieben. Eine Reihe von Gesetzen verlangen, daß die Vortaten bestimmt benannte Verbrechen sind. Andere lassen jede Tat genügen. Jedoch sind geringfügige Taten, wie Übertretungen und Fahrlässigkeitsdelikte, in der Regel ausgeschlossen. Nach verschiedenen Gesetzen müssen die früheren Taten bereits abgeurteilt sein und zu Freiheitsstrafen geführt haben, die Zuchthaus oder Gefängnis von bestimmter Mindestdauer gleichwertig sind. Die neue Tat muß nach einigen Gesetzen von derselben Art sein wie die früheren Taten (sogenannter spezieller Rückfall), während andere Gesetze als neue Tat jede strafbare Handlung gelten lassen, die den Täter als gefährlichen Verbrecher erweist (sogenannter genereller Rückfall). Die Taten oder Verurteilungen müssen sich nach einem Teil der Gesetze innerhalb eines bestimmten Zeitraums folgen, wenn ihre Berücksichtigung zulässig sein soll (sogenannte Rückfallsverjährung). Damit wird der Gedanke anerkannt, daß eine Tat durch Zeitablauf ihre symptomatische Bedeutung für die Beurteilung der Gefährlichkeit verlieren kann. Sehr verschiedenartig ist auch die Bestimmung der subjektiven Voraussetzungen. Über die deutschen Entwürfe vgl. unten IV. Der Schweizer Entwurf 1928 sieht die unbestimmte Verwahrung gegen denjenigen vor, der „wegen Verbrechen oder Vergehen schon viele Freiheitsstrafen erstanden hat, einen Hang zu Verbrechen oder Vergehen, zu Liederlichkeit oder Arbeitsscheu bekundet und wieder ein mit Freiheitsstrafe bedrohtes Verbrechen oder Vergehen verübt hat". Das englische Recht stellt die subjektiven Voraussetzungen darauf ab, ob die Verwahrung des als Gewohnheitsverbrecher befundenen Täters auf Grund der Beurteilung seiner kriminellen Gewohnheiten und seiner Lebensweise zur öffentlichen Sicherheit erforderlich ist.

3. **Welches Staatsorgan soll auf Sicherungsverwahrung erkennen?** Die Sicherungsverwahrung stellt einen so schwerwiegenden Eingriff in die persönliche Freiheit des Betroffenen dar, daß diese Maßnahme in die Hand eines unabhängigen Richters gelegt werden sollte. Prozeßökonomische Erwägungen legen es nahe, damit den **Strafrichter** zu betrauen, der ohnedies im Strafverfahren den objektiven und subjektiven Voraussetzungen der Sicherungsverwahrung, der Persönlichkeit des Täters und den Motiven der Tat nachzugehen hat. Vor allem führt zu dieser Lösung die kriminalpolitische Erwägung, daß Strafe und Sicherungsverwahrung ein gemeinsames Ziel verfolgen und einander gegenseitig zu ergänzen bestimmt sind, ein Zusammenwirken ergänzungsbedürftiger Maßnahmen aber nur gewährleistet ist, wenn sie in einer Hand verbunden sind. Die Meinung, daß die Sicherungsverwahrung durch Urteil des Strafrichters angeordnet werden sollte, hat sich sowohl in den Gesetzen als auch im Schrifttum durchgesetzt. Es bestehen jedoch einige abweichende Auffassungen: **Stooß** hat im Schweizer Vorentwurf von 1893 vorgesehen, daß der rückfällige Verbrecher durch richterliches Urteil der Bundesbehörde zu überweisen sei, die über seine Verwahrung entscheiden sollte. **Wilmanns** hat vorgeschlagen, die Anordnung der Sicherungsverwahrung einem sachverständigen Sicherungsgericht zu übertragen. **Oetker** möchte die Anordnung der Sicherungsverwahrung nicht dem Strafrichter, sondern dem Richter der freiwilligen Gerichtsbarkeit übertragen, da die Sicherung der Gesellschaft nicht richtende, sondern verwaltende Tätigkeit sei und die Handhabung des Sicherungsrechts im Interesse einer reinlichen Scheidung von Strafe und sichernder Maßnahme von der Strafjustiz getrennt werden sollte. Diese Auffassung leidet an einer Überschätzung methodischer Gesichtspunkte.

4. **Zusammentreffen von Freiheitsstrafe und Sicherungsverwahrung.** Soweit es sich um die Frage handelt, ob grundsätzlich der Schutz der Gesellschaft vor dem gemeingefährlichen Verbrecher nur durch Strafe oder nur durch Sicherungsverwahrung oder durch eine Verbindung von Strafe und sichernder Maßnahme verfolgt werden soll, ist das Verhältnis von Strafe und Sicherungsverwahrung oben (II) erörtert worden. Für das System der Zweispurigkeit ergibt sich daneben die besondere Frage, wie im Falle eines Zusammentreffens von Strafe und Sicherungsverwahrung im Vollzug verfahren werden soll. Denn aus dem Grundsatz, daß das Bedürfnis der Sühne und Vergeltung durch die Freiheitsstrafe, das darüber hinausgehende Sicherungsbedürfnis durch die Sicherungsverwahrung zu befriedigen sei, ergibt sich nicht mit Notwendigkeit die Folge-

rung, daß Strafe und Sicherungsverwahrung in jedem Einzelfall neben oder nach einander vollzogen werden müssen. Die Strafe kann in gewissem Umfang spezialpräventiven Aufgaben genügen, wie umgekehrt auch die Sicherungsverwahrung je nach der Art ihres Vollzugs die Funktion der Sühne und Vergeltung übernehmen kann. Befriedigt schon die Strafe nach dem Ergebnis ihres Vollzugs das Sicherungsbedürfnis, so muß die Sicherungsverwahrung unvollzogen bleiben, wobei es allerdings zweckmäßig sein kann, den Vollzug nur bedingt auszusetzen. Mehr an das Grundsätzliche rührt die Frage, ob die Sicherungsverwahrung die Funktion der Strafe übernehmen, also im Vollzug an die Stelle der Strafe treten soll (sogenanntes Vikariieren). Nach dem deutschen Entwurf von 1925 (§ 48) sollte das Gericht in den Fällen, in denen auf Sicherungsverwahrung neben einer Strafe erkannt wird, anordnen können, daß die Verwahrung an die Stelle der Strafe tritt. Im Ergebnis unterscheidet sich eine solche Regelung kaum von dem System der Einspurigkeit. Jedoch ist anzuerkennen, daß die Zulassung des Vikariierens in beschränkten Grenzen zweckmäßig sein kann, vor allem, wenn es sich um Freiheitsstrafen handelt, die wegen ihrer Kürze gegenüber der Sicherungsverwahrung nicht ins Gewicht fallen oder wenn sie nach der Vollzugsregelung milder zu vollziehen wären als die Sicherungsverwahrung.

5. Dauer der Sicherungsverwahrung. Die folgerichtige Durchführung des Sicherungsgedankens verlangt, daß die Sicherungsverwahrung nicht an eine bestimmte Höchstdauer gebunden wird, sondern so lange dauert, als ihr Zweck es erfordert. Dem Sicherungsgedanken würde es widersprechen, wenn der verwahrte Verbrecher zum offensichtlichen Schaden der Allgemeinheit der Freiheit nur deshalb zurückgegeben werden müßte, weil seit dem Beginn der Verwahrung eine bestimmte Zeit verstrichen ist. Den unverbesserlichen und gemeingefährlichen Verbrecher muß man so lange unschädlich machen, als seine Gefährlichkeit andauert. Die ideale Lösung ist daher eine Verwahrung, die für unbestimmte Zeit, also allenfalls lebenslänglich, verhängt wird und erst dann beendigt wird, wenn die von dem Verwahrten drohende Gefahr als beseitigt anzusehen ist. Indessen haben die Gesetzgeber verschiedener Länder sich aus mancherlei Erwägungen entschlossen, eine Höchstdauer der Sicherungsverwahrung vorzuschreiben. Sie haben damit einen der wesentlichsten Vorzüge, die die Sicherungsverwahrung nach ihrem Grundgedanken vor der Freiheitsstrafe haben sollte, preisgegeben. Gesetzgeber, die nach den politischen Prinzipien ihres Landes den Schutz der Einzelperson gegen die Übermacht des Staates in den Vordergrund der Erwägungen stellen, entschließen sich schwer zu einer Regelung, die für den Betroffenen eine unter Umständen lebenslängliche Freiheitsentziehung in sich schließt. Aus diesem Grunde wurde in die englische prevention of crime act von 1908, deren Entwurf die absolut unbestimmte Dauer der Sicherungsverwahrung vorgesehen hatte, vom Parlament eine relativ unbestimmte Sicherungshaft bis zu höchstens 10 Jahren eingeführt. Auch die Befürchtung, daß der Strafrichter eine Verwahrung von absolut unbestimmter Dauer als zu harte Maßnahme empfinde und ihr gegenüber eine Zurückhaltung üben würde, die mit ihrem kriminalpolitischen Zweck unvereinbar wäre, hat die Einführung einer Höchstdauer der Verwahrung nahe gelegt. Diese Befürchtung wird besonders unterstützt durch die Erfahrungen in Norwegen, dessen Gesetz von 1902 sich infolge des passiven Widerstandes der Richter als wirkungslos erwiesen hat, und die Erfahrungen in England, wo die Geschworenen in den Jahren 1909—1930 (nach den Zahlen für England und Wales) insgesamt nur 944 männliche und 23 weibliche Gewohnheitsverbrecher der preventive detention überwiesen haben, wovon nur 35 Verbrecher bis zur Höchstdauer von 10 Jahren in der Sicherungshaft behalten wurden. Verschiedene Gesetze kennen auch eine Mindestdauer der Sicherungsverwahrung. Sie ist gerechtfertigt, wenn die Sicherungsverwahrung die Funktion der Strafe übernimmt und die Sühnung der Tat eine gewisse Mindestdauer der Freiheitsentziehung erheischt. Wird die Sicherungsverwahrung erst im Anschluß an die Freiheitsstrafe vollzogen, so sind Vorschriften über eine Mindestdauer entbehrlich, ja sogar bedenklich, da nicht auszuschließen ist, daß das Sicherungsbedürfnis schon vor Ablauf der Mindestfrist befriedigt ist. Nach den meisten Gesetzen ist innerhalb bestimmter Fristen von Amts wegen zu prüfen, ob die Fortdauer der Verwahrung noch gerechtfertigt ist. Soweit keine Vorschrift über die Höchstdauer der Verwahrung zu einer früheren Entlassung zwingt, erfolgt die Entlassung aus der Anstalt nach Prüfung, ob sie mit dem Zweck der Verwahrung vereinbar ist. Nach dem Gedanken, der der bedingten Begnadigung bei Strafen zu Grunde liegt, hat in der Regel auch die Entlassung aus der Sicherungsverwahrung zunächst nur vorläufigen Charakter. Die meisten Gesetze bestimmen, daß die Entlassung innerhalb einer gewissen Probefrist widerrufen werden kann und daß sie erst

nach Ablauf der Probefrist, gute Führung vorausgesetzt, endgültig wird. Für die Probezeit pflegen dem Entlassenen Bedingungen auferlegt zu werden, die seine Überwachung erleichtern sollen und deren Einhaltung seine Bewährung in der Freiheit erweisen soll. Der Widerruf der Entlassung ist angezeigt, wenn das Verhalten des Entlassenen in der Freiheit seine Gefährlichkeit erneut dartut. Dabei kann die Nichteinhaltung der auferlegten Bedingungen als Symptom gewertet werden. Hinsichtlich der Prüfung der Entlassungsreife, der Anordnung der Entlassung und des Widerrufs erhebt sich die Frage, ob sie dem Richter oder der Vollzugsbehörde übertragen werden sollen. Für den Betroffenen sind diese Entscheidungen so bedeutsam, daß sie dem Richter anvertraut werden sollten. Ob es sich empfiehlt, dabei den erkennenden Richter zu Gunsten eines den Vollzugsfragen näher stehenden Anstaltsgerichts auszuschalten, ist zweifelhaft.

Die unbestimmte Zeit dauernde, allenfalls lebenslange Verwahrung ist eingeführt in Deutschland (1933), Danzig (1934), Frankreich (1885), Italien (1930), Norwegen (1929), Spanien (1928). In Polen (1932) dauert die Sicherungsverwahrung nach Bedarf, mindestens aber 5 Jahre. Dieselbe Regelung kennen die Schweizer Entwürfe seit 1916 und der Tschechoslowakische Entwurf von 1926. Ungarn hat 1928 die Verwahrung für eine Mindestdauer von 3 Jahren ohne Höchstgrenze, Schweden (1927) eine Mindestdauer von 10 Jahren, in besonderen Ausnahmefällen eine solche von 5 Jahren ohne Höchstgrenze eingeführt. Nach den Gesetzen der australischen Staatengruppe dauert die Verwahrung gleichfalls unbestimmte Zeit „during his Majesty's or the Governor's pleasure". Belgien kennt nach dem Gesetz von 1930 eine Höchstdauer von teils 10, teils 20 Jahren, England nach der prevention of crime act (1908) eine Mindestdauer von 5 und eine Höchstdauer von 10 Jahren, Holland nach dem Gesetz von 1929 eine Höchstdauer von 10 Jahren. Italien hat für Gewohnheitsverbrecher eine Mindestdauer von 2 Jahren, für Berufsverbrecher eine solche von 3 Jahren und für sogenannte Tendenzverbrecher eine solche von 4 Jahren eingeführt.

6. Vollzug der Sicherungsverwahrung. Für die Ausgestaltung des Vollzugs der Sicherungsverwahrung sind theoretische und praktische Erwägungen von gleicher Wichtigkeit. Die grundsätzlichen Auffassungen über die Scheidung von Strafe und Sicherungsverwahrung wirken sich in allen bedeutsamen Fragen des Vollzugs aus. Wer das dualistische System als doktrinär und die Unterscheidung von Freiheitsstrafe und Sicherungsverwahrung als Etikettenfrage betrachtet, wird den Vollzug der Sicherungsverwahrung in Übereinstimmung mit den Grundsätzen über den Vollzug der Freiheitsstrafe zu bringen suchen. Die Anhänger des Systems der Zweispurigkeit werden dazu neigen, die Sicherungsverwahrung möglichst milde zu vollziehen, alle Vergünstigungen zu gewähren, die mit dem Sicherungszweck noch vereinbar sind, und in allen Einzelheiten des Vollzugs den Unterschied gegenüber der Freiheitsstrafe zu betonen. Die beim Vollzug der Freiheitsstrafe gemachten Erfahrungen werden auch beim Vollzug der Sicherungsverwahrung zu berücksichtigen sein.

Die Bestimmung der Vollzugsgrundsätze fordert Klarheit über die mit dem Vollzug der Sicherungsverwahrung zu verfolgenden Ziele. Daß der Sicherungsgedanke im Vordergrund der Vollzugsziele steht, ist selbstverständlich. Fraglich kann aber sein, ob die schon durch die Freiheitsentziehung gewährleistete Sicherung der Gesellschaft mit einem möglichst strengen, strafähnlichen Vollzug oder mit einer möglichst milden Behandlung verbunden und ob neben der Sicherung der Allgemeinheit die Besserung des Verwahrten erstrebt werden soll. Die Stellungnahme zu der Frage des strengen oder milden Vollzugs hängt wesentlich davon ab, ob der Verbrecher, bevor mit der Sicherungsverwahrung begonnen wird, einen strengen Strafvollzug durchlaufen und damit seine Tat bereits gesühnt hat oder ob das Vikariieren zugelassen ist und die Sicherungsverwahrung an die Stelle der Strafe treten kann. Wo die Sicherungsverwahrung die Funktion der Strafe mit zu übernehmen hat, darf ihr Vollzug nicht wesentlich anders sein als der Vollzug der Freiheitstrafe. Wird aber die Sicherungsverwahrung an den Vollzug der Strafe angehängt, so fordert dies die reinere Durchführung des Verwahrungsgedankens und die Zulassung von Hafterleichterungen, die bei der Freiheitstrafe um der Sühne und Vergeltung willen ausgeschlossen sind. Die Sicherungsverwahrung wird dann milder zu vollziehen sein als die vorausgegangene Freiheitstrafe. Freilich wäre es Utopie, zu glauben, daß die Sicherungsverwahrung auch durch einen noch so milden Vollzug den Übelscharakter abstreifen könnte. Andererseits muß gegen allzu große Milde die Erwägung sprechen, daß die Verwahrten zu Verbrecherkreisen gehören, die sich gegen das Wohl der Allgemeinheit schwer vergangen haben, und daß es unverantwortlich wäre, derartige Elemente auf Kosten der Allgemeinheit hinter den Mauern ein müßiges und bequemes Leben führen zu lassen. Den Entbehrungen, Sorgen und Härten, die der ehrliche Volksgenosse in der Freiheit zu tragen hat, darf der Verbrecher in der Sicherungsverwahrung keineswegs entzogen werden. Das Problem, an welcher Stelle die Trennungslinie zwischen Milde und Strenge zu ziehen ist, ist schwer zu lösen. Je härter der Vollzug, desto geringer ist erfahrungsgemäß die Neigung der von der Gerechtigkeitsidee geleiteten Richter, den Verbrecher der Sicherungsverwahrung zu überweisen, desto geringer dementsprechend der kriminalpolitische Erfolg der Maßregel. Die Beantwortung der anderen Frage, ob die Sicherungsverwahrung auch Besserungszwecke verfolgen soll, hängt von der Persönlichkeit der Verwahrten ab. Kann durch angemessenen Aufwand an erzieherischen Maßnahmen die Besserung der Verwahrten erreicht werden, so wird dies nur willkommen sein. Wo aber Verbrecher zur Sicherungsverwahrung gelangen, die sich in jahrelangem Strafvollzug praktisch als unverbesserlich erwiesen haben, ist es zweckmäßiger, die Verwahrten durch harte Arbeit ihr Brot verdienen zu lassen, sie als Schädlinge der Gesellschaft zu behandeln und auf kostspielige Erziehungsversuche zu verzichten. England hat bei den der preventive detention überwiesenen, vielfach rückfälligen Verbrechern, nachdem sie bereits längere Zuchthausstrafen verbüßt hatten, bis in die jüngste Zeit Besserungsmethoden angewandt und einen progressiven Erziehungsvollzug eingerichtet, der sich meist als wirkungslos erwiesen hat. Erst in letzter Zeit ist es, durch Mißerfolge belehrt, gegenüber den älteren Verwahrten zu strengerem Vollzug übergegangen. Ob in der Sicherungsverwahrung Stufenvollzug angewandt werden soll, ist durch die Stellungnahme zur Frage der Besserung noch nicht entschieden. Denn der Stufenvollzug hat neben seiner Bedeutung als Erziehungsmittel mehr und mehr die Funktion eines Disziplinarmittels erhalten, das seine Wirkung auch in der Sicherungsverwahrung entfalten kann. In England sehen die Preventive detention Rules von 1925 den Stufenvollzug vor. Der deutsche Entwurf eines Strafvollzugsgesetzes von 1927 (§ 314) wollte gestatten, die Untergebrachten nach ihrer Führung in verschiedene Gruppen zu teilen und die zulässigen Vergünstigungen für die einzelnen Gruppen verschieden zu bemessen. Den italienischen Vollzugsgrundsätzen (Verordnung für die Vorbeugungs- und Strafanstalten von 1931) ist der Stufenvollzug unbekannt.

Ob die Sicherungsverwahrung in besonderen Verwahrungsanstalten oder in Strafanstalten vollzogen werden soll, hängt nicht nur von theoretischen Erwägungen, sondern auch von praktischen, insbesondere finanziellen Gesichtspunkten ab. Für das dualistische System mag es von Wert sein, den Unterschied von Strafe und Sicherungsverwahrung auch durch Einrichtung besonderer Verwahrungsanstalten hervorzuheben. Nimmt die Sicherungsverwahrung die Funktion der Strafe in sich auf, so ist nicht einzusehen, weshalb sie nicht auch in geeigneten Strafanstalten vollzogen werden sollte. Auch wenn Sicherungsverwahrte in Strafanstalten untergebracht sind, ist es erwünscht, sie räumlich von den Strafgefangenen vollkommen zu trennen, um jede Beeinflussung der Strafgefangenen durch die den schlechteren Elementen zuzuzählenden Sicherungsverwahrten zu vermeiden. Vollzugstechnisch ist es vorteilhaft, die Sicherungsverwahrten nicht auf zahlreiche Anstalten zu verteilen, sondern in einigen wenigen großen Anstalten zu sammeln. Außerdem ist zu erwägen, Verwahrte desselben Persönlichkeitstypus in Abteilungen zu vereinigen, etwa eine Abteilung für passive, willensschwache Naturen und eine Abteilung für die aktiveren Elemente zu bilden. Der deutsche Entwurf des Strafvollzugsgesetzes von 1927 sah vor, die Sicherungsverwahrung in besonderen Anstalten der Justizverwaltung zu vollziehen und den Vollzug in Strafanstalten bei vollständiger Trennung von Strafgefangenen nur während einer Übergangszeit zuzulassen. Über das geltende Recht vgl. unten IV 2. Zur Zeit (1934) wird die Sicherungsverwahrung in Deutschland in einigen großen Strafanstalten vollzogen, deren ausschließliche Verwendung für den Vollzug der Sicherungsverwahrung angestrebt wird. England hat für den Vollzug der preventive detention die Anstalt Camp Hill auf der Insel Wight errichtet, die neuerdings Borstalanstalt geworden ist. Italien weist die Gewohnheits-, Berufs- und Tendenzverbrecher nach der Verordnung von 1931 innerhalb der Verwahrungsanstalten Sonderabteilungen zu. Wo die Einrichtung der Anstalten auf abgelegenen Inseln möglich ist, werden die Sicherungsmaßnahmen durch die Gunst der geographischen Verhältnisse wirksam unterstützt (vgl. d. Art. Deportation).

IV. Das geltende Recht in Deutschland. Der deutsche Vorentwurf von 1909 (§ 89) beschränkte sich darauf, den gewerbs- und gewohnheitsmäßigen Verbrecher mit dem Mittel verschärfter Strafe zu bekämpfen. Zum ersten Mal schlug der Gegenentwurf von 1911 (§ 98) die Sicherungsverwahrung für vielfach, mindestens fünfmal vorbestrafte gewerbs- oder gewohnheitsmäßige Verbrecher vor. Die Verwahrung sollte neben der Strafe für unbestimmte Zeit verhängt werden; über die Dauer der Verwahrung und die Entlassung sollte die Landespolizeibehörde entscheiden. Die folgenden Entwürfe behielten die Sicherungsverwahrung nach dem System der Zweispurigkeit bei. Der Entwurf 1913 (§§ 106, 119) und der Entwurf 1919 (§§ 100, 120) sahen die Sicherungsverwahrung neben der Strafe zwingend vor, wenn ein gewerbs- oder gewohnheitsmäßiger, für die Rechtssicherheit gefährlicher Verbrecher nach den Rückfallsvorschriften zu Zuchthausstrafe verurteilt wird. Der amtliche Entwurf 1925 (§§ 45, 77) und der Entwurf 1927 (§§ 59, 78) stellen die Anordnung der Sicherungsverwahrung in das Ermessen des Gerichts, wenn ein für die öffentliche Sicherheit gefährlicher Gewohnheitsverbrecher nach den Rückfallsvorschriften zu geschärfter Strafe verurteilt wird. Die Strafschärfung aber sollte zulässig sein, wenn Jemand, der schon zweimal wegen eines Verbrechens oder eines vorsätzlichen Vergehens zum Tode oder zu erheblicher Freiheitstrafe (nach dem Entwurf von 1927: zu Freiheitstrafe von wenigstens sechs Monaten) verurteilt war, durch ein neues Verbrechen oder vorsätzliches Vergehen eine Freiheitstrafe verwirkt hat und wenn aus der neuen Tat in Verbindung mit den früheren Taten hervorgeht, daß der Täter ein für die öffentliche Sicherheit gefährlicher Gewohnheitsverbrecher ist. Frühere Verurteilungen sollten nicht in Betracht kommen, wenn zwischen ihnen und der folgenden Verurteilung (nach dem Entwurf von 1927: der folgenden Tat) mehr als fünf in der Freiheit verbrachte Jahre vergangen sind. Die Unterbringung sollte so lange dauern, als ihr Zweck es erfordert, jedoch drei Jahre nur übersteigen, wenn das Gericht vor Ablauf dieser Frist die Sicherungsverwahrung von neuem anordnet. Der Entwurf von 1930 (§§ 59, 78) folgte dem, forderte jedoch zusätzlich eine Vorverurteilung zum Tode oder zu Zuchthaus und schloß politische Straftaten und gewisse andere Delikte von der Berücksichtigung als Vortaten aus. Jahrzehnte lang hatten die Bemühungen gedauert, in der Strafrechtsreform die Unschädlichmachung des hartnäckigen Verbrechertums durchzusetzen. Sie blieben in Beratungen und zum Teil in schwächlichen Beschlüssen stecken und scheiterten in der Nachkriegszeit an der Unzulänglichkeit des Parteienstaates, dem es an der inneren Kraft gebrach, die Probleme der Neugestaltung des Strafrechts zu meistern. Wiederholt war der Ruf nach Einführung der Sicherungsverwahrung wie der übrigen sichernden Maßnahmen durch eine Strafrechtsnovelle ergangen. Im Jahre 1933 entschloß sich die nationalsozialistische Reichsregierung schon vor der grundlegenden Reform des Strafrechts, die Maßregeln der Sicherung und Besserung und damit die Sicherungsverwahrung durch ein Sondergesetz zu regeln. Das G. gegen gefährliche Gewohnheitsverbrecher und über Maßregeln der Sicherung und Besserung vom 24. XI. 1933 (RGBl. I, 995), das die Sicherungsverwahrung behandelt, ist nebst Ausführungsgesetz vom gleichen Tage (RGBl. I, 1000) am 1. I. 1934 in Kraft getreten. Ergänzende Vorschriften über die Sicherungsverwahrung enthält das G. zur Änderung von Vorschriften des Strafrechts und des Strafverfahrens vom 24. IV. 1934 (RGBl. I, 341), das am 2. V. 1934 in Kraft getreten ist. Die reichsrechtlichen Vollzugsgrundsätze behandelt die VO. des Reichsministers der Justiz über den Vollzug von Freiheitstrafen und von Maßregeln der Sicherung und Besserung, die mit Freiheitsentziehung verbunden sind, vom 14. V. 1934 (RGBl. I, 383). Danach besteht folgende Rechtslage:

1. Voraussetzungen der Sicherungsverwahrung. a) Die Voraussetzungen für die Anordnung der Sicherungsverwahrung knüpfen nach § 42e StGB. an den § 20a StGB. an. Die Vorschrift des § 20a StGB. droht für Straftaten gefährlicher Gewohnheitsverbrecher teils zwingend, teils nach dem Ermessen des Gerichts Zuchthausstrafe an. Hat Jemand, der schon zweimal rechtskräftig verurteilt worden ist, durch eine neue vorsätzliche Tat Freiheitstrafe verwirkt und ergibt die Gesamtwürdigung der Taten, daß er ein gefährlicher Gewohnheitsverbrecher ist, so ist, soweit die neue Tat nicht mit schwererer Freiheitstrafe bedroht ist, nach § 20a Abs. 1 StGB. auf Zuchthaus bis zu 5 Jahren, und wenn die neue Tat auch ohne diese Strafschärfung ein Verbrechen wäre, auf Zuchthaus bis zu 15 Jahren zu erkennen. Die Strafschärfung setzt voraus, daß die beiden früheren Verurteilungen wegen eines Verbrechens oder vorsätzlichen Vergehens ergangen sind und in jeder von ihnen auf Todesstrafe, Zuchthaus oder Gefängnis von mindestens sechs Monaten erkannt worden ist. Hat Jemand mindestens drei vorsätzliche Taten begangen und ergibt die Gesamtwürdigung der Taten, daß er ein gefährlicher Gewohnheitsverbrecher ist, so kann das Gericht nach der den Vorentwürfen unbekannten Vorschrift des § 20a Abs. 2 StGB. bei jeder abzuurteilenden Einzeltat die Strafe ebenso verschärfen, auch wenn die übrigen im Abs. 1 genannten Voraussetzungen nicht erfüllt sind. Eine frühere Tat kommt nicht in Betracht, wenn zwischen ihr und der folgenden Tat mehr als 5 Jahre verstrichen sind (§ 20a Abs. 3). Ist die Tat bereits rechtskräftig abgeurteilt worden, so wird diese Frist von der Rechtskraft des Urteils ab gerechnet. In die Frist wird die Zeit nicht eingerechnet, in der der Täter eine Freiheitstrafe

verbüßt oder auf behördliche Anordnung in einer Anstalt verwahrt wird. Eine ausländische Verurteilung steht einer inländischen gleich, wenn die geahndete Tat auch nach deutschem Recht ein Verbrechen oder vorsätzliches Vergehen wäre (§ 20a Abs. 4). Wird Jemand nach diesen Vorschriften des § 20a StGB. als ein gefährlicher Gewohnheitsverbrecher verurteilt, so ordnet das Gericht nach § 42e StGB. neben der Strafe die Sicherungsverwahrung an, wenn die öffentliche Sicherheit es erfordert. Der Täter ist dann nach § 20a StGB. als gefährlicher Gewohnheitsverbrecher verurteilt, wenn das Gericht feststellt, daß die gesetzlichen Voraussetzungen für die Strafschärfung erfüllt sind und die Strafe im Rahmen des § 20a StGB. bestimmt. Eine tatsächliche Schärfung der Strafe ist also nicht erforderlich (bestr.), so daß die Annahme erhöhter Schuld nicht als notwendige Voraussetzung für die Anordnung der Sicherungsverwahrung erscheint. Danach kann die Sicherungsverwahrung auch gegenüber vermindert zurechnungsfähigen Verbrechern in Frage kommen, auch wenn das Gericht von der Strafmilderung des § 51 Abs. 2 StGB. Gebrauch macht. Nach RGSt. 68, 149 erfordert der Begriff des Gewohnheitsverbrechers eine Persönlichkeit, die infolge eines auf Grund charakterlicher Veranlagung bestehenden oder durch Übung erworbenen inneren Hanges wiederholt Rechtsbrüche begeht und zur Wiederholung von Rechtsbrüchen neigt. Er umfaßt also nicht nur Verbrecher, die gewohnheitsmäßig (RGSt. 32, 394; 58, 25; 59, 142) als passive, willensschwache Naturen Straftaten begehen, sondern auch die aktiven Verbrechertypen, insbesondere die Berufsverbrecher. Der Gewohnheitsverbrecher ist als gefährlich anzusehen, wenn von ihm weitere erheblichere Angriffe auf strafrechtlich geschützte Güter irgend welcher Art zu erwarten sind. Da die Beurteilung des Täters als gefährlicher Gewohnheitsverbrecher auf eine Gesamtwürdigung der Taten gestützt werden muß, scheiden nach RGSt. 68, 149 solche Straftaten, die kein Symptom für den Hang des Täters zum Verbrechen und für seine Gefährlichkeit sind, als Grundlage für die Anordnung der Sicherungsverwahrung aus. Daß der Täter früher wiederholt verurteilt oder früher erkannte Freiheitstrafen verbüßt hat, ist keine unbedingte Voraussetzung der Sicherungsverwahrung. Vielmehr wird in § 20a Abs. 2 StGB. das Erfordernis früherer Verurteilungen fallen gelassen, da das Bedürfnis der Unschädlichmachung auch bei solchen Gewohnheitsverbrechern besteht, denen es gelungen ist, auf Jahre hinaus ihre Untaten der Verfolgung zu entziehen. Das Gericht muß unter den gesetzlichen Voraussetzungen auf die Sicherungsverwahrung erkennen, wenn die öffentliche Sicherheit es erfordert, d. h. (RG. JurW. 1934, 2058) wenn nach der Persönlichkeit des Täters die Gefahr besteht, daß er auch in Zukunft erheblichere Angriffe gegen strafrechtlich geschützte Güter irgend welcher Art unternehmen werde und wenn nicht irgend welche andere Maßnahmen oder Umstände in Betracht kommen, die einen ausreichenden Schutz der Allgemeinheit verbürgen.

b) Als gefährlicher Gewohnheitsverbrecher im Sinne der dargelegten Vorschriften kann auch der aus verbrecherischem Hang heraus handelnde Landesverräter erscheinen. Das G. vom 24. IV. 1934 (RGBl. I, 341) hat jedoch die Voraussetzungen, unter denen gegen Landesverräter die Sicherungsverwahrung verhängt werden kann, erleichtert und damit diese Maßnahme zu einer besonderen Schutzwaffe gegen Landesverräter gestaltet. Nach § 93 Abs. 2 StGB. in der Fassung dieses Gesetzes ist neben der Verurteilung zu Zuchthausstrafe wegen eines Verbrechens des Landesverrats (§§ 88—93 StGB.) die Sicherungsverwahrung anzuordnen, wenn die öffentliche Sicherheit es erfordert. „Wer ein Verbrechen des Landesverrats begangen hat, kann schon durch diese Tat, in ähnlicher Weise wie der Gewohnheitsverbrecher durch seine mehrfachen Straftaten, bewiesen haben, daß ihm sittliche Hemmungen fehlen, deren Vorhandensein Voraussetzung für das Zusammenleben der Volksgemeinschaft bildet. Wenn dies der Fall ist und damit durch den Täter eine erneute Gefährdung der Allgemeinheit droht, ist er auch über die Strafzeit hinaus durch Verwahrung unschädlich zu machen" (amtliche Begründung).

c) Auf die Sicherungsverwahrung kann nach § 2a StGB. und der Übergangsvorschrift des Art. 5 Ziff. 1 des G. vom 24. XI. 1933 auch erkannt werden, wenn die abzuurteilende Tat vor dem Inkrafttreten des Gesetzes begangen ist. Darüber hinaus hat Art. 5 Ziff. 2 des Gesetzes in Durchbrechung des Grundsatzes der Rechtskraft einen Rückgriff auf bereits abgeurteilte Verbrecher zugelassen, die nach dem 1. I. 1934 noch eine früher erkannte Freiheitstrafe zu verbüßen haben. Verbüßt Jemand, der schon zweimal rechtskräftig verurteilt worden ist, nach dem 1. I. 1934 auf Grund eines weiteren, vor diesem Zeitpunkt ergangenen Urteils eine Freiheitstrafe und ergibt die Gesamtwürdigung seiner Taten, daß er ein gefährlicher Gewohnheitsverbrecher ist, so kann nämlich das Gericht die Sicherungsverwahrung des Verurteilten in einem besonderen Sicherungsverfahren nachträglich anordnen, wenn die öffentliche Sicherheit es erfordert. Die nachträgliche Anordnung setzt voraus, daß die drei Verurteilungen wegen eines Verbrechens oder vorsätzlichen Vergehens ergangen sind und in jeder von ihnen auf Todesstrafe, Zuchthaus oder Gefängnis von mindestens 6 Monaten erkannt worden ist. Die Vorschriften des § 20a Abs. 3, 4 StGB. gelten dabei entsprechend. Auch Art. XIII des G. vom 24. IV. 1934 läßt die nachträgliche Anordnung der Sicherungsverwahrung gegenüber solchen Verurteilten zu, die nach dem Inkrafttreten dieses Gesetzes auf Grund eines früher ergangenen Urteils eine Freiheitstrafe verbüßen und bei der früheren Verurteilung neben der Strafe zur Sicherungsverwahrung hätten verurteilt werden müssen, wenn § 93 StGB. neuer Fassung schon bei der Aburteilung gegolten hätte. Beide Übergangsvorschriften beruhen auf der Erwägung, daß es mit dem Schutzbedürfnis der Allgemeinheit unvereinbar wäre, von Verbrechern, die im Zeitpunkt der Einführung der Sicherungsverwahrung die Strafanstalten bevölkern und nach ihrer Entlassung mit großer Wahrscheinlichkeit wieder rückfällig werden würden, erst eine neue Tat zu verlangen, bevor ihre Unschädlichmachung durch das Mittel der Sicherungsverwahrung zugelassen wird. Die nachträgliche Anordnung der Sicherungsverwahrung kann von der Staatsanwaltschaft beantragt werden, solange die in der Verbüßung begriffene Freiheitstrafe nicht verbüßt, bedingt ausgesetzt, verjährt oder erlassen ist (Art. 14 AusfG. vom 24. XI. 1933, Art. XIII Abs. 3 des G. vom 24. IV. 1934). Das Verfahren ist im engsten Anschluß an das Strafverfahren geregelt.

d) Nach § 429e StPO. kann die Staatsanwaltschaft die nachträgliche Anordnung der Sicherungsverwahrung beantragen, wenn ein Deutscher im Ausland wegen eines Verbrechens oder vorsätzlichen Vergehens zu Freiheitstrafe verurteilt worden ist und bei ihm die Voraussetzungen vorliegen, die bei seiner Verurteilung im Inland die Anordnung der Sicherungsverwahrung gerechtfertigt hätten. Über den Antrag wird im nachträglichen Sicherungsverfahren entschieden.

e) Gegen Jugendliche darf nach § 9 Abs. 5 des Jugendgerichtsgesetzes die Sicherungsverwahrung nicht angeordnet werden.

2. Dauer und Vollzug der Sicherungsverwahrung. Die Dauer der Sicherungsverwahrung ist an keine Frist gebunden. Die Sicherungsverwahrung dauert nach § 42f StGB. so lange, als ihr Zweck es erfordert. Jeweils vor dem Ablauf von 3 Jahren hat das Gericht zu entscheiden und jederzeit kann es prüfen, ob der Zweck der Unterbringung erreicht ist. Wenn das Gericht dies bejaht, so hat es die Entlassung des Untergebrachten anzuordnen. Ohne die eindeutige Feststellung, daß die Sicherungsverwahrung zum Schutz der Allgemeinheit nicht mehr erforderlich ist, ist eine Entlassung hiernach nicht zulässig. Die Frist von 3 Jahren läuft vom Beginn des Vollzugs an. Lehnt das Gericht die Entlassung des Untergebrachten ab, so beginnt mit dieser Entscheidung der Fristenlauf von neuem (§ 42f StGB.). Sind seit der Rechtskraft des Urteils 3 Jahre verstrichen, ohne daß mit dem Vollzug der Sicherungsverwahrung begonnen worden ist, so darf sie nur noch vollzogen werden, wenn das Gericht es anordnet. Diese Anordnung ist nur zulässig, wenn der Zweck der Maßregel die nachträgliche Unterbringung erfordert (§ 42g StGB.). Die Entlassung des Untergebrachten gilt nur als bedingte Aussetzung der Unterbringung. Das Gericht kann dem Untergebrachten bei der Entlassung besondere Pflichten auferlegen und solche Anordnungen auch nachträglich treffen oder ändern. Zeigt der Entlassene durch sein Verhalten in der Freiheit, daß der Zweck der Maßregel seine erneute Unterbringung erfordert, und ist die Vollstreckung der Maßregel noch nicht verjährt, so widerruft das Gericht die Entlassung (§ 42h StGB.).

Die Sicherungsverwahrung wird nach § 456b StPO. erst vollzogen, wenn die daneben erkannte Freiheitstrafe verbüßt, bedingt ausgesetzt oder erlassen ist. Die Vollstreckungsbehörde kann von der Vollstreckung absehen, wenn der Verurteilte wegen einer anderen Tat einer ausländischen Regierung ausgeliefert oder wenn er aus dem Reichsgebiet verwiesen wird. Kehrt der Ausgewiesene oder der Ausgelieferte zurück, so kann die Vollstreckung nachgeholt werden (§ 456a StPO.). Die Vollstreckung der rechtskräftig angeordneten Sicherungsverwahrung verjährt in 10 Jahren (§ 70 StGB.). Nach den Vollzugsgrundsätzen vom 14. V. 1934 Art. 3 (§ 1) ist die Sicherungsverwahrung in Anstalten der Justizverwaltung zu vollziehen. Eine Sicherungsverwahrungsanstalt darf einer Strafanstalt angegliedert werden. Jedoch ist dafür zu sorgen, daß die Anstalten räumlich von einander getrennt sind. Die Verwahrungsgefangenen sind von Strafgefangenen getrennt zu halten (§ 2). Als Zweck des Vollzugs wird bezeichnet, den Verurteilten, nachdem er durch die Verbüßung der Freiheitstrafe seine Tat gesühnt hat, durch die Verwahrung unschädlich zu machen, so daß die Volksgemeinschaft vor weiteren strafbaren Handlungen geschützt wird. Das Ziel der unbedingten Sicherheit der Verwahrung und der Verhütung des Entweichens soll unter Berücksichtigung der besonderen Gefährlichkeit des Verurteilten rücksichtslos durchgeführt werden (§ 16). Beim Vollzug der Sicherungsverwahrung sind die Grundsätze für den Vollzug von Freiheitsstrafen von 1923 (RGBl. 1923 II, S. 263, 1934 I, S. 383) über die Arten der Unterbringung, die Behandlung und das Verhalten der Gefangenen, die Sicherungsmaßnahmen, die Hausstrafen und das Beschwerderecht entsprechend anzuwenden, soweit nicht der Zweck der Sicherungsverwahrung entgegensteht oder Besonderes bestimmt ist. Als Hausstrafe ist auch der für das Zuchthaus vorgesehene strenge Arrest für zulässig erklärt (§ 17). Die Verwahrten sind nach § 42i Abs. 1 StGB. zu den in der Anstalt eingeführten Arbeiten anzuhalten. Sie können auch zu Arbeiten außerhalb der Anstalt verwendet werden, müssen jedoch dabei von freien Arbeitern getrennt gehalten werden. Die Selbstbeschäftigung darf ihnen während der Arbeitszeit nicht gestattet werden (§ 20). Es ist ihnen nicht erlaubt, eigene Betten zu benutzen, eigene Kleidung und Wäsche zu tragen oder sich selbst zu beköstigen (§ 18). In der Regel dürfen sie nur alle 2 Monate Besuch empfangen und nur alle 4 Wochen einen Brief absenden (§ 22). Hingegen ist das Einkaufen von Zusatznahrungsmitteln und Genußmitteln nicht erst nach Ablauf einer Frist zulässig. In mäßigen Grenzen dürfen sie auch eingebrachtes oder für sie eingezahltes Geld hierzu verwenden, falls ihnen ohne ihr Verschulden eine Arbeitsbelohnung nicht gutgeschrieben werden kann. Der Genuß von Tabak kann ihnen in mäßigen Grenzen gestattet werden (§ 19), ebenso, daß die Untergebrachten eigene Bücher benutzen, sich Bücher und Druckschriften selbst beschaffen und Zeitungen oder Zeitschriften halten (§ 21). Auch andere Vergünstigungen dürfen ihnen gewährt werden, die dem Ernst der Sicherungsverwahrung und ihrem Zweck und Ziel nicht widersprechen, falls die Untergebrachten sich gut führen und fleißig arbeiten (§ 23). Der Vollzug der Sicherungsverwahrung nimmt hiernach in der Regel eine Mittelstellung zwischen dem Vollzug der Zuchthaus- und der Gefängnisstrafe ein.

3. Verfahrensrechtliche Vorschriften. Über die Anordnung der Sicherungsverwahrung wird im Strafverfahren zusammen mit der Aburteilung der Tat durch Urteil entschieden. Soweit die Sicherungsverwahrung nachträglich angeordnet werden kann, ist ein Sicherungsverfahren durchzuführen, für das nach § 429b StPO. die Vorschriften über das Strafverfahren entsprechend gelten. Zuständig sind die Schöffengerichte oder die Gerichte höherer Ordnung. Im nachträglichen Sicherungsverfahren nach § 429e StPO. und Art. 14 AusfG. vom 24. XI. 1933 tritt an die Stelle des Reichsgerichts, des Oberlandesgerichts oder des Schwurgerichts die große Strafkammer und in dem Verfahren nach Art. XIII des G. vom 24. IV. 1934 an die Stelle des Reichsgerichts der Volksgerichtshof. Hält der Amtsrichter die Sicherungsverwahrung für angezeigt, so hat er nach § 270 StPO. die Sache an das Schöffengericht zu verweisen, sofern nicht ein Gericht höherer Ordnung zuständig ist. Ist mit der Anordnung der Sicherungsverwahrung zu rechnen, so ist die Verteidigung notwendig (§ 140 StPO.). Im Vorverfahren sollen sich die Ermittlungen des Staatsanwalts auch auf die Umstände erstrecken, die für die Anordnung der Sicherungsverwahrung von Bedeutung sind (§ 160 StPO.). Für die Anordnung der Sicherungsverwahrung bedarf es einer Mehrheit von zwei Dritteln (§ 263 StPO.). Die Prüfung der Entlassungsreife und die Entscheidungen über die Entlassung, den Widerruf und die dem Entlassenen aufzuerlegenden Pflichten trifft das Vollstreckungsgericht, also das Gericht erster Instanz ohne mündliche Verhandlung (§ 463a Abs. 3 StPO.).

V. Zusammenstellung der wichtigeren ausländischen Rechtsquellen über die Sicherungsverwahrung.

Belgien: Loi de défense sociale à l'égard des anormaux et des délinquants d'habitude von 1930, Art. 24—32.

Dänemark: Borgerlig Straffelov vom 15. IV. 1930, §§ 65—69.

Danzig: VO. gegen gefährliche Gewohnheitsverbrecher und über Maßregeln der Sicherung und Besserung vom 28. II. 1934.

England: Prevention of Crime Act von 1908; The preventive detention prison rules vom 19. VIII. 1925.

Finnland: Lag om farliga återfallsförbrytare, vom 27. V. 1932.

Frankreich: Loi sur les récidivistes vom 27. V. 1885 (vgl. Avant-projet du code pénal français von 1932, Art. 74—76.

Holland: Wet houdende nadere voorzieningen betreffende beroeps- en gewoontemisdadigers, vom 25. VI. 1929.

Italien: Codice penale italiano von 1930, Art. 102—109, 200—213, 216—218.

Lettland: Strafgesetzbuch vom 24. IV. 1933.

Norwegen: Almindelig borgerlig Straffelov vom 22. V. 1902 in der Fassung des G. vom 22. II. 1929, §§ 39, 39a, 39b, § 65.

Polen: Strafgesetzbuch für die Republik Polen vom 11. VII. 1932, Art. 84.

Schweiz: G. des Kantons St. Gallen betreffend die Einweisung von Gewohnheitsverbrechern und Zwangsversorgten in die Strafanstalt, vom 19. XI. 1924. G. des Kantons Glarus über die Verwahrung von rückfälligen Verbrechern, arbeitsscheuen und liederlichen Personen vom 5. V. 1929. G. des Kantons Thurgau betreffend den bedingten Straferlaß, das Verfahren und den Strafvollzug gegenüber Jugendlichen, die Verwahrungsanstalt und die Schutzaufsicht, vom 25. XI. 1927. G. des Kantons Zug über die Versorgung von Jugendlichen und Verwahrlosten vom 16. X. 1930. G. des Kantons Zürich über die Versorgung von Jugendlichen, Verwahrlosten und Gewohnheitstrinkern vom 24. V. 1925.

Schweden: Lag om förvaring av förminskat tillräkneliga förbrytare, vom 22. IV. 1927. Lag om internering av återfallsförbrytare, vom 22. IV. 1927. Lag om verkställighet av förvaring av förminskat tillräkneliga förbrytare samt av internering av återfallsförbrytare, vom 22. IV. 1927.

Spanien: Código penal español vom 10. XII. 1928, Art. 90, 103, 157. Ley relativa a vagos y maleantes, vom 4. VIII. 1933.

Ungarn: StGB. vom 31. I. 1928, §§ 36 bis 47.

Australien: Neu-Süd-Wales, Habitual Criminals Act, 1905, mit Änderungen durch die Crimes Amendment Act 1924. Queensland, Act to further amend the criminal code by making provision for the detention and control of habitual criminals, 1914. Süd-Australien, Habitual Criminals Amendment Act, 1907. Tasmania, Indeterminate Sentences Act, 1921, Act to amend the Indeterminate Sentences Act vom 16. XII. 1925; Criminal Code vom 4. IV. 1924. Victoria, Crimes Act 1915 und Indeterminate Sentences Act 1915, Regulations as to indeterminate Sentences vom 21. IX. 1926. Neu-Seeland, Crimes Act 1908, Crimes Amendment Act 1910.

Schrifttum:

Aus dem reichen Schrifttum sei auszugsweise auf die folgenden Schriften hingewiesen, wo weitere Angaben zu finden sind: Exner, Die Theorie der Sicherungsmittel, 1914. — Derselbe, Das System der sichernden und bessernden Maßregeln nach dem G. vom 24. XI. 1933, ZStrW. 53, 629ff. — Foltin, Die chronisch erhöht Gefährlichen, 1927. — Frede-Grünhut, Reform des Strafvollzugs, 1927. — Hasse, Die Voraussetzungen der Verhängung von Sicherungsverwahrung in den deutschen Entwürfen, Diss., Leipzig 1931. — Hauptvogel, Aufzeichnungen über das Gefängniswesen in England, Sonderheft der Blätter für Gefängniskunde, 1931. — Derselbe, Die Sicherungsverwahrung der Gewohnheitsverbrecher in England und ihr Vollzug, ZStrW. 51, 480ff. — Heindl, Der Berufsverbrecher, 1927. — v. Hippel, Deutsches Strafrecht, I, II, 1925—1930. — Mitteilungen der IKV., Göttingen 1922, Innsbruck 1925, Karlsruhe 1927, Essen 1931. — Kohlrausch, Sicherungshaft, ZStrW. 44, 21ff. — Liszt-Schmidt, Lehrbuch des deutschen Strafrechts, 1932. — Mezger, Die Behandlung der gefährlichen Gewohnheitsverbrecher, Monatsschr. f. Kriminalpsych. 1923, S. 135ff. — Derselbe, Vermindert Zurechnungsfähige und Gewohnheitsverbrecher, Gerichtssaal, 1928, S. 69f. — Derselbe, Strafrecht, ein Lehrbuch, 1933. — Derselbe, Täterstrafrecht, Deutsches Strafrecht, 1934, S. 125ff., 145ff. — Mittermaier, W., Behandlung der Gewerbsmäßigkeit, Anlage I zum amtlichen Entwurf eines Allg. Deutschen Strafgesetzbuchs, 1927, S. 71ff. — Preußische Denkschrift über Nationalsozialistisches Strafrecht, 1933. — Report of the departmental committee on persistent offenders, London 1932. — Röling, De Wetgeving tegen de zoogenaamde Beroepsen Gewoontemisdadigers (The Laws concerning the so-called professional and habitual criminals), Den Haag 1933. — Sieverts, Die englische Denkschrift über die Behandlung hartnäckiger Verbrecher, ZStrW. 53, 676ff. — Carl Stooß, Der „Dualismus" im Strafrecht, Schweiz. Zeitschrift f. Strafrecht 41, 54. — Derselbe, Zur Natur der sichernden Maßnahmen, ebenda 44, 261ff. — Schäfer-Wagner-Schafheutle, Gesetz gegen gefährliche Gewohnheitsverbrecher und über Maßregeln der Sicherung und Besserung, Berlin 1934. — Schäfer-Richter-Schafheutle, Die Strafgesetznovellen von 1933 und 1934, Berlin 1934. — Schoetensack, Strafe und sichernde Maßnahme in der Denkschrift der Akademie für Deutsches Recht 1934, S. 90ff. — Bericht über die Tagung der strafrechtl. Gesellschaft, Bamberg 1926, Gerichtssaal 93, 275. — Wilmanns, Die sogenannte verminderte Zurechnungsfähigkeit, 1927.

Josef Schafheutle.
Fritz Hauptvogel.

Signalement s. Erkennungsdienst.

Simulation.

1. Wäre unter Simulation einfach die vorsätzliche, mit Überlegung ausgeführte Vortäuschung irgend welcher Leiden, insbesondere von Geisteskrankheit, zu verstehen, so wären

über den Gegenstand nicht viele Worte nötig. Eine solche Simulation kommt wohl einmal vor. So berichten uns Kriegsteilnehmer, die vom Feinde gefangen genommen wurden, daß sie ganz klar und bewußt den Vorsatz der Täuschung faßten und durchführten. Ein deutscher Sanitätsoffizier wählte den besten Weg: den der völligen Interesselosigkeit und Verstumpfung. Er wusch sich nicht mehr, ließ oft den Urin unter sich gehen, antwortete nicht mehr, bewegte sich kaum, sah blöde vor sich hin. Auf diese Weise gelang es ihm wirklich, über die Schweiz ausgetauscht zu werden. Aber er schildert glaubhaft, welche außerordentliche Selbstbeherrschung und Mühsal zu dieser Simulation notwendig gewesen ist. Sehr selten kommt einmal ein gebildeter Mensch in die Lage solcher Täuschungsversuche. Ab und zu probiert wohl ein Angeklagter einmal in der Hauptverhandlung einer unangenehmen Situation zu entgehen, indem er absichtlich „in Ohnmacht fällt" und damit die weitere Verhandlung unmöglich macht. Hat ein solcher Angeklagter gar eine wirkliche Herzkrankheit, eine Tuberkulose oder sonst ein ernsteres Leiden, so wird ihm der Gedanke schon näher liegen, die Symptome dieses Leidens auszunutzen, um sich dadurch allerlei Vorteile zu verschaffen, sei es in der Untersuchungshaft, in der Hauptverhandlung oder im Strafvollzug. Daß aber ein gebildeter Angeklagter oder Verurteilter eine geistige Störung dauernd vorzutäuschen versucht, habe ich in meiner eigenen Erfahrung nie erlebt. Dagegen sah ich dies nicht selten bei den nicht gebildeten Verbrechern. Je nach höherer oder tieferer Intelligenz, nach größerer oder geringerer Aktivität fielen solche Versuche recht verschieden aus. Fast immer irrten sich solche Verbrecher darin, daß sie viel zu viel zu produzieren versuchten. Wenn oben von dem simulierenden Arzt gesagt wurde, er habe in der Vortäuschung von Stumpfsinn „den besten Weg" gewählt, so war damit gemeint, daß nur dieser zur wirklichen Täuschung des Facharztes führen kann. Steht man dagegen einem Manne gegenüber, der einen Geisteskranken so spielt, wie er sich als Laie eine Geisteskrankheit vorstellt, so wird man sehr bald erkennen, daß dieses eben Theater und keine echte Psychose ist. Ich sah einmal einen begabten russischen Dilettanten einen Geisteskranken so spielen, daß das Publikum von diesem „Naturalismus" entzückt war. Für den Fachmann war die Darbietung nichts als „Theater". Würde ein Schauspieler eine echte Psychose wirklich realistisch spielen, so würde das Publikum von dieser geringen Naturwahrheit unbefriedigt sein.

2. Der Simulant bringt also unter den gewöhnlichen Umständen viel zu viel Symptome hervor und er vermutet, daß vor allem eines bei der Vortäuschung unerläßlich sei: als blöd zu erscheinen. Das veranlaßt ihn, zugleich freche und dumme Antworten zu geben. Er behauptet, seinen Namen nicht mehr zu wissen, nicht bis 10 zählen zu können; er redet den jungen Arzt mit Herr Geheimrat oder Sanitätsdirektor an, er macht allerlei Faxen, schmiert sich mit Suppe oder mit Urin ein, bleibt aber im psychiatrischen Sinne nicht lange bei seinem Motiv, sondern wechselt unaufhörlich.

Man hat zuweilen direkt den Eindruck, daß ihm das Ganze Spaß mache. Auf Fragen antwortet er im Sinne des „Vorbeiredens", d. h. er läßt in der Antwort erkennen, daß er den Sinn der Frage verstanden hat, und antwortet doch „vorbei". So sagt er etwa auf die Frage nach seinem Heimatsdorfe (Wiesenthal): Felderberg. Nicht selten ist es auch der ungeschickt untersuchende Arzt, der den gereizten Simulanten zu seinen Antworten geradezu erst verleitet. Früher war es sehr beliebt, in solchen Lagen zu fragen, wieviel Augen, Ohren, Finger usw. der Simulant habe. Solche Fragen nach selbstverständlichem Wissen reizen den Gefragten und führen dann zu den bekannten Antworten „mit meinen 10 Augen sehe ich nur, daß Du ein Esel bist" u. dgl. Dieses Bild der Pseudodemenz mit scheinbarer Desorientiertheit und frechem Vorbeireden geht ja, seitdem der Dresdener Psychiater Ganser das Bild zuerst beschrieb, unter dem Namen des Ganserschen Dämmerzustandes. Er kommt natürlich vorwiegend in der Untersuchungshaft, zuweilen noch in der Hauptverhandlung, selten im eigentlichen Strafvollzug vor.

3. Heute dürfte es selten einen Gefängnisarzt geben, der sich durch solche Täuschungsversuche irreführen ließe. Etwas Ähnliches wie diese übertriebene „Demenz" kommt nämlich bei den echten Psychosen überhaupt nicht vor. Aber es bedurfte natürlich einiger Zeit, bis die Fachleute die Einsicht in diese Pseudodemenzen erworben hatten. Noch vor etwa 50 Jahren war es den Großstadtverbrechern eine Freude, den Gefängnisarzt mit solchen Simulationen hineinzulegen, und sie dichteten Spottverse auf den Psychiater. Heute ist es davon still geworden. Zwar waren auch früher die Fälle nicht häufig, in denen ein Gefängnisarzt dem noch nicht verurteilten „Kranken" rückläufig die Voraussetzungen des § 51 zusprach. Aber er war geneigt, die Verhandlungsfähigkeit und Vollzugsfähigkeit zu verneinen; der „Kranke" wurde einer Irrenanstalt übergeben, genas dort schnell und suchte das Weite.

4. In anderen Fällen sind die Zusammenhänge nicht so klar durchschaubar. Es gibt Verhaftete, denen ihr Schicksal und die Zukunftssorgen derart zu Herzen gehen, daß sie eine wirkliche reaktive Depression bekommen, in sich versinken und Selbstmordversuche machen (meistens mit den Hosenträgern). Mißglückt ein solcher Versuch, sei es, daß ihr Röcheln die Insassen der Nachbarzellen alarmiert, sei es daß ein Zufall den Plan vereitelt, so bleiben sie doch im Gefängnis höchst unerwünschte Insassen. Denn der Gefängnisvorstand meldet seiner vorgesetzten Behörde sehr ungern einen geglückten Selbstmord, und der Aufseher weiß, daß er dann doch — wenn auch unverdient — den Vorwurf zu hören bekommt: Sie hätten das merken müssen. Solche ernstlichen Selbstmordversuche wird man gewiß nicht zur Simulation rechnen wollen. Aber es gibt Gefängnisinsassen, die die Angst der Institution vor dem Selbstmord kennen und auszunutzen wissen. Ich hatte mit einer halbgebildeten Frau zu tun, die mit ihrem Manne zusammen Betrügereien begangen hatte; er kam langfristig in Strafhaft, sie wurde zu 2 Monaten Gefängnis verurteilt. Kurz nach Beginn der Strafe fand man sie mit einem Handtuch um den Hals. Der Arzt bescheinigte die Straferstehungsunfähigkeit infolge Gemütsdepression. Man ließ sie vorläufig frei. Nach einiger Zeit erhielt sie erneute Vorladung zu weiterem Vollzug, und nun erschien sie in der psychiatrischen Poliklinik mit der Bitte um ein Zeugnis. Man durchschaute die Zusammenhänge noch nicht recht und gewährte ihr weitere 3 Monate Aufschub. Aber nach dieser Frist stand sie wieder da und wünschte abermals unter vielen Tränen ein weiteres Zeugnis. Nochmals gab man ihr nach, erstattete aber dem Gericht eine Meldung, man müsse nun einmal das Risiko tragen und nach Ablauf auch dieser Frist den Vollzug erzwingen.

5. Eine weitere Form der bewußten Täuschung ist das Spielen des wilden Mannes. Dabei handelt es sich meistens um die Durchführung der Hauptverhandlung. Meist liegt eine Anklage wegen irgend eines Affektdeliktes vor. Der Angeklagte antwortet kaum auf die Fragen nach seinen Personalien, der Richter ermahnt ihn energisch, lauter zu sprechen, der Angeklagte antwortet, er lasse sich nicht anschreien. Der Vorsitzende repliziert, hier bestimme er und nicht der Angeklagte. Und nun geht das Theater los. Der Angeklagte brüllt, reißt sich die Kleider vom Leibe, geht mit erhobenem Stuhl auf den Richtertisch los usw. Alles flüchtet. Mehrere Beamte müssen den wilden Mann bändigen, es gibt eine Rauferei mit zerrissenen Uniformen und zuletzt steht der Held doch befriedigt da, zerzaust, schwitzend, von der Übermacht überwältigt aber doch heldisch. In solchen Fällen hilft dem Richter kein energisches, sondern nur ein kluges Auftreten. Will man schon in Rücksicht auf die Würde des Gerichts solche Szenen vermeiden, dann rede man freundlich zu: der Angeklagte müsse sich hier fügen, es sei nun einmal alles so eingerichtet, anders gehe es nicht; wolle er nicht, so müsse man halt die Verhandlung vertagen, dann müsse er wieder in Untersuchungshaft und stehe in 4 Wochen wieder hier usw. Auf diese Weise kann man die Verhandlung meist durchführen. Traut sich ein jüngerer Richter dies Verfahren nicht recht zu, so bittet er vielleicht einen Sachverständigen, indem er die Sitzung auf 10 Minuten unterbricht, mit dem Angeklagten sich einmal unter 4 Augen zu unterhalten. Dann ist die Krise meistens überwunden. Der Richter bedenke, daß solche wüste Szenen dem affektgeladenen Angeklagten oft geradezu wohltun; dieser drängt nach einer Entladung, nach einer sogenannten Primitivreaktion; er will sich austoben, und diesen Gefallen soll das Gericht dem Angeklagten nicht tun. Jede autoritative Persönlichkeit, mag sie Richter, Lehrer, Arzt sein, muß spüren, wann man einmal schreien darf, um seine Autorität zu stärken; kann der Andere lauter schreien, so ist die Autorität verloren.

6. Zuweilen begegnet man noch der Meinung eines weniger erfahrenen Richters: ein Angeklagter, der sich vor Gericht so wüst aufführe, bekunde ein so geringes Verständnis von der Situation und der Würde des Gerichtes und des Staates, daß man daraus auf eine schwere seelische Abnormität des Angeklagten schließen und daher seine Tat milder beurteilen müsse. Das wäre ein ganz abwegiger Gedankengang. Man kann nur darauf schließen, daß man entweder einen Simulanten oder höchstens einen leidenschaftlichen unbeherrschten Menschen vor sich hat.

7. Die Verhandlungsfähigkeit ist oft nicht leicht zu beurteilen, wenn der Angeklagte schon in der Untersuchungshaft seinen „Haftknall" bekommt. Ich kannte in den ersten Jahren meiner Sachverständigentätigkeit einen Bezirksamtsaktuar, der in früheren Jahren sich ein Abiturientenzeugnis gefälscht hatte und, gefaßt, eine Geistesstörung vortäuschte und zu Unrecht exkulpiert wurde. In seinem Amt unterschlug er Paßgelder, „verfiel" wiederum in eine Psychose und kam in meine Begutachtung. Ich war fest von der Simulation überzeugt, der Gefängnisarzt widersprach, da X unter sich gehen ließ, wochenlang kein Wort

sprach und oft die Nahrung verweigerte. Ich beharrte bei meiner Meinung und bejahte die Verhandlungsfähigkeit. Die Verhandlung fand statt. X wurde wie ein Brett in den Saal getragen, auf einen Tisch gelegt und sprach kein Wort. Der Richter fragte mich etwa alle ¼ Stunden, ob der Angeklagte der Verhandlung folgen könne. Ich bejahte jedesmal. Der Angeklagte rührte sich nicht bis zum Schluß. Im Vollzug spielte er den Kranken so lange, bis er in eine Krankenabteilung gebracht wurde und dort bald entwich. Ich sehe heute ein, daß auch eine solche Verhandlung der Würde des Gerichtes nicht entspricht. Auch heute bin ich noch von der reinen Simulation dieses Mannes überzeugt. Wenn es aber dem Sachverständigen nicht vor der Verhandlung gelingt, das scheinbar geistesgestörte Benehmen des Angeklagten zu bannen, so möge man doch auf eine Verhandlung verzichten.

8. In sehr seltenen Fällen kommt es vor, daß eine beginnende Schizophrenie auch die Symptome des dreisten Vorbeiredens, patziger Bemerkungen und also eine Pseudodemenz aufweist. So sind mir 4 Fälle bekannt, in denen dieser scheinbar psychogene (Ganserse) Dämmerzustand Wochen in der Untersuchungshaft währte, sich monatelang in der psychiatrischen Klinik hielt und mit allmählichem Hinzutreten katatonischer Symptome in einer Heil- und Pflegeanstalt in einen schizophrenen Zerfall überging. In einem andern Falle deutete ein Gefängnisarzt eine beginnende Gemütsalteration bei einem Strafgefangenen als beginnende Haftpsychose. Er nahm ihn aus der Einzelhaft heraus und legte ihn in einen Gemeinschaftsraum. In der Nacht schlug der Erkrankte zwei seiner Zellgenossen tot, als Auswirkung seiner erst später deutlich werdenden schizophrenen Psychose. Solche diagnostische Irrtümer veranlassende Fälle sind indessen sehr selten.

9. Zuweilen beginnt ein Häftling mit einer ganz offenbaren absichtlichen Täuschung, indem er irgend welche Symptome läppischer Verwirrtheit produziert. Allmählich steigert er sich aber dann derart in seine Rolle hinein, daß er nicht wieder davon loskommt, und nun aus der bewußten Simulation eine (nicht mehr beherrschbare) hysterische Gefängnispsychose geworden ist. Die Grenze der Bewußtheit von der des hysterischen Mechanismus kann kaum genau abgegrenzt werden, ähnlich wie die echten, von einem Unfall gesetzten Beschwerden nicht selten allmählich in organisch nicht mehr begründete, psychogene Klagen übergehen.

10. Die Häufigkeit und die Schwere der Simulationen und der oft aus ihnen hervorgehenden hysterischen Haftpsychosen sind ein Ergebnis des jeweiligen Zeitgeistes und der mit der Bewachung und ärztlichen Versorgung betreuten Persönlichkeiten. Ist in Verbrecherkreisen bekannt, daß irgend ein hysterisches Theater auf Direktor, Seelsorger und Arzt einer bestimmten Strafanstalt gar keinen Eindruck macht und keine Vorteile und keine Verlegung in eine Heil- und Pflegeanstalt mit sich bringt, dann sind diese psychopathischen Reaktionen sehr selten. Man erlebt es zuweilen, daß der Wechsel in der Person des Gefängnisarztes eine völlige Umkehr der Häufigkeit der Haftreaktionen herbeiführt. Der eine Psychiater versteht es eben, durch seine ganze Art der Menschenbehandlung Konflikten die Spitze abzubrechen und in aller Wahrung seiner Autorität eine Sphäre des Vertrauens zu verbreiten. Der andere glaubt einen Menschen durch Ironie oder Härte stützen zu müssen und erweckt damit nur Trotz, Verbitterung und Gegenreaktionen.

11. Eine besondere Form der Simulation ist die Vortäuschung körperlicher Leiden. Sicher gibt es auch heute noch Schwindler, die mit Vorzeigung irgend welcher Gebrechen Mitleid und Almosen zu erzielen versuchen gleich den Klenkern (mit verstümmelten Gliedern), Grantnern (mit fallender Sucht), Schweigern (mit Gelbsucht), Seffern (mit Hautleiden), Voppern (mit Geisteskrankheit, an Ketten) oder den Bilträgerinnen (mit scheinbarer Schwangerschaft) des späten Mittelalters (carmina burana, Archipoeta, Liber vagatorum, im Thomas Platter und an anderen Orten). Die moderne Form dieser Krankheitssimulation ist freilich nicht jene grobe Spekulation auf das Mitleid und die Dummheit der Mitmenschen; — heute ist es die Spekulation mit der Versicherung gegen Unfall u. dgl., die manchen zur Vortäuschung von Leiden, insbesondere nervöser Störungen veranlaßt. Die harmlosesten Unfälle (z. B. ein Anprall mit vorgehaltenem Schirm gegen einen Laternenpfahl) werden zum Anlaß schlimmster Klagen und Beschwerden genommen. Vor allem sind es die zahlreichen Autounfälle, die auch dann den Wunsch nach Entschädigung und Produktion geeigneter Leidenssymptome entfesseln, wenn es sich nicht einmal um eine eigentliche Verletzung, sondern nur um einen Schrecken gehandelt hat. Aber es ist leider aussichtslos, gegen solche Rentenschwindler eine Bestrafung wegen Betruges zu erwirken: die Absicht des Betruges ist kaum jemals zu erweisen, zumal sich jeder auf seine feste Überzeugung (überwertige Idee) berufen kann, ernstlich geschädigt worden zu sein. Ebenso aussichtslos ist es, gegen die sogenannten Krankenhausbummler zu Felde zu ziehen. Es gibt Psycho-

pathen, die in wenigen Jahren in 30—40 Krankenhäusern — oft langfristig — waren; sie reisen auf Blinddarmreizung, Gallensteine, Plattfußbeschwerden, Krampfadergeschwüre, Tuberkulose-Anfälle oder sie täuschen Psychosen vor (sie würden Staatsmänner ermorden u. dgl.). Sie sind Schmarotzer, die der Gesellschaft außerordentlich viel Geld kosten.

Schrifttum:

Alle früheren Schriften zum Simulationsproblem sind in dem 18., 19., 20. Kapitel der „Verminderten Zurechnungsfähigkeit" von Karl Wilmanns, Berlin 1927, referiert. Wilmanns faßt dort auch seine eigenen grundlegenden Studien über Gefängnispsychosen und Simulation zusammen. — Von der Seite der Häftlinge gesehen, ist das Buch von v. Salomon, Die Geächteten, Berlin 1930, lesenswert.

Hans W. Gruhle.

Sinnesfehler, optische.

1. In jedem Lehrbuch der experimentellen Psychologie wird die Tatsache besprochen, daß die Sinnesorgane, besonders das Auge, „geometrisch-optischen Täuschungen" ausgesetzt sind. Es handelt sich dabei nach Froebes (Experim. Psychologie , Freiburg 1923) um „Störungen der richtigen Auffassung oder Vergleichung von Raumgrößen". So erscheinen geteilte und ausgefüllte Strecken größer als ungeteilte (Oppel und Hering) oder bei der Müller-Leyerschen Täuschung wird die Strecke A B als länger geschätzt als die Strecke B C, obwohl beide gleich groß sind, und ähnliche Erscheinungen bieten uns die Zöllnersche und Poggendorfsche Figur, wonach z. B. eine Gerade, welche zwei Rechtecke schneidet, nicht als solche erscheint.

Eine ausreichende Erklärung dieser Phänomene besitzen wir noch nicht; es sei aber hier darauf hingewiesen, daß nach Helmholtz die Augenbewegungen bei dem Zustandekommen der Täuschung eine Rolle spielen sollen.

Die geschilderte Erscheinung ist eine physiologische, d. h. jeder Mensch, der mit gesunden Augen unter denselben Bedingungen die Figuren ansieht, macht die gleiche Wahrnehmung. Ins Juristische übersetzt besagt diese Feststellung, daß man objektiv unrichtige Wahrnehmungen machen kann, ohne daß diese durch vorsätzliches oder fahrlässiges Verhalten des Beobachters zustande kämen. Der psychologische Vorgang, der sich abspielt, ist also nicht als krankhafte Störung der Geistestätigkeit zu werten. Er hat selbstverständlich auch mit der Willenssphäre nichts zu tun, kann aber trotzdem bewirken, daß der auf Grund dieser falschen Wahrnehmungen ohne eigenes Verschulden Handelnde eine Straftat begeht. Meist sind es Transportgefährdungen, Sachbeschädigungen und Körperverletzungen, die durch solche unrichtig begründete Handlungen bewirkt werden.

Daß auch Gerichte an die Möglichkeit des Zustandekommens einer Transportgefährdung durch Sinnestäuschung gedacht haben, beweist eine Mitteilung von Hanow (Zeitschr. Bahnärzte 24, 30, Referat Zeitschr. f. ger. Med. 15, 176). Danach wurde ein Lokomotivführer, der ein nicht auf „Fahrt" gezogenes Signal überfahren hatte, mit folgender Begründung vom Landgericht Eisenach freigesprochen: Der Angeklagte hat, auch wenn das Signal tatsächlich nicht auf „Fahrt frei" gezogen worden ist, als er sich ihm näherte, nicht fahrlässig gehandelt. In Übereinstimmung mit dem Vordergericht stellt die Strafkammer fest, daß Vor- und Hauptsignal auf „Halt" standen, als der Angeklagte darauf zufuhr. Vor dem Hauptsignal mäßigte er dann seine Geschwindigkeit und gab durch Pfiffe zu erkennen, daß er auf Einfahrt warte. Als er in langsamer Fahrt „im Schritt" bis in die Nähe des Hauptsignals gekommen war, gab er dann plötzlich Dampf und erhöhte die Geschwindigkeit auf etwa 25 km. Er geriet auf ein falsches Gleis, wo der Zusammenstoß erfolgte. „Dafür, daß er, nachdem er schon gebremst hatte, um seinen Zug zum Halten zu bringen, doch plötzlich weiterfuhr, gibt es, wenn das Signal nicht auf „Fahrt frei" gezogen wurde, nur die Erklärung einer Sinnestäuschung. Denn, daß er das Haltesignal trotz Erkennens hätte überfahren wollen, wäre sinnlos gewesen. Es muß daher ein anderer Umstand dafür ursächlich geworden sein. Ein solcher ist zwar nicht feststellbar, deshalb wird eine Sinnestäuschung hinsichtlich der Signalbeobachtung angenommen, die nicht auf Fahrlässigkeit beruht."

2. In der Praxis kommen zu der Täuschung des Gesichtssinnes nicht selten noch andere Einwirkungen hinzu, die die richtige Beurteilung der Situation gleichfalls erschweren. Als solche sind Dunkelheit oder Blendung durch plötzlich aufflammendes Licht zu erwähnen. Aus eigener Erfahrung kenne ich z. B. folgenden Fall: Wir fuhren mit einem Mietauto, das von einem Berufschauffeur geführt wurde, eine gerade Chaussee entlang. Entgegen kam uns ein Lastauto, das in größerer Entfernung abblendete und dann im Dunkeln fuhr (mondlose Nacht). Man hatte auf unserer Seite den Eindruck, daß das Lastauto noch weit entfernt war. Kurz hinter einander schalteten beide Wagen

die Beleuchtung ein, so daß wir alle geblendet waren und, ohne es zunächst zu merken, auf einander losfuhren. Auf ganz kurze Entfernung (2 m) merkte unser Fahrer die Gefahr und konnte gerade noch ausweichen. Hier hinderte meiner Überzeugung nach falsche Einschätzung der Entfernungen, Dunkelheit und Blendung durch plötzlich eingeschaltetes Licht die richtige Erkennung und Beurteilung der Situation.

In vielen derartigen Fällen ist von den Gerichten nicht auf Freisprechung erkannt worden, sondern es wurde die Frage aufgeworfen, ob der Führer nicht fahrlässig gehandelt habe und, z. B. durch langsameres Fahren, einen Zusammenstoß hätte vermeiden können (Recht 1928, Nr. 2004). Hier macht auch die Frage Schwierigkeiten, wer für diese Probleme der geeignete Sachverständige sei. Eine generelle Anweisung läßt sich nicht geben, jedenfalls muß der in Betracht kommende Herr die physiologische Optik beherrschen und auch psychologische Kenntnisse besitzen. Eine psychiatrische Untersuchung des Täters muß den anderen Untersuchungen gegebenenfalls voraufgehen (Hysterie!). Es sind deshalb mitunter mehrere Sachverständige erforderlich.

Wie sich aus den vorstehenden kurzen Mitteilungen ergibt, handelt es sich hier um Fragen, die weder biologisch noch psychologisch noch juristisch ausreichend erforscht sind und denen auch das geltende Strafrecht noch nicht voll Rechnung trägt.

Arthur Hübner.

Sittenpolizei s. Prostitution.

Sittlichkeitsverbrechen.

1. Die Sonderstellung der Sexualverbrechen innerhalb der Kriminologie hat ihren Grund darin, daß eine der stärksten Triebkräfte des Menschen, nämlich der Geschlechtstrieb, gelegentlich auch sozial vollwertige Persönlichkeiten zu Verbrechen treibt, daß die Neigung zu Rechtsbrüchen dieser Art vielfach eine unkorrigierbare abnorme Sexualkonstitution zur Grundlage hat, infolgedessen schwer durch die Machtmittel des Staates zu bekämpfen ist, und daß besonders enge Beziehungen zwischen Sexualverbrechen und psychischer Abnormität, bzw. Krankheit bestehen. Das Reichsstrafgesetzbuch enthält in dem 13. Abschnitt „Verbrechen und Vergehen wider die Sittlichkeit" allerdings eine Reihe von Delikten, bei denen der Sexualtrieb nicht der entscheidende Beweggrund zum Verbrechen ist, sondern der Eigennutz des Täters (Kuppelei, Zuhälterei, Handel mit unzüchtigen Schriften, Abbildungen, Darstellungen oder Gegenständen) (§§ 180 bis 184 StGB.). Die letzten Vergehen und Verbrechen fallen deshalb aus dem Rahmen dieser medizinisch forensischen Erörterungen heraus.

Bei den Triebverbrechern im engeren Sinne muß man zunächst wiederum unterscheiden die Gelegenheitsdelinquenten von den Gewohnheitsverbrechern. Da jeder vollwertige Mensch seinem Triebleben mehr oder minder enge Schranken durch Gesetz und Sitte auferlegen muß, besteht bei allen an sich die Möglichkeit einer entsprechenden Entgleisung ins Kriminelle, wozu besonders verführerische Gelegenheiten, eine vorübergehende Unmöglichkeit straffreier Sexualbetätigung oder ein episodischer Zustand außergewöhnlicher Sexualspannung bzw. verminderter Widerstandsfähigkeit die Veranlassung bilden kann. Derartige Gelegenheitsverbrechen aus sexuellen Motiven sind kriminalpolitisch wenig bedeutsam, da sie meist einmalige Fehlhandlungen darstellen. Die spezial- und generalpräventive Wirkung der Bestrafung erfüllt hier für gewöhnlich vollauf ihren Zweck.

Ganz anders liegen die Verhältnisse jedoch bei den häufig rückfälligen Sittlichkeitsverbrechern, besonders bei denjenigen, deren quantitativ oder qualitativ abnormer Trieb die Gefahr ständiger Rückfälle in sich birgt. Dabei sind es äußerlich gesehen nicht nur offenkundige Sexualhandlungen rechtswidriger Art, durch welche die Täter die gesetzmäßige Ordnung des Geschlechtslebens und die Geschlechtsehre und Geschlechtsfreiheit Einzelner verletzen, sondern auch Verbrechen gegen die Person und Eigentumsdelikte, die ihre Wurzel im Sexuellen haben können. Man denke an die sadistischen Untaten, welche den Tatbestand der Körperverletzung oder Tötung erfüllen, an Sachbeschädigungen oder Leichenfrevel als Ausflüsse eines verirrten Trieblebens und an Eigentumsdelikte aus Fetischismus oder anderen Perversionen (s. d. Art Perversion und die betreffenden Einzelstichworte dieses Handwörterbuchs).

2. In der umfangreichen Literatur über Sexualverbrechen ist bislang fast allein der übersteigerte oder entartete Geschlechtstrieb zum Gegenstand wissenschaftlicher Erörterungen gemacht worden. Darüber hat man vergessen, daß die Neigung zu krimineller Sexualbetätigung allein niemals ausreicht, einen Menschen zum Verbrecher werden zu lassen. Selbst wenn der Trieb an sich noch so stark und seiner straffreien Betätigung

noch so viele äußere und innere Schwierigkeiten im Wege stehen, bedarf es doch immer noch einer mehr oder minder ausgesprochenen allgemeinen Asozialität, um aus abnormer Sexualkonstitution einen ständig rückfälligen Sexualverbrecher werden zu lassen. Man darf deshalb bei der kriminalbiologischen und kriminalpolitischen Betrachtung dieses Problems nie die außersexuelle Persönlichkeitsstruktur aus dem Auge verlieren. Man würde sonst eine künstliche Trennung zwischen Sexualleben und allgemeiner Geistestätigkeit vornehmen. Jede sexuelle Perversion hat nämlich auch ihre charakterologischen Wurzeln. Daß jemand homosexuell oder pädophil empfindet, daß er sadistisch oder masochistisch veranlagt ist, daß er in Entblößungshandlungen geschlechtlichen Reiz oder geschlechtliche Befriedigung findet, ist nämlich niemals allein eine Folge isolierter Triebabweichung. Diese letzte kann sich stets nur in Wechselwirkung mit entsprechenden allgemeinen Persönlichkeitsabartungen entwickeln. Schon aus diesem Grunde muß man die ganze ererbte und im Lebenskampf so gewordene Persönlichkeit mit erforschen, um die Entstehungsweise kriminogener Sexualanomalieen überhaupt verstehen zu können.

Damit hat man aber auch noch nicht die Erklärung dafür gefunden, daß dieser Mensch seine entsprechenden Triebe ohne Rücksicht auf die von Gesetz und Sitte gebotenen Schranken in verbrecherischer Weise betätigt. Die Nervenärzte wissen, daß es eine Unzahl von Menschen gibt, die ihr Leben lang mit Erfolg ihre perversen Neigungen bekämpfen oder sie in einer Form betätigen, die entweder straffrei oder sogar sozial wertvoll ist (pädagogischer Eros der Pädophilen, staatserhaltende Umwertung sadistischer Neigungen in der Form energischer Bekämpfung von Volksfeinden usw.). Wo diese Sublimierung oder Beherrschung an sich bedenklicher Spielarten des Trieblebens nicht gelungen ist, liegt stets eine irgend wie geartete soziale Minderwertigkeit vor. Bei den meisten gefährlichen Gewohnheitsverbrechern auf sexuellem Gebiete verrät diese sich schon durch eine Kriminalität auch auf außersexuellem Gebiete. Man muß sich deshalb von der Vorstellung frei machen, daß jeder Sittlichkeitsverbrecher ein Opfer seiner abnormen Sexualkonstitution wäre. Ohne allgemeine charakterologische oder soziale Mängel gibt es auch, abgesehen von den Gelegenheitsentgleisungen, keinen Sexualdelinquenten.

Die besondere Widerwärtigkeit und abscheuerregende Art der meisten Sittlichkeitsverbrechen hat weiterhin zu einer sehr verbreiteten, nichtsdestoweniger aber irrigen Vorstellung geführt, es handele sich um die Ausflüsse eines völlig entarteten oder krankhaft verirrten Geistes- und Trieblebens. Das ist nur zum Teil der Fall. Gewiß gibt es in einzelnen Exemplaren abnorme oder krankhafte Persönlichkeiten unter den Sexualverbrechern, deren Vorstellungsleben und Empfinden auf geschlechtlichem Gebiete sich so weit vom allgemein menschlichen Denken und Fühlen entfernt haben, daß der gesunde und natürliche Mensch sie nicht mehr zu begreifen vermag. Trotzdem stoßen wir im Kultur- und Geistesleben aller Zeiten auch bei sittlich und sozial hochstehenden Persönlichkeiten gelegentlich immer wieder auf verwandte Erscheinungen des Trieblebens. Es ist nicht so, daß die Perversion, mag sie an sich auch noch so widernatürlich erscheinen, der menschlichen Natur innerlich völlig fremd wäre. Gewisse Kulturepochen haben gezeigt, daß das Gros aller Menschen perversionsfähig ist (man denke an die Homoerotik der alten Griechen). Man wird deshalb bei der Forschung nach den Ursachen von Sexualverbrechen auch äußere Umstände stets mit berücksichtigen müssen, um die Entstehungsweise der kriminellen Neigung oder deren unbekümmerte Betätigung zu verstehen.

3. Noch etwas Weiteres muß mit Nachdruck betont werden: es gibt nicht einen feststehenden Typus des Exhibitionisten, des Kinderschänders, des Lustmörders oder Homosexuellen. Bei jedem dieser perversen Rechtsbrecher kommt es aus den verschiedensten inneren und äußeren Ursachen zur kriminellen Neigung und zur verbrecherischen Betätigung. Vor allem entscheidet hier nicht eine einzelne Abart des Trieblebens oder der Persönlichkeitsstruktur. Stets müssen sich eine Reihe verschiedener sexueller, charakterologischer und milieumäßiger Faktoren mit einander verbinden, ehe ein Mensch zum gewohnheitsmäßigen Sexualverbrecher wird. Die Verhältnisse liegen hier genau so wie bei den psychopathischen Kriminellen. Haltlosigkeit oder Erregbarkeit oder Gefühlskälte allein bedingen noch nicht Asozialität. Am besten sieht man das vielleicht an dem Beispiel des „geborenen Hochstaplers“. Dieser muß zunächst einmal so phantasiebegabt sein, daß er sich in jede Rolle sofort restlos hineinfinden kann. Das allein macht ihn aber noch keineswegs zum Verbrecher. Hinzukommen muß weiterhin noch ein starker Erlebnis- und Geltungsdrang, der ihn dazu verführt, seine Wunschträume von einem Leben in Reichtum, Ruhm und Macht, in die Tat umzusetzen. Er wird dies aber in krimineller Form nur dann tun, wenn er zugleich noch schwere charakterologische Mängel hat (Arbeitsscheu, Mangel an Ver-

antwortungs- und Gemeinsamkeitsgefühl, allgemeine Verflachung und Verkümmerung des Gemütslebens).

Ganz gleichartig sind die Sexualverbrecher zu betrachten. Geheime perverse Regungen sind, wie oben bereits ausgeführt wurde, an sich weder krankhaft noch selten. Damit sie zu einer ausgeprägten Verirrung des geschlechtlichen Empfindens führen, müssen sie sich vereinigen mit bestimmten Eigenarten der Persönlichkeit, vor allem mit allgemeinem Reizhunger, übermäßiger Kultivierung des Innenlebens, Hang zum Phantasieren und mangelnder Selbstdisziplin. Aber selbst die voll ausgebildete Perversion wird erst dann kriminell betätigt, wenn der damit behaftete Mensch vorübergehend oder dauernd sich außerhalb der Schranken von Gesetz und Sitte bewegt. Auch das Sexualdelikt setzt eine kriminelle Haltung des Täters voraus, die sich grundsätzlich nicht von derjenigen anderer Verbrecher unterscheidet.

4. Das Problem des Sexualverbrechers muß also möglichst allseitig erfaßt werden, um es im Einzelfall und als Gesamterscheinung kriminologisch richtig zu deuten. Wenn im Folgenden eine kurze Typologie und Charakterologie des Sexualverbrechers aufgestellt wird, so soll sie nur dazu dienen, gewisse Gesichtspunkte und Richtlinien zu vermitteln. Keineswegs wollen wir den Eindruck erwecken, als ob sich auf diesem Gebiete bestimmte scharf von einander abgrenzbare Krankheitsbilder oder Sonderformen des Trieblebens aufstellen ließen. Es muß im Gegenteil mit allem Nachdruck betont werden, daß gerade der sexuell abnorme Mensch weder in seinem Empfinden noch in seiner Betätigungsform an eine einzige, ihm gemäße Begehungsweise von strafbaren Sexualhandlungen gebunden wäre. Es handelt sich ja zumeist um geschlechtlich unausgereifte, auch im übrigen infantile Persönlichkeiten von durchaus unsteter, wechselvoller Lebensgestaltung überhaupt. Sie sind vielfach polymorph-pervers oder bisexuell in ihrer eigentlichen Triebnatur. Daß sie trotzdem meist eine bestimmte Betätigungsform auf sexuellem Gebiet bevorzugen, entspricht ganz dem allgemein menschlichen Beharrungsvermögen. Jedenfalls sind es in der Hauptsache Erlebnisfaktoren oder äußere Umstände, welche zu einer festen Verankerung besonderer geschlechtlicher Vorstellungen im Seelenleben führen. Es ist deshalb auch nicht verwunderlich, daß Exhibitionismus beispielsweise nicht nur bei bestimmten Persönlichkeitsanlagen zur Entwicklung kommt, sondern daß er die verschiedensten charakterologischen Wurzeln haben kann. Trotzdem soll im Folgenden versucht werden, unter Vorbehalt des bislang Hervorgehobenen eine kurze Systematik der Sexualverbrecher zu bringen, wobei wir uns zunächst an die kriminogen bedeutsamen Abirrungen des Geschlechtstriebs halten wollen.

Man pflegt die Abweichungen des Geschlechtslebens vom Durchschnittlichen zu scheiden in quantitative und qualitative Störungen. Unter den quantitativen Störungen kommt der Übersteigerung des Triebes, der Hypersexualität, die größte Bedeutung zu. Trotzdem führt eine Erhöhung der geschlechtlichen Reizbarkeit und Begehrlichkeit nur selten zum Verbrechen, da es ja dem normal empfindenden Hypersexuellen unschwer möglich ist, seinen Trieb auf straffreie Weise zu befriedigen. Nur beim Hinzukommen geistiger Mängel, wie Intelligenzdefekten, eines überlebhaften Variationsbedürfnisses, einer hochgradigen Gefühlskälte oder moralischen Minderwertigkeit, prädestiniert die reine Triebsteigerung zum Verbrechen. Der mehr oder minder schwachsinnige Mensch findet so leicht kein geeignetes Sexualobjekt und bedient sich zur Erreichung desselben entweder der Gewalt (Notzucht) oder er greift zu strafbaren Ersatzhandlungen ärgerniserregender Art (Exhibitionismus) bzw. zu auch für ihn leicht erreichbaren Sexualobjekten, die vom Gesetz besonderen Schutz genießen (Unzucht an Kindern unter 14 Jahren, an Geisteskranken, Blutsverwandten usw.). Wir sehen an diesem einen Beispiel schon die entscheidende Bedeutung der Persönlichkeit für das Zustandekommen von Sexualdelikten. Auch das überstarke Variationsbedürfnis mancher Menschen führt auf sexuellem Gebiet nur dann zum Verbrechen, wenn es vergesellschaftet ist mit einem gewissen Mangel an Verantwortungsgefühl und an Achtung vor fremden Rechtsgütern. Nur dann kommt es zur Verführung unbescholtener, unter 16 Jahren alter Mädchen, zum Mißbrauch von Frauen in hilflosem oder psychisch gestörtem Zustande, zum Autoritätsmißbrauch, zur Blutschande, zum Ehebruch und anderen Verletzungen der Rechtsnormen, die in ihrer Art keine krankhafte Störung des Trieblebens zur Grundlage haben. Dasselbe gilt von den gemütsrohen, moralisch stumpfen Menschen, denen jedes Mittel und jede Person recht ist, zum Sexualgenuß zu kommen.

Das Gegenstück hierzu wäre die Herabsetzung der Triebstärke, die jedoch keine strafrechtliche, sondern höchstens zivilrechtliche Bedeutung hat. Die Hyposexualität kann nur dann gefährlich werden, wenn der mit ihr behaftete Mensch aus irgendwelchen Motiven heraus durch Steigerung der Reizmittel sich sexuelle Erregung und Lustgewinn zu verschaffen versucht. Dabei entgleitet er dann leicht auf kriminelle Betätigungsformen, die dann aber auch meist den Charakter des Perversen haben.

5. Bei der Betrachtung der verschiedenen Perversionen müssen wir uns darüber klar sein, daß der Geschlechtstrieb nichts Elementares und Einheitliches ist. Zur Zeit seines Erwachens, in der Pubertät, tritt er als ein undifferenzierter und zielunsicherer Drang auf, der sein naturgewolltes Objekt und seine sinnvolle Betätigungsform erst in der Reifung der Mannbarkeit und der Persönlichkeit finden wird. Die wechselnd starke Sexualspannung kann sich deshalb mit den verschiedensten Vorstellungsinhalten, Affekten und äußeren Eindrücken koppeln. Daraus entsteht schon innerhalb der Breite des Normalen eine Vielzahl von Spielarten geschlechtlichen Empfindens und erotischer Neigungen. Vor allem verbindet sich die sexuelle Triebspannung mit anderen Seelenstrebungen, so z. B. dem Geltungsdrang und Selbstentfaltungstrieb, dem Willen nach Macht oder der Neigung zur Unterordnung, dem Schau- und Zeigetrieb, dem Bedürfnis nach Gemeinsamkeit oder Alleinsein. Wir haben auf diese entscheidende charakterologische Komponente bei Entstehung besonderer Störungen des Sexualempfindens oben hingewiesen. Da die einzelnen kriminogenen Perversionen unter den entsprechenden Schlagworten bereits abgehandelt sind, können wir uns im Folgenden mit kurzen Hinweisen begnügen.

Dem allgemeinen Verständnis am nächsten liegt wohl der Fetischismus (s. d.), der erst dann Krankheitswert erhält, wenn an Stelle des normalen sexualen Aktes oder des natürlichen Geschlechtsobjektes ein Teil desselben eine dominierende Rolle im Vorstellungsleben erhält. Zu Verbrechen treibt der Fetischismus den damit Behafteten dann, wenn dieser sich auf jede Weise, d. h. auch durch Diebstahl, Sachbeschädigung oder Körperverletzung den Besitz seines Fetisch zu verschaffen versucht (Zopfabschneider, Sammler von Taschentüchern, Damenwäsche oder Teilen derselben). Charakterologisch sind es meistens scheue, selbstunsichere Psychopathen infantiler Art, deren Selbstbeherrschung und Verantwortungsgefühl gewisse Mängel aufweist.

Sehr viel ferner liegt dem normalen Verständnis der Exhibitionismus (s. d.), obschon auch er bei näherer Analyse fließende Übergänge vom natürlichen Geschlechtsempfinden her erkennen läßt. Man denke daran, daß der Zeigetrieb an sich allen Menschen zu eigen, den Kindern sogar ausgesprochen adäquat ist. Koppelt er sich mit dem Sexualaffekt, so kann er schon in der Pubertät als harmlose Durchgangsstufe des unreifen Trieblebens auftreten, nachher aber restlos schwinden. Wo er bei Erwachsenen bestehen bleibt oder sich herausbildet, handelt es sich meist um scheue, selbstunsichere Psychopathen mit ausgesprochenen Minderwertigkeitsgefühlen auch auf geschlechtlichem Gebiete. Hinzu kommen häufig Angst vor Ansteckung, Schwängerung, weiter geheime, nicht bewußt als solche empfundene masochistische oder sadistische Tendenzen, schließlich eine Abkapselung in geschlechtliche Phantasieen und ein übersteigertes Vorstellungsleben. Das erregende Moment für den Exhibitionisten ist stets das Bewußtsein, von Frauen oder Mädchen, selten auch von Knaben, entblößt gesehen zu werden, mit der Vorstellung, diese geschlechtlich zu reizen oder abzustoßen. Meist benutzt der Exhibitionist die ärgerniserregenden Handlungen nur als Reizmittel; den dadurch erreichten Spannungszustand befriedigt er sofort oder später durch Masturbation. Selten genügt die Entblößung allein zur Herbeiführung einer Ejakulation. Das Ganze ist als eine Ersatzhandlung aufzufassen, durch welche der betreffende Kranke auf eine distanzierte Weise mit einem ihm völlig fremden Sexualpartner in eine gewisse, rein in seiner Vorstellung bestehende geschlechtliche Beziehung tritt.

Auch die Homosexualität (s. d.) in ihrer verbreitetsten Form ist dem normalen Empfinden keineswegs so fremd, wie es vielfach angenommen wird. Mit Recht hat Moll immer wieder darauf hingewiesen, daß die Vorliebe der großen Mehrzahl der Homosexuellen für unreife Knaben die heterosexuelle Wurzel dieser Triebanomalie deutlich erkennen lasse. Würde es sich tatsächlich um eine eindeutige Hinneigung zum gleichen Geschlecht handeln, müßte der Urning reife Männer mit Bartwuchs, tiefer Stimme, grobem Knochenbau und kräftiger Muskulatur bevorzugen. Charakteristischerweise ist aber das Gegenteil der Fall. Der Homosexuelle sucht nur einen Sexualpartner des gleichen Geschlechts, der alle Merkmale mehr weiblichen Charakters besitzt, nämlich hohe Stimme, zarten Körperbau, glatte, haarlose Haut, anschmiegendes Wesen usw. Die ersten sexuellen Eindrücke der Pubertät, die Vorstellungen bei der Selbstbefriedigung als Knabe und andere äußere Faktoren spielen bei dieser Triebabirrung eine viel größere Rolle, als es eine gewisse einseitige Literatur wahr haben will. Vor allem sind die Ansichten von Magnus Hirschfeld über die rein konstitutionelle Wurzel der Homosexualität sicher falsch. Es ist bezeichnend, daß der § 175 StGB. bei den

Homosexuellen kaum jemals in Anwendung kam und kommt, sondern stets der § 176 Abs. 3 StGB. Es wäre deshalb zu begrüßen, wenn das Schutzalter der Jugendlichen auf mindestens 18, wenn nicht 21 Jahre hinauf gesetzt würde, um gerade die gefährlichsten Äußerungen der Homosexualität im Interesse der Jugend zu treffen.

Die Paedophilie, das heißt die Neigung zu unzüchtigen Handlungen mit Kindern, ist im Grunde keine echte Perversion, sondern meist eine Ersatzhandlung geistig oder sexuell verkümmerter bzw. defekt gewordener Persönlichkeiten. Das kleine Mädchen wird als Sexualobjekt gewählt, weil es für diese minderwertigen Menschen leichter zu gewinnen ist als ein erwachsenss Mädchen oder eine Frau. Vielfach sind die Kinderschänder an den ersten bewußten Sexualeindrücken, die sie bei Spielgenossinnen in der Jugend empfangen haben, haften geblieben. Sie sind unfähig oder zu schüchtern, sich Frauen zu nähern, und verschaffen sich bei den Kindern geschlechtliche Reize, die sie meist selbst befriedigen, gelegentlich aber auch von den Kindern durch Manipulationen, zu welchen sie diese verleiten, befriedigen lassen. Häufig spielt der Schautrieb bei den Kinderschändern eine große Rolle, vielfach auch ein starkes Variationsbedürfnis in Bezug auf das Sexualobjekt. Eigentliche Koitusversuche sind die Ausnahme. Bei dem Mißverhältnis zwischen dem unentwickelten kindlichen Genitale und dem männlichen Penis ist ein Geschlechtsverkehr ja auch nur selten möglich. Wo er trotzdem rücksichtslos durchgeführt wird, handelt es sich meist um eine Kombination mit Sadismus. Überhaupt finden wir bei den gewohnheitsmäßigen Kinderschändern häufig vielfältige und widerwärtige Perversionen, zu deren Befriedigung kleine Mädchen in ihrer Harmlosigkeit oder Wehrlosigkeit die dankbarsten Objekte sind (Cunnilinctus, in den Mund urinieren oder defäzieren lassen u. a. m.). Aus diesem Grunde bedienen sich variations- und sensationslüsterne Psychopathen gelegentlich auch einer Reihe von Kindern zur Veranstaltung von Orgien. In Berlin gab es in einigen Volksparks geradezu eine Kinderprostitution als Folge des Überhandnehmens solcher Perversitäten.

Ein forensisch bedeutsamer Sonderfall der Kinderschänder ist der Greis, der sich nach einem völlig straffreien Vorleben in höherem Alter unzüchtig an kleinen Mädchen vergeht. Hier haben wir ein typisches Beispiel dafür vor uns, daß die Paedophilie häufig die Ersatzhandlung eines längst impotent gewordenen Menschen darstellt, der lediglich von einem gewissen Reizhunger getrieben wird. Alte Männer, die noch potent sind, verfallen so gut wie niemals dem Verbrechen der Kinderschändung, während ein Greis, der zum natürlichen Sexualakt untauglich geworden ist, den psychischen Drang nach Sexualhandlungen nur in der Form der Kinderschändungen zu befriedigen vermag.

Eine der gefährlichsten Verirrungen des Geschlechtstriebes ist der Sadismus, das heißt die wollüstige Erregung durch grausame Handlungen bis zum Lustmord. Es handelt sich beim Sadismus um das krankhafte Vorherrschen einer einzelnen Triebkomponente, die auch im normalen Geschlechtsleben durchaus vorhanden ist, nämlich dem Drang nach restloser Besitzergreifung des Sexualpartners, nach derben Zärtlichkeiten und dem Bedürfnis nach motorischer Entladung einer gewissen Aktivitätsspannung. Die Sucht nach Überwältigung und Gefügigmachung des anderen Teils, der Machthunger und das Geltungsbedürfnis, welches die Grundlage vieler sadistischer Neigungen bildet, findet sich viel häufiger bei schwächlichen und femininen Männern als bei den ihrer Kraft und sexuellen Leistungsfähigkeit mit gutem Grunde bewußten Vollnaturen. Auch bei Frauen ist der Sadismus keineswegs so selten, wie man nach der Literatur anzunehmen geneigt ist. An sich handelt es sich also um eine sehr verbreitete Spielart des Geschlechtsempfindens, die aber zumeist infolge intakter Persönlichkeit nur in den Grenzen des rechtlich und sittlich Erlaubten betätigt wird, das heißt in Form von Spielereien ohne wirkliche Peinigung oder Verletzung des Sexualpartners. Es gibt Menschen, die in Lektüre und eigener Phantasie in den grausigsten Szenen schwelgen, aber im realen Erlebnis sofort dann mit diesen sadistischen Praktiken aufhören, wo sie drohen Ernst zu werden, weil in jedem Falle doch Mitleid und Zärtlichkeit die Grausamkeitsgelüste überwiegen. Wenn Jemand aus sexuellen Motiven wirklich Schmerz zufügt oder Jemanden verletzt, dann ist er nicht nur in sexueller Hinsicht sadistisch veranlagt, sondern auch im übrigen roh und gefühllos, selbst wenn man die starke Affektspannung im sexuellen Paroxismus berücksichtigt. Eine verbrecherische Betätigung im Sinne der Körperverletzung oder Tötung (Lustmord) setzt einen hochgradigen Mangel an sittlichem Empfinden voraus, zugleich aber auch eine starke allgemeine Hemmungslosigkeit und Erregbarkeit.

Bei sadistischen Untaten ist zu berücksichtigen, daß nicht nur die lüsterne Freude an Peinigungen das Motiv zur Tat sein kann, sondern auch ein Umschlagen der aufs höchste gesteigerten sexuellen Spannung in Wut und motorischer Raserei. Das kommt besonders dann leicht vor, wenn eine starke Triebspannung infolge körperlich-organischer Störungen nicht in normaler Zeit und auf normale Weise zur Lösung gelangen kann. In einem von uns begutachteten Falle war eine Vorhautverengerung daran schuld, daß der betreffende Mann sein Glied nur unter stärksten Schmerzen einführen konnte, wobei sehr bald der Zustand einer sogenannten Paraphimose, das heißt der Zusammenschnürung des engen Vorhautringes hinter der Eichel, zu stande kam. Wollust und Schmerz, beide zu höchsten Graden gesteigert, verbanden sich miteinander, wobei der eine den anderen an einer erlösenden Entladung hinderte, bis es schließlich zur blinden Raserei gegen das Opfer kam. Außer zahlreichen Fällen von Erwürgungsversuchen des weiblichen Teils hat der Betreffende unter Alkoholwirkung sich schließlich zu einem Lustmord hinreißen lassen. Auch in der Form der Leichenschändung (offensive Leichenzerstückelung) kann sich der Sadismus äußern.

Das Gegenstück zum Sadismus bildet der Masochismus (s. d.), das heißt die Wollusterregung durch Erdulden von physischen und psychischen Quälereien. Masochismus und Sadismus schließen sich nicht gegenseitig aus, sondern vereinigen sich manchmal in ein und derselben Person, sodaß Schrenck-Notzing und Eulenburg beide unter dem Begriff der Algolagnie zusammengefaßt haben. Immerhin ist in ausgesprochenen Fällen der Masochismus allein vorhanden. Auch ihn kann man am besten entwicklungsgeschichtlich und unter Verwertung spezifischer Kindheits- und Jugenderlebnisse sowie unter Berücksichtigung entsprechender Persönlichkeitszüge verstehen. Seine Bedeutung für die Entstehung von Sexualverbrechen ist naturgemäß sehr gering. Gelegentlich sucht der Masochist durch groben Unfug oder Belästigung fremder Personen sich Mißhandlungen, polizeilichen Verfolgungen oder anderen erniedrigenden und schmerzvollen Situationen auszusetzen.

Sadistische und masochistische Motive liegen auch vielfach dem Fetischismus, dem Exhibitionismus, der Homosexualität und der Kinderschändung zu Grunde. Der Fetischist, der Mädchen Zöpfe abschneidet, Frauen die Kleidung beschmutzt oder beschädigt, Skulpturen mit Farbe besudelt oder Gemälde durchlöchert, entlädt damit seine sadistischen Gefühle am Fetisch. In ähnlicher Weise kann auch der Exhibitionist, Kinderschänder oder Homosexuelle seine masochistischen oder sadistischen Gelüste an seinem Opfer auslassen, deren Wahl an sich schon eine Abirrung des Triebes erkennen läßt. In solchen Fällen können sowohl Richtung wie Betätigungsform des Triebes verschoben sein, wenn nicht die relative Schutzlosigkeit und Wehrlosigkeit der Opfer die Erklärung für die Wahl des Objektes bilden.

6. Wir übergehen die zahlreichen anderen Spielarten sexueller Perversionen, weil sie kriminologisch bedeutungslos sind, und wenden uns der Frage nach der Charakterstruktur der Sittlichkeitsverbrecher zu. Wir haben dieses Problem schon bislang wiederholt angedeutet und können uns deshalb jetzt mit einer kurzen Zusammenfassung grundlegender Richtlinien begnügen. Hat bereits die sexuelle Perversion als solche engste Beziehungen zur Persönlichkeitsartung, so ist deren strafbare Betätigung letzten Endes eine Frage des sittlichen Wertes oder Unwertes des betreffenden Menschen. Der Psychopathentypus, der uns am häufigsten bei den Sexualverbrechern begegnet, ist der Infantile. Die Verkümmerung der gesamten Persönlichkeit läßt einerseits das Triebleben auf einer undifferenzierten Stufe stehen bleiben, legt also den Grund zu perversen Neigungen, auf der anderen Seite bedingt sie eine Unreife auf geistigem und sittlichem Gebiete, eben die eigentliche kriminelle Persönlichkeitskomponente. Auch innerhalb des Infantilismus gibt es die verschiedensten Formen und Grade. In sexueller Beziehung ist er charakterisiert durch die Vielgestaltigkeit und Variationsmöglichkeit geschlechtlicher Verirrungen. Auch bei denjenigen sexuell Abnormen, bei denen eine bestimmte Betätigungsform von Jugend auf konstitutionell festgelegt zu sein scheint, ist meist ursprünglich eine polymorphe Perversion vorhanden gewesen, die nur durch Erlebnisfaktoren frühzeitig fixiert wurde. In völliger Übereinstimmung mit dem infantilen Kriminellen zeigt auch der entsprechende Typus des Sexualverbrechers Haltlosigkeit, Willensschwäche, Unstetheit und Flachheit des Gefühlslebens und der affektiven Bindungen, mangelndes soziales Verantwortungsbewußtsein, Neigung zu kurzschlüssigem Handeln.

Ihm verwandt ist der schizoide Typus nach Kretzschmer, vor allem soweit er den dysplastischen Körperbau zeigt. Insofern überdecken sich die Formenkreise der Infantilen und Schizoiden. Daß sich unter den Sexualpsychopathen kaum Zyklotyme, sondern fast ausschließlich schizoide Charaktere finden, hat seinen Grund in der verminderten Anpassungsfähigkeit der Spalthirnigen an die Umwelt überhaupt und an Sitte und Gesetz im Besonderen, weiter in ihrer Eigenwilligkeit des Gesamtverhaltens einschließlich der Gestaltung des Sexuallebens und in ihrer Abkapselung von der Gesellschaft. Kommt hierzu der kriminelle Einschlag des Schizoiden in der Form der gefühlskalten Reizbarkeit, Unstetheit und Gemütlosigkeit, dann sind die charakterologischen Vorbedingungen für die Entstehung sexuell-krimineller Neigungen gegeben.

In diesen beiden großen Gruppen finden sich eine Reihe von Sondertypen, bei denen das Vorherrschen eines Persönlichkeitszuges kennzeichnend ist. Es wären dies zunächst die Gefühlsstumpfen, die ihren an sich nicht abnormen Sexualtrieb nur hauptsächlich deshalb verbrecherisch betätigen, weil ihnen die Gefühlsverbundenheit mit der menschlichen Gesellschaft, sittliches Empfinden, Mitleid und Achtung vor fremden Rechtsgütern weitgehend fehlen. Es sind das allerdings denn zumeist auch intellektuell unterwertige Elemente, da selbst beim Gemütskalten rein vernunftgemäße Hemmungsvorstellungen genügen, um Sexualverbrechen zu verhüten, die doch auch für den Täter auf die Dauer höchst nachteilig sind. Abgesehen von Gelegenheitsdelikten zeigen die Rückfallverbrecher entsprechend ihrer Asozialität eine vielfältige Kriminalität. Ihre Sittlichkeitsverbrechen bestehen meist in Notzucht, Blutschande, Autoritätsmißbrauch, Verführung, Schändung Geisteskranker und anderen noch normalen Sittlichkeitsverbrechen.

Zwischen diesem Typus und dem schwachsinnigen Sexualverbrecher bestehen enge Beziehungen, insofern die eben skizzierte „Moral insanity" häufig ja nur eine Sonderform der Geistesschwäche ist. Der intellektuell Minderwertige entgleist bei der Betätigung seines im Grunde normalen Geschlechtstriebes deshalb leicht, weil er in primitiver und kurzschlüssiger Weise seinen Trieben nachgibt. Auch hier aber ist der kürzeste Weg häufig der kriminelle (Kinderschändung, Notzucht, Blutschande, Mißbrauch Geisteskranker usw.). Hinzu kommt, daß es dem mehr oder minder Schwachsinnigen, der ja innerhalb seines Lebenskreises keine besonders hervorragende Rolle spielt, schwer fällt, Beziehungen zu vollwertigen Sexualpartnern anzuknüpfen. Er ist auf erotischem Gebiete nicht genügend wettbewerbsfähig, infolge dessen sind seine sexuellen Fehlhandlungen häufig nichts anderes als der Ersatz des entbehrten, straffreien Geschlechtsverkehrs. Das Gleiche gilt mit einigen Einschränkungen bzw. Abänderungen von den häufig sehr triebstarken Epileptikern und Metenzephalitikern, das heißt den durch die epidemische Gehirnentzündung organisch geschädigten Kranken. Auch körperlich Behinderte (Blinde, Taube, Gelähmte) entgleisen infolge der Unmöglichkeit straffreier Befriedigung des Geschlechtstriebes manchmal auch auf die Bahn des Sexualverbrechens.

Im übrigen kommen so gut wie alle Psychopathentypen mit Ausnahme der leicht Manischen, der Melancholischen und der Zirkulären unter den Sexualverbrechern vor, vor allem auch die Haltlosen, die Zwiespältigen und die degenerativen Hysteriker und Zwangsneurotiker. Dabei bestehen gewisse innere Korrelationen zwischen den zwiespältigen, disharmonischen Charakteren und der Neigung, zu exhibitionieren oder Kinder zu schänden, ferner zwischen den Degenerativen und den Homosexuellen, Bisexuellen und polymorph Perversen aus Reizhunger, Erlebnisgier und Geltungssucht. Die Zwangsneurotiker weisen besonders enge seelische Beziehungen zwischen Angst und Sexualtrieb auf. Ihrer Selbstunsicherheit entsprechen exhibitionistische oder fetischistische Fehlhandlungen.

Eine Sonderstellung nehmen die Alkoholdegenerierten ein. Bei ihnen bilden Gefühlsabstumpfung, ethische Depravierung, Feigheit und Brutalität je nach Situation die charakterologische Grundlage zur Blutschande, zur Kinderschändung, zur Notzucht oder zum Mißbrauch hilfloser Frauen, wobei der ausklingende Rausch mit seiner sexuell erregenden Wirkung und seinem erschwert und verlangsamt eintretenden Orgasmus zu Gewalthandlungen disponiert.

Daß die Greise zu Kinderschändungen neigen, wenn bei ihnen die geschlechtliche Begehrlichkeit die Beischlafsfähigkeit überdauert, wurde bereits oben hervorgehoben. Der tiefere Grund hierfür liegt ebenfalls in Persönlichkeitsveränderungen des Greisenalters, die noch innerhalb der Spielbreite des Physiologischen liegen können (Gefühlsabflachung, Einengung des geistigen Horizontes, Starrsinn, Nachgiebigkeit gegenüber animalischen Regungen jeder Art). Dabei brauchen die senilen Rückbildungserscheinungen keineswegs immer einen solchen Grad zu erreichen, daß die Zurechnungsfähigkeit dadurch ausgeschlossen wäre.

7. Mit diesem Typus des Sexualverbrechers haben wir schon die Grenzen zu jenen Krankheitsbildern überschritten, bei denen sexuelle Verirrungen und Fehlhandlungen rein sekundäre Erscheinungen sind, das heißt mehr oder minder zufällige Äußerungen tiefgreifender Persönlichkeitsveränderungen oder vorübergehender schwerer seelischer Störungen. Je ausgesprochener die krankhafte Störung der Geistestätigkeit ist, um so bedeutungsloser in psychiatrischer und kriminologischer Hinsicht ist die zufällige sexuelle Entgleisung des Kranken. Die Auflockerung der höheren Persönlichkeit durch

den Krankheitsprozeß, sei es eine Schizophrenie, sei es eine Paralyse oder ein sonstiges Leiden, führt zu einer Steuerlosigkeit und Enthemmung des Sexualtriebes, der dann in jeder beliebigen Richtung und Form abirren kann. Wir sehen hier wiederum, wie entscheidend für das sexuelle Wohlverhalten die Leitung und Bestimmung des Handelns vom Seelenleben her ist. Zerfällt das feste Gefüge der Persönlichkeit, können alle möglichen Störungen der Triebbetätigung vorkommen, ohne daß am Sexualapparat im weitesten Sinne einschließlich sämtlicher, mit ihm in Beziehung stehender Blutdrüsen und Nervenzentren irgend welche Veränderungen eingetreten wären.

In diesem Zusammenhange sei darauf hingewiesen, daß bislang die Ansicht von Hirschfeld, Steinach, Mühsam und anderen, die sexuellen Perversionen hätten ihren Grund in einem fehlerhaften Bau oder einer fehlerhaften Funktion der Keimdrüsen oder anderer damit in Beziehung stehender Organe bzw. des Nervensystems, durch die weitere Forschung keine Stütze gefunden hat. Insbesondere hat sich gezeigt, daß die genaue mikroskopische Untersuchung der Hoden von Sexualverbrechern die gleichen Bilder geliefert hat, wie sie auch die Hoden sexuell normaler Menschen zeigen. Das beweist natürlich nicht, daß es keine Anlagefaktoren in der Richtung des Sexualverbrechens gäbe. Spezifische erbliche Belastungen, körperliche oder psychische Konstitutionen, die nur dem Sexualverbrechen entsprächen, kann es naturgemäß nicht geben, weil das Sittlichkeitsverbrechen in erster Linie eine soziale Erscheinung ist. Wie bereits oben näher dargelegt wurde, sind allerdings gewisse Körperbau- und Persönlichkeitstypen in der Richtung des Sexualdeliktes gefährdet. Ein unentrinnbares und unverschuldetes Schicksal, welches den Homosexuellen, Exhibitionisten, Pädophilen immer wieder ins Gefängnis brächte, bildet diese kriminelle Neigung aber sicher nur selten. Die Frage, ob eine bestimmte Triebirrung angeboren oder erworben ist, geht meist fehl. Der Geschlechtstrieb entwickelt sich ja erst im Laufe der Reifezeit unter starker Beeinflussung von außen her zu dem, was er beim erwachsenen Mann ist. Eine gewisse konstitutionelle Grundlage muß naturgemäß in jedem Fall vorhanden sein, um eine Perversion entstehen zu lassen. Es ist aber noch einmal zu betonen, daß die qualitativen und quantitativen Störungen des Sexualtriebes stets auf solche Anlagen zurückgehen, die jedem Menschen, wenn auch in sehr verschiedenem Grade, zu eigen sind. Es hängt also auch wesentlich von charakterologischen Momenten und äußeren Faktoren ab, ob einzelne Triebfaktoren im Laufe der Persönlichkeitsentwicklung und Lebensgestaltung eine überragende und beherrschende Stellung einnehmen. Wir könnten eine große Zahl von Beispielen anführen, wo Homosexuelle, denen von sogenannten wissenschaftlichen Instituten in langen Gutachten mit aller Bestimmtheit bescheinigt worden war, sie seien angeboren gleichgeschlechtlich veranlagt, im Entmannungstermin das Gegenteil behaupteten, oder später auch durch ihre Lebensführung bewiesen, daß sie durchaus normaler geschlechtlicher Empfindungen fähig waren. Es gibt sogar labile Menschen, bei denen man je nach Außensituation nach einander ein Stadium rein heterosexueller und homosexueller Betätigung beobachten kann. Die geringe Zahl von körperlich zwitterhaften und weibischen Typen, bei denen eine gewisse ererbte Grundlage zu sexueller Perversion vorhanden sein mag, spielt gegenüber der Tatsache absolut keine Rolle, daß die große Mehrzahl der Sittlichkeitsverbrecher in bezug auf ihren Körperbau durchaus männlich und unauffällig sind. Im übrigen neigen die hochgradig dysplastischen eunuchoiden Typen am allerwenigsten zu Sittlichkeitsverbrechen, da ihr Triebleben meist sehr schwach ist. Häufig sind sie völlig asexuell. Wenn sie einmal auffällig werden, dann geschieht es höchstens in der harmlosen und sozial gleichgültigen Form des Transvestitismus. Das weibliche Geschlecht ist viel weniger zum Sittlichkeitsverbrechen disponiert als das männliche. Das liegt nicht nur an dem ganzen verschiedenen Sexualcharakter der Frau, sondern auch an ihrer Persönlichkeitsartung. Die kriminalpolitische Bedeutung der von Frauen begangenen Sexualverbrechen im engeren Sinne ist deshalb wegen ihrer geringen Zahl unerheblich. Immerhin sind sadistische Körperverletzung und Unzucht mit Kindern nicht so selten bei Frauen.

8. Wir wären mit diesen kurzen Erörterungen bereits bei den vorwiegend forensischen Problemen angelangt, unter denen zunächst die Frage der Zurechnungsfähigkeit kurz zu streifen ist, soweit sie Besonderheiten hinsichtlich der Sexualverbrecher aufweist. In jedem Falle muß zunächst geprüft werden, ob das Verbrechen Ausfluß einer irgend wie gearteten krankhaften Geistesstörung ist. Ergibt die Untersuchung, daß wir es mit einem Geisteskranken zu tun haben, ist die Zurechnungsunfähigkeit mit wenigen Ausnahmen gegeben. Liegt jedoch eine mehr oder minder isolierte Störung des Sexualtriebes als Teilursache des Verbrechens vor, dann bedürfen Tat, Tatumstände und Persönlichkeit des Täters einer genauen Erforschung. Die meisten psychopathischen Sexualverbrecher sind generell zu-

rechnungsfähig, wenn sie gelegentlich auch nahe an die Grenze der Zurechnungsunfähigkeit hinan gelangen können (vgl. a. d. Art. Zurechnungsfähigkeit). Es muß deshalb stets von Fall zu Fall entschieden werden, ob sie für die gerade vorliegende Strafhandlung strafrechtlich verantwortlich gemacht werden können.

Grundsätzlich sind folgende Gesichtspunkte hierbei zu beachten: Die geschlechtliche Verirrung für sich allein beweist noch niemals, daß ihr Träger geisteskrank sein müßte. Mag die Tat und die kriminelle Neigung noch so ungeheuerlich und abstoßend sein, so wäre doch der Schluß, das kann nur ein Geisteskranker getan haben, voreilig und irrig. Man denke an die grauenvollen Morde eines Kürten, der sich sowohl bei den langdauernden und eingehenden klinischen Untersuchungen und Beobachtungen von den verschiedensten Stellen als geistig gesund erwiesen hat, dessen Gehirn im übrigen bei der mikroskopischen Durchforschung nicht die geringsten Abweichungen von der Norm hat erkennen lassen.

Einen unwiderstehlichen Trieb zur Vornahme strafbarer Sexualhandlungen gibt es grundsätzlich nicht, von ganz wenigen Ausnahmen abgesehen (z. B. bei Zwangsneurotikern). So wenig wie der normale Sexualtrieb, mag er noch so stark sein, unbeherrschbar ist, so wenig ist es auch der in Ziel oder Form verirrte. Man verlangt ja auch vom geschlechtlich natürlich empfindenden Menschen Selbstbeherrschung in Situationen und Lebensumständen, wo es von dem Triebstarken ein schweres persönliches Opfer und höchste Selbstzucht erfordert. Es darf und muß auch vom Perversen erwartet werden, daß er seinen Trieb so beherrscht oder leitet, wie es das Gesetz gebietet.

Allerdings ist stets zu prüfen, ob bei schwer psychopathischen oder geistig defekten Persönlichkeiten das Sexualverbrechen nicht in einen seelischen Ausnahmezustand fiel, welcher eine Zurechnungsunfähigkeit bedingte. Es gibt bei seelisch Abnormen gelegentlich periodisch auftretende Drangzustände, in welchen die Fähigkeit, den Willen einer vorhandenen Einsicht gemäß zu bestimmen, in Frage gestellt ist. Es kommt das bei Exhibitionismus auf epileptoider Grundlage oder als Erscheinung der Zwangsneurose gelegentlich vor. Auch aus dem Zusammenwirken von hochgradig abnormer Sexualkonstitution, Psychopathie und Alkoholwirkung kann es gelegentlich zu Zuständen kommen, welche die Voraussetzungen des § 51 Abs. 1 StGB. erfüllen.

Im allgemeinen aber sind die nicht geisteskranken Sexualverbrecher zurechnungsfähig. Ob der Abs. 2 des § 51 StGB., d. h. die verminderte Zurechnungsfähigkeit bei ihnen gegeben ist, muß die Untersuchung des Einzelfalles lehren. Selbst wenn eine erhebliche Minderung der Fähigkeit, das Strafbare der Tat einzusehen, und den Willen dieser Einsicht gemäß zu bestimmen, vorliegt, sollte von der Kann-Vorschrift einer milderen Bestrafung möglichst wenig Gebrauch gemacht werden, es sei denn, daß außer der Strafe Unterbringung erfolgt. Gerade dem geistig und sozial minderwertigen Sittlichkeitsverbrecher sind wirksame Hemmungsvorstellungen dienlich, um ihn vor Rückfällen zu schützen. Diese gehen aber nicht von Geld- oder kurzfristigen Gefängnisstrafen aus, sondern nur von fühlbaren und nachhaltig wirkenden, langdauernden Freiheitsentziehungen. Die jetzige Praxis der Strafrechtspflege hat auf diesem Gebiete schon sichtbaren Erfolg gezeitigt.

9. Es geht im übrigen auch ein sehr günstiger Einfluß von der Androhung der Unterbringung und der Entmannung aus. Ganz abgesehen von dem besonderen Zweck dieser Maßregeln wirken sie spezial- und generalpräventiv ausgezeichnet, wie das Verhalten alter, häufig rückfälliger Sexualverbrecher in den letzten 1½ Jahren zeig⁺. Von diesen neuen gesetzlichen Bestimmungen bedarf die Entmannungsvorschrift einer kurzen Erörterung. Es heißt im § 42k StGB.:

§ 42k.

Das Gericht kann neben der Strafe anordnen, daß ein Mann, der zur Zeit der Entscheidung das einundzwanzigste Lebensjahr vollendet hat, zu entmannen ist,

1. wenn er wegen eines Verbrechens der Nötigung zur Unzucht, der Schändung, der Unzucht mit Kindern oder der Notzucht (§§ 176—178) oder wegen eines zur Erregung oder Befriedigung des Geschlechtstriebs begangenen Vergehens oder Verbrechens der öffentlichen Vornahme unzüchtiger Handlungen oder der Körperverletzung (§§ 183, 223—226) zu Freiheitsstrafe von mindestens sechs Monaten verurteilt wird, nachdem er schon einmal wegen einer solchen Tat zu Freiheitsstrafe rechtskräftig verurteilt worden ist, und die Gesamtwürdigung der Taten ergibt, daß er ein gefährlicher Sittlichkeitsverbrecher ist;
2. wenn er wegen mindestens zwei derartiger Taten zu Freiheitsstrafe von mindestens einem Jahr verurteilt wird und die Gesamtwürdigung der Taten ergibt, daß er ein gefährlicher Sittlichkeitsverbrecher ist, auch wenn er früher wegen einer solchen Tat noch nicht verurteilt worden ist;
3. wenn er wegen eines zur Erregung oder Befriedigung des Geschlechtstriebs be-

Die Aburteilungen und erkannten Strafen wegen Verbrechen und Vergehen wider die Sittlichkeit im Deutschen Reich in den Jahren 1928—1932.

Strafbare Handlungen (§§ des Strafgesetzbuches)	Jahre	Rechtskräftig Abgeurteilte insgesamt	davon: Verurteilte	davon: Freigesprochene	davon: Angeklagte, bei denen das Verfahren eingestellt worden ist	Von den Verurteilten (Sp. 3) waren: weiblich	Ausländer	vorbestraft: insgesamt	vorbestraft: davon mehr als 4 mal	Jugendliche: insgesamt	Jugendliche davon: weiblich	Jugendliche davon: vorbestraft	Verurteilte, gegen die auf nachstehende Strafen (einschl. Doppelstrafen) erkannt ist: Zeitiges Zuchthaus: insgesamt	Zeitiges Zuchthaus: darunter von 3 Jahren u. mehr[6]	Gefängnis: insgesamt	Gefängnis: von 1 Jahr u. mehr	Gefängnis: von 3 Monaten bis unter 1 Jahr	Gefängnis: von weniger als 3 Monaten	Haft	Geldstrafen	Nebenstrafen: Verlust der bürgerlichen Ehrenrechte	Nebenstrafen: Zulässigkeit der Polizeiaufsicht
	1	2	3	4	5	6	7	8	9	10	11	12	13	14	15	16	17	18	19	20	21	22
Doppelehe § 171	1928	118	101	17	—	8	5	53	17	—	—	—	1	.	100	12	88	—	—	—	1	—
	1929	101	96	5	—	6	3	53	19	—	—		3	.	93	9	84	—	—	—	2	—
	1930	104	96	8	—	13	6	48	11	—	—	—	1	.	95	3	92	—	—	—	2	—
	1931	91	80	10	1	6	5	42	11	—	—	—	1	—	79	6	73	—	—	—	2	—
Ehebruch § 172	1928	439	405	24	10	201	1	76	14	2	2	—	—	.	142	—	2	140	—	263	—	—
	1929	447	387	47	13	192	1	88	19	—	—	—	—	.	106	—	1	105	—	281	—	—
	1930	505	442	54	9	213	3	103	24	1	1	—	—	.	122	—	1	121	—	320	—	—
	1931	544	486	48	10	241	4	114	20	2	2	—	—	—	133	—	—	133	—	352	—	—
Blutschande § 173	1928	890	720	160	10	238	9	203	46	46	27	2	214	.	479	41	243	195	—	27	139	—
	1929	888	730	149	9	238	1	225	55	53	38	4	242	.	457	31	230	196	—	30	138	—
	1930	913	751	159	3	223	12	191	48	47	28	2	269	.	446	33	216	197	—	34	134	—
	1931	904	740	155	9	244	1	233	49	53	38	1	252	10	464	41	220	203	—	22	134	—
Unzucht unter Mißbrauch eines Vertrauensverhältnisses § 174 Nr. 1—3	1928	279	223	54	2	—	2	67	18	—	—	—	13	.	210	58	150	2	—	—	25	—
	1929	336	273	61	2	2	3	93	20	—	—	—	25	.	248	57	189	2	—	—	41	—
	1930	295	244	50	1	2	3	90	27	—	—	—	14	.	230	66	164	—	—	—	22	—
	1931	265	215	49	1	—	3	73	16	—	—	—	18	2	197	46	149	2	—	—	25	—
Widernatürliche Unzucht zwischen Männern § 175[1]	1928	731	636	92	3	—	7	225	73	82	—	6	1	.	480	14	140	326	—	131	10	—
	1929	786	653	131	2	—	8	270	81	71	—	11	—	.	490	18	132	340	—	149	10	—
	1930	732	625	105	2	—	8	232	75	81	—	6	1	.	455	14	100	341	—	151	9	—
	1931	618	508	102	8	—	7	210	69	57	—	4	—	—	392	12	110	270	—	100	5	—
Widernatürliche Unzucht mit Tieren § 175[2]	1928	202	168	33	1	—	5	45	14	37	—	5	1	.	133	1	22	110	—	31	2	—
	1929	223	184	38	1	2	1	54	3	49	—	9	—	.	145	—	17	128	1	34	2	—
	1930	221	179	42	—	1	1	43	6	36	—	1	—	.	123	2	24	97	—	54	2	—
	1931	193	157	34	2	—	3	45	8	32	—	5	—	—	115	—	14	101	—	37	—	—
Gewaltsame unzüchtige Handlungen an Frauenspersonen § 176 Nr. 1	1928	466	316	143	7	—	4	112	26	63	—	5	22	.	286	38	196	52	—	5	31	—
	1929	410	282	122	6	—	4	111	32	47	—	2	13	.	269	35	196	38	—	—	9	—
	1930	378	261	113	4	1	3	92	30	46	—	4	8	.	248	30	179	39	—	1	10	—
	1931	351	249	97	5	—	3	100	24	47	—	6	16	2	·230	29	158	43	—	2	15	—
Schändung einer willenlosen, bewußtlosen od. geisteskrank. Frauensperson § 176 Nr. 2	1928	126	71	55	—	—	1	26	11	7	—	1	6	.	64	11	46	7	—	—	10	2
	1929	118	70	47	1	—	—	25	5	4	—	—	2	.	68	8	55	5	—	—	2	—
	1930	145	75	70	—	—	1	35	10	6	—	3	4	.	71	5	58	8	—	—	7	—
	1931	97	56	41	—	—	1	26	6	6	—	—	4	—	52	8	37	7	—	—	7	—
Unzüchtige Handlungen mit Personen unter 14 Jahren § 176 Nr. 3	1928	5 281	4 286	979	16	43	72	1600	438	748	16	52	314	.	3893	855	2517	521	—	6	384	1
	1929	4 935	3 986	930	19	25	55	1520	435	645	12	39	244	.	3661	812	2404	445	—	5	305	—
	1930	5 111	4 135	964	12	22	45	1599	465	665	7	46	238	.	3817	780	2577	460	—	5	297	—
	1931	4 865	3 935	917	13	19	48	1551	442	634	4	55	202	20	3651	824	2405	422	[illegible]	3	280	1

Notzucht § 177	1928	1 161	7 96	358	7	1	17	404	107	70	—	13	113	.	682	253	394	35	—	3	133	2
	1929	1 132	751	376	5	2	7	367	100	64	—	7	106	.	643	231	383	29	—	1	110	3
	1930	1 019	685	331	3	1	1	359	101	66	—	10	90	.	591	213	344	34	—	1	91	—
	1931	826	542	279	5	1	6	257	59	63	1	8	63	15	478	172	276	30	—	2	61	1
Unzucht mit Verursachung des Todes § 178	1928	3	3	—	—	—	—	3	1	—	—	—	3	.	—	—	—	—	—	—	3	—
	1929	3	3	—	—	—	—	3	2	—	—	—	3¹)	.	—	—	—	—	—	—	2	—
	1930	6	5	1	—	—	—	3	2	—	—	—	5²)	.	—	—	—	—	—	—	4	1
	1931	2	2	—	—	—	—	1	1	—	—	—	2²)	1	—	—	—	—	—	—	2	—
Erschleichen des außerehelichen Beischlafs § 179	1928	1	1	—	—	—	—	1	—	—	—	—	1	.	—	—	—	—	—	—	—	—
	1929	3	2	1	—	—	—	1	—	—	—	—	—	.	2	—	2	—	—	—	—	—
	1930	2	1	1	—	—	—	—	—	—	—	—	—	.	1	—	1	—	—	—	—	—
	1931	5	3	2	—	—	—	—	—	—	—	—	—	—	3	—	1	2	—	—	—	—
Einfache Kuppelei § 180	1928	1 074	704	353	17	486	9	429	186	2	—	1	—	.	365	6	94	265	—	338	18	14
	1929	1 143	861	275	7	604	7	519	237	—	—	—	—	.	417	2	69	346	—	446	12	8
	1930	1 202	905	279	18	649	11	583	260	—	—	—	—	.	389	5	70	314	—	519	12	8
	1931	1 258	934	313	11	658	15	590	243	—	—	—	—	—	374	4	65	305	—	562	4	5
Erschwerte Kuppelei § 181 Nr. 1. und 2	1928	712	521	188	3	302	14	157	36	1	1	—	10	.	498	23	137	338	—	14	33	1
	1929	638	453	183	2	246	7	158	43	—	—	—	14	.	431	23	126	282	—	8	28	3
	1930	598	415	183	—	237	6	134	45	—	—	—	17	.	390	21	75	294	—	9	27	5
	1931	570	377	191	2	205	5	149	35	—	—	—	9	1	355	14	96	245	—	14	30	5
Zuhälterei § 181 a	1928	737	576	160	1	1	5	469	245	—	—	—	1	.	566	153	269	144	—	10	132	58
	1929	872	671	198	3	—	4	528	275	1	—	—	1	.	666	174	279	213	—	4	124	57
	1930	971	768	201	2	—	11	637	344	2	—	—	—	.	758	179	351	228	—	11	115	54
	1931	1 167	905	258	4	—	13	747	375	2	—	1	1	—	897	189	395	313	1	10	132	47
Verführen unbescholtener Mädchen unter 16 Jahren § 182	1928	224	144	69	11	—	2	40	6	9	—	1	—	.	112	1	48	63	—	31	—	—
	1929	223	145	72	6	2	1	50	8	10	1	2	—	.	102	1	40	61	—	41	—	—
	1930	221	145	74	2	—	1	51	9	3	—	—	—	.	104	1	47	56	—	42	—	—
	1931	174	112	59	3	—	—	36	6	—	—	—	—	—	77	—	27	50	—	35	—	—
Unzüchtige Handlung, die öffentliches Ärgernis erregen § 183	1928	4 013	3 498	492	23	203	57	1630	501	114	5	12	2	.	1935	36	522	1377	1	1549	30	—
	1929	3 928	3 491	423	14	242	48	1692	533	89	7	6	—	.	1865	34	545	1286	—	1603	19	—
	1930	4 039	3 569	457	13	186	38	1786	587	107	5	9	—	.	1998	50	508	1440	1	1553	23	—
	1931	3 521	3 100	400	21	172	27	1500	484	85	8	9	1	—	1826	33	454	1339	—	1256	23	—
Verbreiten unzüchtiger Schriften usw. §§ 184 Nr. 1—4, 184a u. b	1928	347	264	80	3	35	4	77	14	6	1	—	—	.	39	1	11	27	—	224	2	—
	1929	319	255	58	6	29	2	91	22	2	1	—	—	.	39	—	17	22	—	215	1	2
	1930	373	329	40	4	31	2	140	37	2	—	—	—	.	49	—	20	29	—	280	—	1
	1931	548	478	63	7	101	3	190	56	4	2	—	—	—	48	—	15	33	—	430	1	—
Verbrechen u. Vergehen wider die Sittlichkeit insges. §§ 171—184 u.	1932 ³)	16 172	13 178	2883	111	1632	140	6164		898	67	92	773 ²)⁵)⁷)	118	9801⁵)	1539	4642	3620	—	2498	992	73
darunter Widernatürl. Unzucht § 175¹ u. ²		925	801	120	4	1	8	292	⁴)	114	—	15	—	—	605	13	134	458	—	170	8	—
Unzucht mit Personen u. 14 Jahren § 176³		5 061	4 155	891	15	20	36	1748		517	9	50	329	63	3768	963	2450	355	—	1	449	1
Notzucht § 177		786	532	245	9	1	5	269		61	—	4	109	31	417	143	244	30	—	1	95	—
Kuppelei §§ 180—181		1 864	1 368	470	26	873	12	768		—	—	—	20	—	822	27	234	561	—	526	53	12
Zuhälterei § 181 a		1 183	912	268	3	—	11	742		5	—	2	—	—	905	229	402	274	—	7	142	55

¹) Lebenslängliche Zuchthausstrafen. — ²) Darunter 1 lebenslängliche Zuchthausstrafe. — ³) Eine Aufgliederung nach einzelnen strafbaren Handlungen liegt für das Jahr 1932 noch nicht vor. — ⁴) Angaben über die mehr als viermal Vorbestraften liegen für 1932 noch nicht vor. — ⁵) Ohne Doppelstrafen. — ⁶) Eine Aufgliederung der zeitigen Zuchthausstrafen nach der Zeitdauer ist erst vom Jahre 1931 ab erfolgt. — ⁷) Darunter 2 lebenslängliche Zuchthausstrafen.

gangenen Mordes oder Totschlags (§§ 211 bis 215) verurteilt wird.

Beachtenswert ist an dieser Vorschrift Folgendes:

Es handelt sich um eine Kann-Vorschrift, nicht um eine Muß-Vorschrift. Der Gesetzgeber hat also von vorn herein eine Auslese erfolgversprechender Fälle von den ungeeignet erscheinenden vorgesehen. Schon nach dem Gesetzestext sind von der Entmannung ausgeschlossen die Sexualverbrecher, welche wegen Bigamie, Ehebruch, Blutschande, Unzucht mit abhängigen Personen, widernatürlicher Unzucht gemäß § 175 StGB., Erschleichung des außerehelichen Beischlafs, Verführung unbescholtener, noch nicht 16 Jahre alter Mädchen, Kuppelei, Zuhälterei, Verbreitung unzüchtiger Schriften und Abbildungen bestraft sind. Diese Verbrechen brauchen ja nicht einen entarteten oder übersteigerten Geschlechtstrieb zur Grundlage zu haben. Nur die widernatürliche Unzucht zwischen Männern ist zwar eine eindeutige Perversion. Hier aber hat der Gesetzgeber auf Grund der Erfahrungen des Auslandes zunächst von einer Einbeziehung in die Entmannungsvorschrift abgesehen. Die wirklich gefährlichen Homosexuellen fallen im übrigen ja auch unter den § 176 Abs. 3 StGB.

Bei der Auswahl der zu Entmannenden sind zwei Hauptgesichtspunkte entsprechend dem Gesetzestext und der Begründung sowie nach den bislang ergangenen Reichsgerichtsentscheidungen zu beachten, nämlich einmal die Frage, ob es sich um einen gefährlichen Sexualverbrecher handelt, und zweitens ob der Eingriff Erfolg verspricht.

Als gefährlicher Sittlichkeitsverbrecher im Sinne der Entmannungsvorschrift wäre nur ein solcher zu bezeichnen, der eine eindeutige kriminelle Neigung besitzt, welche sich durch kein anderes Mittel als die Kastration beseitigen läßt. Dieser schwerwiegende und nicht wieder rückgängig zu machende Eingriff soll nur bei solchen Exhibitionisten, Kinderschändern, Lustmördern usw. angewandt werden, bei welchen die bisherigen Bestrafungen gar nichts genutzt haben und auch in Zukunft keine Änderung im Verhalten erhoffen lassen. Die Entmannung ist also sozusagen die ultima ratio des Staates, sie ist aber keine Strafe, sondern ein Besserungs- und Sicherungsmittel. Es heißt in der amtlichen Begründung: „der Strafrichter soll zu dieser Maßregel nur greifen, wenn eine sorgfältige Prüfung ergibt, daß die Allgemeinheit bei der Vornahme des Eingriffs vor weiteren Untaten des Verbrechers verschont bleibt, und wenn der ihm durch den Eingriff etwa zugefügte Schaden und die Unsicherheit des Erfolges wenig bedeutet im Vergleich zu der Gefahr, die der Sittlichkeitsverbrecher bei Unterlassung des Eingriffs für die Allgemeinheit darstellt“. Die konstitutionelle Grundlage der Triebirrung, ihre Unbeherrschbarkeit und Unkorrigierbarkeit durch den charakterologisch minderwertigen Sexualverbrecher und ihr voraussichtliches Weiterfortbestehen trotz etwaiger Änderung der persönlichen Verhältnisse oder Fortschreitens des Alters muß also vom Gericht unter Mitwirkung des ärztlichen Sachverständigen dargetan werden.

Stellt schon dieses Problem den Gerichtsarzt und das Gericht vor eine schwierige Aufgabe, so ist die weitere Frage, ob die Entmannung Erfolg verspricht, meist noch schwerer zu lösen. Wie aus den bisherigen Ausführungen hervorgeht, haben Sexualverbrechen ja keineswegs allein ihren Grund in einer zu starken oder fehlerhaften Funktion der Hoden. Immerhin wird von den Keimdrüsen ein Saft (Hormon) in das Blut abgesondert, welcher auf den Geschlechtstrieb eine belebende und steigernde Wirkung ausübt. Die Entfernung dieser Hormonquelle kann also den Geschlechtstrieb dämpfen oder in besonders günstigen Fällen sogar zum Schwinden bringen, so daß der mit kriminellen Neigungen behaftete Mensch von diesen befreit wird. Die Erfahrungen des Auslands, insbesondere der Schweiz und Dänemark, sowie die Beobachtungen an den durch Kriegsverletzung Entmannten, haben aber gezeigt, daß die Entfernung der Hoden nur etwa in der Hälfte der Fälle die Geschlechtslust, in einem etwas höheren Prozentsatz die Geschlechtskraft erheblich beeinträchtigen. Immerhin sind die Erfolge bei sorgfältiger Auswahl der zu Entmannenden, wie sie in der Schweiz und in Dänemark geschieht, überwiegend gute. Die Gesichtspunkte, nach welchen die geeigneten von den ungeeigneten Fällen gesondert werden müssen, sind sexualpathologisch psychiatrischer Art. Der ärztliche Sachverständige wandelt hier noch so gut wie auf Neuland. Erst die nächsten Jahrzehnte werden uns das Erfahrungsmaterial bringen, das zu sicheren Prognosen und Indikationen notwendig ist. Richtlinien, an die man sich vorläufig halten kann, müssen abgeleitet werden aus den einschlägigen Veröffentlichungen (s. unten). Erfolge wird man haben im allgemeinen bei vorwiegend quantitativen Triebstörungen als Grundlage der verbrecherischen Handlung sowie bei solchen Sexualverbrechern, denen es nach Persönlichkeit und Art der Tat wesentlich auf eine grob-körperliche Entladung der noch eng mit dem Genitale verbundenen Sexualspannung ankommt. Dagegen sind wenig oder ungeeignet alle die Sexualverbrecher, welche durch die strafbaren Handlungen sich vorwiegend psychische Wollusterregung oder Genuß verschaffen wollen. Im einzelnen muß auf das einschlägige Schrifttum verwiesen werden.

Überall da, wo die Entmannung aus den oben angegebenen Gründen nicht in Frage kommt, ist bei den häufig rückfälligen Sexualverbrechern die Sicherungsverwahrung oder Unterbringung in Erwägung zu ziehen. Sie ist empfehlenswert bei schwer minderwertigen, aber noch nicht voll zurechnungsunfähigen Sittlichkeitsverbrechern, insbesondere auch bei den senilen Kinderschändern, bei denen die Entmannung von vorn herein aussichtslos ist, ferner bei den Alkoholdegenerierten oder im Rausch zum Exhibitionieren Neigenden, vor allem auch bei solchen sadistischen Verbrechern, bei denen die Entmannung nach der Art ihrer Persönlichkeit und ihrer kriminellen Neigungen erfolglos erscheint. Im übrigen können Entmannung und Unterbringung neben einander ausgesprochen werden.

10. Abgesehen von diesen Maßregeln der Sicherung und Besserung kommt es bei der Bekämpfung der Sexualverbrechen noch darauf an, die äußeren Umstände, welche erfahrungsgemäß Gelegenheit, Anlaß und Beweggrund zu Sexualdelikten geben, nach Möglichkeit zu beseitigen. Die größte Bedeutung kommt hier wie bei anderen Verbrechen dem Alkohol zu, weil er im Stadium noch nicht zu weit vorgeschrittenen Rausches den Geschlechtstrieb steigert, die Hemmungen herabsetzt und die Beischlafsfähigkeit beeinträchtigt, so daß der Akt abnorm lange dauert und manchmal mit Gewalt durchgeführt wird. Auch der chronische Alkoholismus spielt eine große Rolle beim Zustandekommen der Sexualverbrechen, insbesondere der Blutschande, weil er, wie oben bereits ausgeführt, die sittliche Persönlichkeit vorwiegend schädigt. Einen unheilvollen Einfluß üben weiter Wohnungsnot, Arbeitslosigkeit, unsittliche und aufreizende Darbietungen, bildliche Darstellungen, Schriften, Filme usw. aus. Auch an dieser Stelle haben die vorbeugenden Maßnahmen des neuen Staates schon mit Erfolg eingesetzt.

Schließlich sind die geistig und sittlich noch einigermaßen intakten Sexualverbrecher, insbesondere auch die nur gelegentlich entgleisenden, ein dankbares Objekt ärztlicher Heilbehandlung. Mit Unterstützung des Nervenarztes gelingt es bei wirklichem Gesundungswillen des Kranken meist wohl, die gefährliche Triebirrung so zu beeinflussen, daß sie nicht mehr verbrecherisch betätigt wird.

11. Statistisches. Die psychologisch-pathologische Betrachtung des Sittlichkeitsverbrechens läßt sich naturgemäß nicht statistisch erfassen. Ziffern lassen sich nur für Fälle gerichtlichen Einschreitens geben, und die statistische Erfassung muß sich alsdann an die äußeren Tatbestände des StGB. halten, aus denen die psychologischen Grundlagen nur zum Teil entnommen werden können. Trotzdem geben die Ziffern auf S. 624/25 ein auswertbares Bild zugleich als Ergänzung anderer Stichworte dieses Handwörterbuchs (vgl. außerdem die Übersicht oben Bd. II S. 368 Polizeistatistik).

Schrifttum:

Allers, Psychologie des Geschlechtslebens. Handb. d. vergl. Psychologie, Bd. 3, Abt. 4, herausg. von G. Kafka, E. Reichardt, München. — Aschaffenburg, Zur Psychologie des Sittlichkeitsverbrechers, Monatsschrift f. Kriminalpsychol., 2, 399. — Kafka, Sexualpathologie, Deuticke, Leipzig 1932. — Kolle, Sexualpsychopathologie, Fortschr. Neur. usw., Jahrg. VI. — Lange, Die Folgen der Entmannung Erwachsener, Schriftenreihe Arbeit und Gesundheit, H. 24, Georg Thieme, Leipzig 1934. — Leppmann, Der Sittlichkeitsverbrecher, Vierteljahrsschr. f. gerichtl. Med. 1905, 29, 277 u. 30, 34. — Marcuse, Handwörterbuch der Sexualwissenschaft, Marcus u. Weber, Bonn 1926. — Moll, Psychopathia sexualis in Molls Handbuch der Sexualwissenschaft, F. W. Vogel, Leipzig 1926. — Müller-Heß und Wiethold, Die ärztlich bedeutsamen Änderungen und Ergänzungen des Strafgesetzes. Münch. med. Wochenschr. 1934, H. 43. — Sand, Die Psychologie des Hodens, Curt Kabitzsch, Leipzig 1933. — Schäfer, Wagner und Schafheutle, Gesetz gegen gefährliche Gewohnheitsverbrecher und über Maßregeln der Sicherung und Besserung, Berlin 1934, Vahlens gelbe Hefte. — Wiethold, Zur Frage der Entmannung gefährlicher Sittlichkeitsverbrecher, Zeitschr. f. d. ges. gerichtl. Med., Bd. 24, 1934. — Wolf, Die Kastration bei sexuellen Perversionen und Sittlichkeitsverbrechen des Mannes, Benno Schwabe & Co., Basel 1934.

Ferdinand Wiethold.

Sodomie.

1. Zu der nach § 175 StGB. strafbaren „widernatürlichen Unzucht“ gehören zwei Gruppen, nach alter Terminologie 1. die sodomia ratione sexus mas cum mare, die wir üblicher als Homosexualität (s. d. Art.) bezeichnen, und 2. die sodomia ratione generis homo cum bestia. Diese letztere, die auch wohl speziell als Sodomie bezeichnet wird, wird auch Bestialität und Zoophilie genannt, wobei

Aburteilungen wegen Unzucht mit Tieren.

Jahr	Wegen Unzucht mit Tieren		Freigesprochene	Von den Verurteilten waren			
	Abgeurteilte	Verurteilte		weiblich[1]	jugendlich insgesamt	jugendlich davon 14 bis unter 16 Jahre alt[2]	vorbestraft
1909	346	292	54	.	81	.	121
1910	331	281	49	.	72	.	114
1911	342	295	47	.	90	.	98
1912	322	268	54	.	72	.	98
1913	341	290	51	.	82	.	117
1920	39	28	11	1	11	.	5
1921	86	68	18	2	21	.	8
1922	7	6	1	—	3	.	2
1923	31	29	1	1	11	.	4
1924	12	7	5	2	1	.	1
1925	111	88	22	1	13	.	20
1926	135	113	22	1	43	.	26
1927	118	87	31	1	25	.	18
1928	202	168	33	—	37	14	45
1929	223	184	38	2	49	13	54
1930	221	179	42	1	36	10	43
1931	193	157	34	—	32	8	45

[1]) Von 1909—1913 nicht erfaßt. — [2]) Bis zum Jahre 1927 nicht erfaßt.

auch diese beiden termini wieder unter sich unterschieden werden. Bestialität bedeutet dann die Ausübung des Geschlechtsaktes mit dem Tier als Perversität, Zoophilie die Neigung und Anlage dazu als Perversion.

Sieht man die im Schrifttum mitgeteilten Fälle durch, so fällt auch hier trotz verhältnismäßig wenig zahlreichen Materials große Verschiedenartigkeit der Erscheinung und ihrer vermutlichen Entstehung auf. Besonders stark ist hier die psychisch krankhafte Verursachung, dann eine exzessiv gesteigerte Libido, wenn sie vom Milieu ihre Richtung empfängt (Landleben, Tierpfleger), hie und da auch eine übertriebene Tierliebe oder andererseits eine Abart des Sadismus, ja auch des Masochismus. Unmittelbarer Anlaß ist oftmals der Alkoholrausch. Mitunter spielt Menschenscheu und Minderwertigkeitskomplex eine Rolle sowie die „Verschwiegenheit" des Sexualpartners.

2. Die kriminalistische Behandlung ist insofern einfach, als es sich hier um einen selbständigen strafrechtlichen Tatbestand handelt, nicht um eine solche Geistes- und Seelenrichtung, die zu allerverschiedensten Straftaten führt oder bei ihnen mitspielt. Der Sexualakt des Menschen mit dem Tiere wird bestraft, aber nur, wenn die Handlungen in „beischlafähnlicher" Form ausgeführt werden (vgl. Leipz. Komm. zum StGB. zu § 175; namentlich auch RGSt. 48, 234).

3. Bei primitiven Völkern soll die Zoophilie größere Ausbreitung haben. Nach Bryk (Neger-Eros, Berlin und Köln 1928) ist dies zum Teil darauf zurückzuführen, daß der Neger den Unterschied zwischen dem Menschen und einem in vielen physischen Dingen dem Menschen ähnlichen Tiere verwischt. Besonders bei den Suaheli ist die Sodomie stark verbreitet. Aber sie wird mancherorts auch sehr schwer geahndet.

Daß es sich um uralte Phantasieen und Entgleisungen handelt, ergibt sich auch aus den Sagen (Europa und Leda [Zeus als Stier und als Schwan], Minotaurus, Poseidon) und aus den sagenhaften Gestalten der Kentauren, Meerjungfrauen usw.

Schrifttum:

s. beim Art. Perversion; Einzelfälle zusammengestellt bei Krafft-Ebing, vielfach nach Mitteilungen im Archiv für Kriminologie.

Alexander Elster.

Sonderpolizeien.

I. Allgemeines. Während die ordentlichen Polizeibehörden allgemein für das gesamte Staatsgebiet mit der Handhabung des polizeilichen Sicherheits- und Ordnungsdienstes schlechthin betraut sind, ist die Zuständigkeit der Sonderpolizeibehörden auf die Wahrnehmung besonderer, zweckgebundener polizeilicher Interessen sachlich und auch räumlich beschränkt. Beide Arten von Polizeibehörden sind aber gleichermaßen Träger der einen, einheitlichen Polizeigewalt und als solche im Bereich ihrer Zuständigkeit dem Publikum gegenüber mit den gleichen Machtvollkommenheiten ausgestattet.

Die Amtshandlungen der Sonderpolizeibeamten genießen den gleichen strafrechtlichen Schutz wie die der ordentlichen Polizei. Es besteht auch keinerlei qualitativer Unterschied zwischen den ordentlichen Polizeibeamten und den Beamten einer Sonderpolizei, wie er besteht zwischen diesen beiden Arten von Vollpolizeibeamten und den sogenannten „Hilfspolizeibeamten". Diese sind Personen, die unabhängig davon, ob sie überhaupt Beamte sind, aus besonderem Anlaß oder für besondere Zwecke zur hilfsweisen Unterstützung oder Ergänzung des planmäßigen Beamtenkörpers mit der Wahrnehmung polizeilicher Aufgaben betraut werden; sie leiten ihre Machtvollkommenheiten ab aus einem jederzeit widerruflichen Auftrag des ordentlichen Polizeiverwalters oder einer übergeordneten Polizeiverwaltungsdienststelle, während der Sonderpolizeibeamte ein für alle Mal kraft seines Amtes die Polizeihoheit im Rahmen der Sonderzuständigkeit seiner Sonderpolizeibehörde zu handhaben befugt ist.

Wenn das Verhältnis zwischen der ordentlichen Polizei und den einzelnen Sonderpolizeibehörden untersucht werden soll, dann muß von dem Grundsatz der Einheitlichkeit der staatlichen Polizeihoheit ausgegangen werden, der als zwingendes Gebot der Staatsnotwendigkeiten in Rechtsprechung und Schrifttum unbestritten ist, gleichgültig, ob die Polizeigewalt durch staatliche oder kommunale, durch ordentliche oder Sonderpolizeibehörden ausgeübt wird. Dieser Grundsatz zwingt zur Verneinung einer Koordination beider Arten von Polizeibehörden in dem Sinne, daß im Falle eines positiven Kompetenzstreites die Sonderpolizei mit gleich starkem Recht das Zurücktreten der ordentlichen verlangen könnte wie umgekehrt. Das muß betont werden angesichts der Tatsache, daß einzelne Sonderpolizeien vielfach ausschließliche Zuständigkeit für sich in Anspruch nehmen auch in solchen Fällen, in denen es sich nicht ausschließlich um ihr besonderes Fachgebiet handelt, und daß sie auch in solchen Fällen Vorgeltung beanspruchen, in welchen in ihrem örtlichen Zuständigkeitsgebiet nur Interessen des ordentlichen Sicherheits- und Ordnungsdienstes gefährdet sind. Eine solche Auffassung, die zu einer Art von Exterritorialität der räumlichen Zuständigkeitsgebiete der Sonderpolizeibehörden führen könnte, ist vom Standpunkt des Schutzes der allgemeinen öffentlichen Sicherheit und Ordnung aus nicht tragbar; denn die Verantwortung für Sicherheit und Ordnung im gesamten Staatsgebiet kann trotz der grundsätzlichen Gleichwertigkeit der Sonderpolizeibeamten nur getragen werden von einer einheitlich zusammengefaßten Landes- und Ortspolizei. Deshalb muß sich die Verantwortlichkeit eines örtlichen Polizeiverwalters über das ganze Gebiet seiner örtlichen Zuständigkeit erstrecken und sie darf nicht dadurch erschwert werden, daß durch Herausschälung etwa des Bahngebietes oder des Gebiets des Bergbaus usw. sich in diesen Gebieten sonderpolizeiliche Verhältnisse entwickeln können, die polizeiwidrig deshalb wären, weil sie im Gegensatz zur Handhabung des Polizeidienstes im geschlossenen Polizeiverwaltungsbezirk stünden. Die allgemeinen Interessen des Staates stehen über den engeren Interessen der Allgemeinheit, z. B. an geordnetem Eisenbahnbetrieb oder einem absolut unbehinderten Bergbau; und die allgemeine Sicherheit und Ordnung im Bahngebiet, im Gebiet des Bergbaus usw. ist nicht loszulösen von Sicherheit und Ordnung im gesamten, sie umschließenden Polizeiverwaltungsbezirk. Deshalb muß dem ordentlichen Polizeiverwalter grundsätzlich das Recht eingeräumt werden, seine ordentlichen Polizeikräfte auch im Bereich der örtlichen Zuständigkeit der Sonderpolizeien einzusetzen, wenn die Sicherheit und Ordnung des gesamten Polizeiverwaltungsgebietes vom Übergreifen in die örtliche Zuständigkeit der Sonderpolizeien abhängig ist. Ausschließliche Zuständigkeit kann den Sonderpolizeien nur dann und nur insoweit zuerkannt werden, als im Einzelfall eine zu bekämpfende Polizeiwidrigkeit rein sonderpolizeilicher Art ist und nicht gleichzeitig die allgemeine Sicherheit und Ordnung gefährdet.

Sonderpolizeibehörden sind nach den bisherigen Ausführungen alle Polizeibehörden, welche außerhalb der ordentlichen Polizeibehörden besonders für besondere Zwecke mit besonderer sachlich und örtlich beschränkter Zuständigkeit organisiert sind, d. h. für Preußen alle Polizeibehörden, welche nicht Landes-, Kreis- und Ortspolizeibehörden sind. Das wesentliche Merkmal aller Sonderpolizeien ist also die ihrem Sonderzweck entsprechende „sachlich-fachliche und örtliche Beschränkung".

Diese Zuständigkeitsbeschränkung darf nicht verwechselt werden mit der Spezialisierung und der örtlichen Verteilung der Geschäfte im Bereich der ordentlichen Polizeiverwaltung, unter ihre organischen Einheiten oder ihre einzelnen Dienststellen: denn die staatliche sowohl als auch die kommunale Verwaltungspolizei — die uniformierte sowohl als auch die nicht uniformierte Exekutive — schließlich alle organischen Untergruppen der ordentlichen Polizeiverwaltung, welche sich in die Bearbeitung aller vom allgemeinen Polizeiauftrag erfaßten polizeilichen Lebensgebiete teilen, bleiben immer nur Organe der einen „ordentlichen" Polizeiverwaltung, deren Gesamtzuständigkeit allumfassend ist. Im Gegensatz dazu sind und bleiben die Sonderpolizeien, die ja auch in sich örtlich und sachlich untergegliedert sein können, auch in ihrer Gesamtzuständigkeit beschränkt auf die Erfüllung ihres polizeilichen Sonderzwecks.

Insoweit die ordentlichen Polizeibehörden mit sonderpolizeilichen Aufgaben betraut werden, sind sie nicht ohne weiteres gleichzeitig Sonderpolizeibehörden, das ist nur dann der Fall, wenn sie gleichzeitig als organische Glieder in eine Sonderpolizei eingeschaltet werden.

Schrifttum:

I.: Karl Friedrichs, Polizeiverwaltungsgesetz vom 1. VI. 1931, Berlin 1932. — Drews-Lassar-Brecht-Falk, Allgemeine und politische Polizei, Berlin 1932.

II. Eine erschöpfende Darstellung der einzelnen Sonderpolizeien der Länder ist im engen Rahmen dieses Aufsatzes nicht möglich.

Ich muß mich auf die wichtigsten beschränken, wie sie im größten deutschen Lande Preußen neben der allgemeinen Polizei wirken.

A. Bahnpolizei. Die Organisation und die Aufgaben der Bahnpolizei ergeben sich aus der Eisenbahnbau- und Betriebsordnung (B.O). Nach deren § 74 sind 15 Gruppen von Eisenbahnbetriebsbeamten in ihrer Eigenschaft als solche Eisenbahnpolizeibeamte. Die seit einigen Jahren mit reinem Ordnungs- und Sicherheitsdienst befaßten insbesondere dem Bahnschutz (also dem Schutz der gesamten Bahnanlagen vor Beschädigung) gewidmeten und als „Eisenbahnpolizeibeamte" uniformierten Beamten des sogenannten „Streifdienstes" sind in der Aufzählung des § 74 in Verbindung mit § 45 nicht enthalten, doch kann man sie als für den Streifendienst (s. d.) zusammengestellte Beamte des Pförtner-, Bahnsteigschaffner- und Wächterdienstes (§ 74 Ziffer 12—14 BO.) unbedenklich als gesetzlich bestellte Eisenbahnpolizeibeamte anerkennen.

Nicht zu den Bahnpolizeibeamten gehören diejenigen Eisenbahnbeamten, welche in den „Eisenbahnüberwachungsstellen" kriminalpolizeiliche Tätigkeit ausüben. Diese Beamten sind nicht wie die Eisenbahnpolizeibeamten kraft Gesetzes Polizeibeamte. Sie werden es vielmehr erst durch förmliche Bestellung zu Hilfspolizeibeamten. Diese Bestellung macht sie automatisch zu Hilfsbeamten der Staatsanwaltschaft. Als solche handhaben sie die Gerichtliche Polizei in gleicher Weise und mit denselben strafprozeßrechtlichen und verwaltungsrechtlichen Machtbefugnissen, wie die ordentlichen Kriminalbeamten, mit der Maßgabe, daß ihre Tätigkeit sich örtlich und sachlich beschränkt auf das Bahngebiet und Delikte, die mit dem Bahnbetrieb in unmittelbarem Zusammenhang stehen. Die Staatsanwaltschaft ist nicht befugt, sie als ihre Hilfsbeamten beliebig auch für anderweitige Ermittlungen an Stelle von ordentlichen Kriminalbeamten einzusetzen.

Die Zuständigkeit der Bahnpolizeibeamten ist örtlich und sachlich beschränkt (§ 75 BO.). Ihr Amtsbereich umfaßt örtlich — ohne Rücksicht auf ihren Wohnort und Dienstbezirk — das gesamte Gebiet der Bahnanlagen (ihrer Bahnverwaltungen). Dazu gehört nicht aller Grundbesitz der Bahnverwaltungen, Bahnanlagen sind vielmehr nach § 6 BO. nur die „zum Bau und zum Betrieb einer Bahn erforderlichen Anlagen", also auch nur der mit solchen belegte Grundbesitz. Die Frage der Zuständigkeit auf den bahneigenen Bahnhofsvorplätzen war lange streitig, bis in der Neufassung der BO. vom $\frac{\text{17. VII.}}{\text{1. X.}}$ 1928 durch Abs. 7 des § 78 hier ausdrücklich der ordentlichen Polizei der Vorrang vor der Bahnpolizei zugesprochen wurde.

Sachlich ist die Zuständigkeit der Bahnpolizeibeamten beschränkt auf diejenigen Maßnahmen, die zur „Handhabung der für den Eisenbahnbetrieb und -verkehr geltenden Polizeiverordnungen erforderlich sind" (§ 75 BO.). Dazu gehört, abgesehen von all denjenigen polizeilichen Maßnahmen, welche eine genaue Kenntnis bahntechnischer Vorschriften und des Bahndienstes voraussetzen, z. B. Rangieren auf Wegekreuzungen, Handhabung der Schranken, Freihaltung der Bahnstrecken von Hindernissen, insbesondere auch die Regelung des Verkehrs und die Überwachung der Ordnung innerhalb der Bahnanlagen. Die ordentliche Polizei hat sich (abgesehen von der besonderen Regelung für die bahneigenen Bahnhofsvorplätze) in diesen Ordnungs- und Sicherheitsdienst, d. h. so lange Störungen hauptsächlich bahnbetriebliche Interessen schädigen können, normalerweise nicht einzumischen, es sei denn zum

Zweck der in § 76 der BO. vorgeschriebenen Unterstützung der Bahnpolizeibeamten, oder in Fällen, in denen eine Übernahme des Sicherheits- und Ordnungsdienstes auch im Bahngebiet aus besonderem Anlaß im Rahmen des allgemeinen Sicherheits- und Ordnungsdienstes notwendig wird.

Während gewerbliche Betriebe (wie Bahnhofswirtschaften, Zigarrenverkaufsstände u. dgl.), wenn sie innerhalb der Bahnsperre liegen, als mit dem Eisenbahnbetrieb unmittelbar verbunden dem Einfluß der Gewerbe- und Ordnungspolizei entzogen sind, kann das nicht auch für solche Betriebe gleicher Art gelten, die außerhalb der Sperre liegend auch dem nicht reisenden Publikum zugänglich sind. Doch sind zur Zeit auf Grund von besonderen Vereinbarungen der Reichsbahngesellschaft mit Innenministerien der Länder die Ortspolizeien angewiesen, sich zurückzuhalten. Daraus ergibt sich eine gewisse Privilegierung der im Bahnbetriebsgelände ansässigen Gewerbetreibenden.

Nach § 82 BO. sind Zuwiderhandlungen gegen die Vorschriften über das Betreten der Bahnanlagen, das Überschreiten der Bahn, über Bahnbeschädigungen, Betriebsstörungen und das Verhalten der Reisenden (§§ 78—81) strafbar. Zuständig für den Erlaß von Strafverfügungen sind die mit der Verwaltung der Bahnpolizei beauftragten Vorstände der Betriebsämter.

Ein selbständiges Polizeiverordnungsrecht haben die mit der Bahnpolizeiverwaltung beauftragten Dienststellen nicht. Nach Art. 91 der RVerf. erläßt die Reichsregierung mit Zustimmung des Reichsrats die Verordnungen, die den Bau, den Betrieb und den Verkehr der Eisenbahnen regeln. Eine Delegation ist nur an den Reichsverkehrsminister zulässig, nicht aber an Dienststellen der Bahngesellschaft. Die Bahnpolizei ist nach Aufbau und Zweck eine reine Betriebspolizei. Es handelt sich darum, daß die durch die BO. kraft Gesetzes zu Eisenbahnpolizeibeamten bestellten Betriebsbeamten mit polizeilicher Machtvollkommenheit ausgestattet sind, um sich so im Bahnbetrieb und für denselben nachhaltiger gegen Störungen durch das Publikum durchsetzen zu können. Dem gleichen Zweck dient die Strafgewalt der Betriebsämter.

Schrifttum:

II. A.: Fritsch, Das Deutsche Eisenbahnrecht, Berlin 1927. — Besser, Kommentar zur Eisenbahnbau- und Betriebsordnung vom 17. VII. 1928, Berlin 1928.

B. Bergpolizei. Sachliche Aufgabe der Bergpolizei ist nach § 196 des Pr. BergG. vom 24. VI. 1865 die Aufsicht über die Sicherheit der Baue, die Sicherheit des Lebens und der Gesundheit der Arbeiter, den Schutz der Oberfläche im Interesse der persönlichen Sicherheit und des öffentlichen Verkehrs, sowie den Schutz gegen gemeinschädigende Einwirkungen des Bergbaus (Berggesetz § 196) und die Aufrechterhaltung der guten Sitten und des Anstands durch die Einrichtungen des Betriebes (AbänderungsG. vom 24. VI. 1892). Auch die Schurfpolizei gehört nach preußischem Recht zur Bergpolizei (AbänderungsG. vom 18. VI. 1907). Die bergpolizeiliche Aufsicht erstreckt sich örtlich über den eigentlichen Bergbau hinaus auf die dazu gehörigen Nebenarbeiten, wie die Ausführung der erforderlichen Anlagen und Bauten, ferner auf die bergbaulichen Nebenbetriebe, die Aufbereitungsanlagen, Kokereien, Brikettfabriken, die Dampfkessel und Triebwerke und die Anlage von Grubenanschlußbahnen und Salinen. Das bedeutet, daß zum Bergbau alle Anlagen gehören, die zu Betriebszwecken bis einschließlich des Absatzes des Verliehenen Minerals erforderlich sind. Zeitschr. f. Bergrecht 46, 126. Nicht dazu gehören die „Gewerbsanlagen, wie Teerdestilationen, Ammoniakfabriken und ähnliche Betriebe, in welchen die in den Zechenkokereien gewonnenen Nebenprodukte chemisch (nicht mechanisch) verarbeitet werden. Sie unterstehen der Gewerbeaufsicht — das Gleiche gilt für die mit Bergwerken verbundenen Hütten-, Walz- und Ringofenwerke.

Die Bergpolizei wird gehandhabt von der Bergbehörde. Die örtliche Bergbehörde ist das Bergrevier. Bergrevierbeamter ist der „Erste Bergrat“, als erste Instanz; sie sind Einzelbeamten mit bürokratischer Behörde. Die Oberbergämter sind Kollegialbehörden mit dem Berghauptmann an der Spitze. Fachminister der Minister für Wirtschaft und Arbeit.

Die Bergbehörden leiten ihr Polizeiverordnungsrecht, das Recht zu polizeilichen Verfügungen und Anordnungen ab aus dem ABG. §§ 197, 198, 199 usw., für die ersteren sind nur die Oberbergämter zuständig. Bergpolizeiliche Anordnungen können bei dringender Gefahr auch die Bergreviere treffen. Als Zwangsmittel stehen den Bergbehörden neben der Möglichkeit, gerichtliche Bestrafung wegen Vergehens oder Übertretung bergpolizeilicher Vorschriften herbeizuführen, das Recht zu Gebote, bei Säumnis des Bergwerksbesitzers die Ausführung der angeordneten Maßnahmen auf dessen Kosten vorzunehmen (§ 202 ABG.). Sie können ferner in bestimmten Fällen, namentlich der §§ 70 und 75 ABG., den Betrieb so weit wie erforderlich ohne weiteres einstellen. Außerdem haben die Oberbergämter das Recht, mit Zwangsstrafbefehlen bis zu 1000 RM. Geldstrafe die Durchführung ihrer Anordnungen zu erzwingen. Da die allgemeinen Aufgaben der Bergpolizei im wesentlichen rein bergfachlicher Art sind, sind Kompetenzkonflikte allenfalls möglich, insoweit es sich um den Schutz der Oberfläche im Interesse der Sicherheit und des öffentlichen Verkehrs handelt. Insoweit dem öffentlichen Verkehr gewidmete Wege durch das Bergwerksgebiet führen, kann die Zuständigkeit der Verkehrs- und Wegepolizei nicht in Zweifel gezogen werden, im übrigen hat die ordentliche Polizei Vorgeltung, wenn die allgemeine Sicherheit des Polizeiverwaltungsbezirks das verlangt.

Abgesehen von ihren bergpolizeilichen Aufgaben führen die Bergrevierbeamten auch die Aufsicht über die Ausführung der für die Bergwerke geltenden Vorschriften der Gewerbeordnung sowie der im Berggesetz enthaltenen Arbeiterschutzbestimmungen, insoweit sind sie ordentliche Polizeibehörden.

Schrifttum:

B.: W. Schlüter, Preußisches Bergrecht, Essen 1928. — Ausführliche Angaben über die Literatur insbesondere auch die außerpreußische Gesetzgebung und die regionalen Polizeiverordnungen enthält das „Büchereiverzeichnis des Vereins für Bergbauliche Interessen im Oberbergamtsbezirk Dortmund“, Berlin 1905, 1908 und die dazu erschienenen Zugangsverzeichnisse.

C. Finanzrechtliche Sonderpolizei. Im § 202 RAbgO. ist den Finanzämtern das Recht eingeräumt, ihre Anordnungen, die sie innerhalb ihrer gesetzlichen Befugnisse im Besteuerungsverfahren treffen, durch Geldstrafen, unmittelbaren Zwang oder durch Ausführung auf Kosten der Pflichtigen zu erzwingen. — § 196 RAbgO. gibt ihnen das Recht der „Nachschau“ bei Unternehmern und in solchen Unternehmungen, die entweder einer Steuer oder Steueraufsicht unterliegen oder bei denen nach ihrem Ermessen eine Steuerpflicht in Betracht kommt. Ferner in Gebäuden, befriedeten Besitztümern und Schiffen, sofern der dringende Verdacht besteht, daß sich darin Schmuggler oder Schmuggelwaren befinden. Zweck der Nachschau ist, abgesehen von der Erfassung des Schmuggels, die Prüfung, ob das gesamte Geschäftsgebaren des Betroffenen den Vorschriften der einschlagenden Steuergesetze entspricht. Nach § 19 des VereinszollG. vom 1. VI. 1869 wird die Aufsicht über den Warenein- und -ausgang längs der Zollgrenze und im Grenzbezirke durch eine uniformierte und bewaffnete Grenzwache geübt, deren Zuständigkeit im allgemeinen beschränkt ist auf den Grenzbezirk.

Die sich für die Finanzbehörden und die einschlägigen Beamten aus diesen Vorschriften ergebenden Befugnisse kann man unbedenklich als Befugnisse sonderpolizeilicher Natur auffassen, ist doch die fiskalische Sicherheit und Ordnung, deren Sicherung sie dienen sollen, ebenso notwendig Lebensbedingung für Reich und Länder wie das, was man landläufig unter „allgemeine Sicherheit und Ordnung“ versteht, und insofern haben wir es auch hier mit einer Sonderpolizei zu tun.

Die Finanzbehörden haben auf Grund der angeführten Paragraphen der Reichsabgabenordnung

1. das Recht zum Erlaß sogenannter „Finanzbefehle“, die als Gegenstücke zu den polizeilichen Verfügungen dem Publikum gegenüber gleiche Wirkung haben wie diese,
2. das Recht zum Einsatz einer besonderen Exekutive. Dazu gehören neben den Beamten der Grenzwache diejenigen des „Steueraußendienstes“ und des „Zollfahndungsdienstes“. Diese werden von der Reichsfinanzverwaltung als solche ernannt und werden auf Grund dieser Ernennung gemäß gemeinschaftlicher VO. des preuß. JMin., des preuß. Min. d. I. und des RFinMin. vom 26. XI. 1924 für die Dauer ihres Amtes und für dessen sachlichen und örtlichen Zuständigkeitsbereich zu preuß. Hilfspolizeibeamten und zu Hilfsbeamten der Staatsanwaltschaft bestellt (RFinBl. S. 145 nebst Ausf.Best.). Diese beiden Beamtengruppen sind, abgesehen von ihren „sonderpolizeilichen“ Aufgaben auf dem Gebiet der Finanzverwaltung auch berufen, bei der finanzrechtlichen Strafverfolgung mitzuwirken, und sie spielen im Rahmen des zoll- und steuerrechtlichen Strafrechts die gleiche Rolle wie die Kriminalbeamten der allgemeinen Polizeiverwaltung, die übrigens durch verschiedene Vorschriften angewiesen sind, die Exekutive der Finanzbehörden zu unterstützen: Hierher gehört der § 20 Vereinszollgesetzes, wonach „alle anderen ... namentlich die Polizeibeamten verpflichtet sind, die Grenzwache zu unterstützen und Zolldelikte, die sie bei der Ausübung ihres Dienstes erkennen, anzuzeigen; ferner § 389 Abs. 2 RAbgO., wonach die Behörden und Beamten des Polizei- und Sicherheitsdienstes verpflichtet sind, die Ermittlungen anzustellen, welche die Finanzämter verlangen (vgl. § 161 RStPO.) und schließlich § 392, der im Wortlaut übereinstimmend mit § 163 StPO. den Behörden und Beamten des Polizei- und Sicherheitsdienstes die Pflicht auch zur strafverfolgenden Initiative und die Anzeigepflicht bei Steuerdelikten auferlegt. Hieraus ergibt

LIPPERT & CO. G.M.B.H., NAUMBURG (SAALE)

Kolibri 360 GmbH
Ferdinand-Jühlke-Straße 7
99095 Erfurt, Deutschland
produktsicherheit@kolibri360.de